# SÜDOSTASIEN

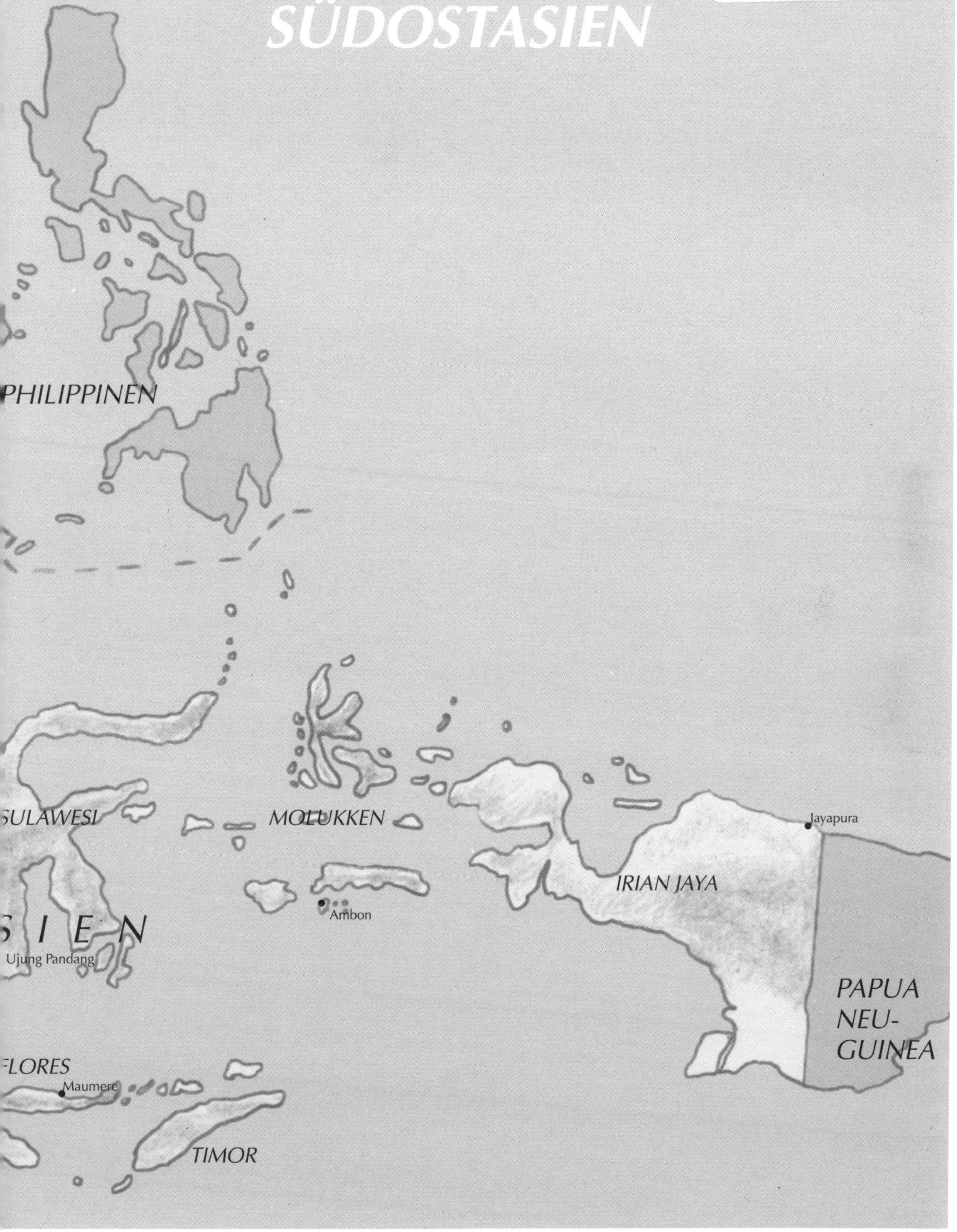

PHILIPPINEN

SULAWESI   MOLUKKEN

SIEN
Ujung Pandang
Ambon

IRIAN JAYA
Jayapura

PAPUA
NEU-
GUINEA

FLORES
Maumere

TIMOR

# Maeritz / Hellweg
## Südostasien

# Südostasien

Durch Thailand,
Malaysia und
Indonesien

Zu Fuß, mit Schiff, Bus, Motorrad,
Mountainbike,
mit Tauchermaske und Flossen

Kay Maeritz: Malaysia und Indonesien
Uwe Hellweg: Thailand

**Bildnachweis:**
Uwe Hellweg: Thailand
Kay Maeritz: alle Malaysia und Indonesien

außer:
Unterwasseraufnahmen: Georg Menges
S. 119 u. 131 Doris Jausly

**Gewidmet den Menschen Südostasiens, insbesondere den Menschen und Freunden, die uns vor Ort aufgenommen und unterstützt haben.**

Die Deutsche Bibliothek – CIP Einheitsaufnahme
Südostasien: durch Thailand, Malaysia und Indonesien; zu Fuß, mit Schiff, Bus, Motorrad, Mountainbike, mit Tauchermaske und Flossen / Kay Maeritz; Uwe Hellweg. - München: Frederking und Thaler, 1995
ISBN 3-89405-348-8
NE: Maeritz, Kay; Hellweg, Uwe

© 1995 Frederking & Thaler GmbH, München
Alle Rechte vorbehalten
Umschlagfotos: Kay Maeritz, Wiesbaden
Umschlaggestaltung: Christine Paxmann, München
Layout und Satz: Kay Maeritz, Wiesbaden
Herstellung: Alinea GmbH, München
Karten: Kay Maeritz, Wiesbaden
Reproduktion des Innenteils: Repro Ludwig,
Zell am See
Reproduktion des Umschlags: amper repro, Germering
Druck und Bindung: Druckerei Uhl, Radolfzell
ISBN 3-89405-348-8
Printed in Germany

Umwelthinweis:
Dieses Buch wurde auf chlorfrei gebleichtem Papier gedruckt. Die Einschrumpffolie – zum Schutz vor Verschmutzung – ist aus umweltfreundlicher und recyclingfähiger PE-Folie.

# Inhalt

| | |
|---|---|
| **Vorwort** | 10 |
| **Thailand** | **12** |
| **Bangkok** | **14** |
| Moloch und faszinierende asiatische Metropole | 14 |
| Tuk Tuk | 18 |
| Chinatown | 18 |
| Goldene Tempel, Geister und Fabelwesen | 18 |
| Ein schwimmendes Dorf in der Großstadt | 20 |
| *Bangkok Info* | *22* |
| **Mit dem Motorrad zwischen Kwai Yai und Kwai Noi** | **26** |
| Nach Nakhon Pathom | 26 |
| Kanchanaburi | 28 |
| *Kanchanaburi-Info* | *31* |
| **Versunkene Städte** | **34** |
| Ayutthaya | 34 |
| Die Lehre Buddhas | 35 |
| Die Dämmerung des Glücks | 37 |
| *Versunkene Städte Info* | *39* |
| **Bei den Akha im „Goldenen Dreieck"** | **42** |
| Zu Fuß durch den Bergwald | 42 |
| Silberhaube und Minirock | 44 |
| Böse Geister müssen draußen bleiben | 45 |
| Bu-seh, Ba-ji, Dzoe-ma und Pi-ma | 46 |
| Die Kapsel, aus der die Träume sind | 49 |
| Schaukeln ins neue Jahr | 50 |
| *„Goldenes Dreieck" Info* | *51* |
| **Sumatra und die Malaiische Halbinsel** | **52** |
| **Singapur** | **54** |
| *Singapur Info* | *56* |
| **Sumatra** | **58** |
| Riau – der kurze Sprung nach Indonesien | 58 |
| *Riau Info* | *61* |
| Bukittinggi | 62 |
| *Westsumatra Info* | *67* |
| Trans-Sumatra-Highway | 68 |
| Islam in Indonesien | 70 |
| **Ins Land der Batak** | **71** |
| Der Toba-See | 71 |
| *Toba-See Info* | *78* |
| Das Hochland der Karo Batak | 80 |
| Sibayak | 81 |
| *Karo Batak Info* | *82* |
| Gunung Leuser-Nationalpark – zu Besuch bei den Waldmenschen | 82 |
| **Malaysia** | **86** |
| Penang – die (leicht angestaubte) Perle des Orients | 86 |
| *Penang Info* | *87* |
| Auf dem Festland | 88 |
| Inselleben | 90 |
| *Perhentian Info* | *91* |
| **Die Ostküste hinab** | **93** |
| Terangganu | 93 |
| Pahang | 93 |
| *Ostküste Info* | *94* |
| Der älteste Regenwald der Welt | 94 |
| *Taman Negara Info* | *95* |
| **Tauchen an den Küsten Malaysias (A. Wolf)** | **96** |
| *Malaysia Unterwasser Info* | *98* |
| **Borneo Bootsfahrten** | **104** |
| **Borneo** | **106** |
| Brunei | 106 |

| | |
|---|---|
| Sabah | 108 |
| ✎ *Brunei Info* | *109* |
| Im Regenwald des Gunung Kinabalu | 113 |
| ✎ *Sabah Info* | *114* |
| **Kalimantan** | |
| Tarakan | 122 |
| Auf dem Kayan | 123 |
| ✎ *Kayan Info* | *127* |
| Den Mahakam hinauf | 128 |
| ✎ *Mahakam Info* | *130* |

## Sulawesi – zwischen Moderne und Stammeskultur 132

| | |
|---|---|
| **Ins Torajaland** | **134** |
| Ujung Pandang | 134 |
| Tanah Toraja | 136 |
| Büffelopfer, Matsch und Totenfeier | 136 |
| ✎ *Ujung Pandang Info* | *137* |
| Nach Batutumonga | 142 |
| ✎ *Toraja Info* | *145* |
| Zu Fuß nach Mamasa | 147 |

## Bali und Lombok 152

| | |
|---|---|
| **Bali** | **154** |
| Mit dem Motorrad auf Bali und Lombok | 155 |
| ✎ *Bali und Lombok Info* | *158* |

## Inseln, Drachen und Vulkane – von Flores nach Lombok 160

| | |
|---|---|
| **Flores** | **162** |
| Durch Flores | 162 |
| Der Kelimutu | 164 |
| Bajawa | 166 |
| Inseln und Riesenechsen | 167 |
| ✎ *Flores Info* | *169* |
| Komodo | 170 |
| Besuch auf der Drachen-Insel | 172 |
| ✎ *Komodo-Info* | *175* |
| Unterhalb des Tambora | 178 |

## Irian Jaya – Indonesiens Neuguinea 180

| | |
|---|---|
| **Irian Jaya** | **182** |
| Die letzten weißen Flecken | 183 |
| Das Baliemtal | 184 |
| Besuchen oder in Ruhe lassen? | 186 |
| In die Wälder | 187 |
| Aufzeichnungen aus einem rauchigen dunklen Blau | 188 |
| ✎ *Irian Jaya Info* | *189* |
| ✎ *Baliemtal Info* | *194* |

## Indonesien Unterwasser 196

| | |
|---|---|
| **Tauchen und Schnorcheln in Indonesien** | **198** |
| ✎ *Indonesien Unterwasser Info* | *198* |
| **Register** | **204** |

### Kartenverzeichnis

| | |
|---|---|
| Südostasien | Vorsatz |
| Thailand | 15 |
| Sumatra und Malaysia | 59 |
| Borneo | 107 |
| Sulawesi | 135 |
| Flores | 163 |
| Irian Jaya | 183 |

# Vorwort

Südostasien ist ein schier endlos weites Gebiet. Wir wollen und können in diesem Buch nicht flächendeckend das ganze Gebiet abhandeln, alle Hotels und Verbindungen beschreiben. Uns geht es darum zu zeigen, wie man vor Ort reist, was man erlebt, einen Eindruck der Gegend und der Menschen zu vermitteln, um so die Routenwahl zu erleichtern. Ein guter Reiseführer ist vor Ort sehr nützlich, vermittelt aber in der Regel keine Vorstellung von den örtlichen Gegebenheiten, von dem, was den Reisenden in der Begegnung mit Einheimischen erwartet. Genau diese Vorstellung zu vermitteln ist unser Ziel.

Thailand, Malaysia und Indonesien, dazu Singapur und Brunei, das sind fünf Länder, aber ein Vielfaches an Kulturen und Völkern, auf die man in diesem Gebiet stößt. Allein Indonesien bildet ein Mosaik aus weit über hundert Völkern mit eigenen Sprachen. Ebenso trifft man in den Bergregionen Thailands und Malaysias allenthalben auf Völker mit eigener Kultur und Herkunft. So ist Reisen in Südostasien trotz aller großartiger Landschaften immer wieder vor allem die Begegnung mit – fast ausnahmslos fröhlichen, offenen und lachenden – Menschen. Auch wer „nur" der landschaftlichen Schönheit wegen in eines der Länder reist, sollte sich bewußt sein, daß er dort zu Gast ist, und die Menschen mit ihren vielleicht auf den ersten Blick schwer verständlichen Eigenheiten akzeptieren. Für Europäer ist die Kontaktfreude der Menschen Südostasiens mitunter verwirrend, werden die ständigen Fragen nach dem „Woher" und „Wohin", nach dem Namen und der Zahl der Kinder als aufdringlich empfunden. Wer damit Schwierigkeiten hat, sollte Ausländer bei uns in öffentlichen Verkehrsmitteln beobachten, wo sie praktisch nie damit rechnen müssen, daß ein freundlicher Mitreisender ein Gespräch sucht. Und wenn man selber ein Gespräch beginnen möchte, wird es schwer, das berüchtigte „Where do you come from?" als Einleitung zu umgehen. Frauen klagen immer wieder über ständige „Anmache" in indonesischen Bussen. Aber auch mir als Mann passiert es ständig, daß ich bei Busfahrten durch Java etwa von indonesischen Frauen gefragt werde: „Do you love me? Do you want to marry me?" Fragen, die nicht mehr als ein Spiel sind, die von unserer Seite aber leicht mißgedeutet werden.

Die Begegnung mit Menschen anderer Kulturkreise beinhaltet immer die Gefahr des Mißstehens und der Verständnislosigkeit, auch jenseits der offensichtlichen Sprachprobleme. Offenheit und der Wille zu verstehen und dazuzulernen sind wichtige Voraussetzungen, um Reisen sowohl für den Reisenden als auch für die Besuchten zu einem tiefgehenden Erlebnis zu machen. Wem der Wille zur Auseinandersetzung mit fremden Menschen fehlt, sollte sich überlegen, ob eine Fernreise wirklich das richtige für ihn ist.

All denjenigen, die sich trotz aller Strapazen, die damit verbunden sind, auf das Abenteuer der persönlichen Weltentdeckung einlassen wollen, wünschen wir viel Spaß dabei.

# THAILAND

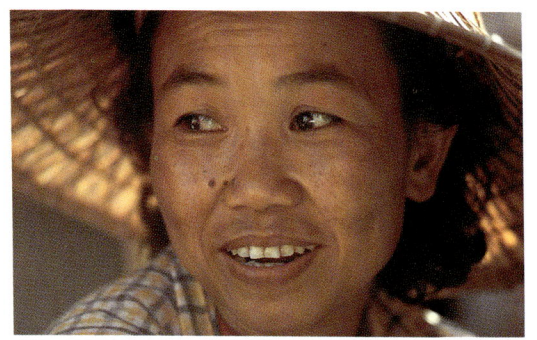

Lange Zeit war Siam ein geheimnisvolles, fernes Reich. Nur wenigen reisenden Kaufleuten war es vorbehalten, den Schleier des Unbekannten zu lüften. Heute trennen uns nur noch etwa zwölf Flugstunden von Thailand. Den Reisenden erwartet ein exotisches Land: goldene Tempel, glitzernde Reisfelder in der Zentralebene, dichte Dschungel und Teakwälder im Norden und kilometerlange, von Palmen gesäumte Sandstrände im Süden.

# Bangkok

Es ist 8 Uhr, und ich fühle mich, als hätte mir gerade jemand einen heißen Schwamm ins Gesicht geschlagen. Am liebsten würde ich auf dem Absatz kehrtmachen, zurück in die Geborgenheit des kühlen Jumbo Jet. Statt dessen stehe ich hier auf der Gangway und bin schweißgebadet. Unbarmherzig brennt die Morgensonne. 95 Prozent Luftfeuchtigkeit!
Aber schließlich ist dies ja genau das, was ich wollte. Mich einlassen auf die Herausforderungen des Unbekannten. Auf das Abenteuer, ein fremdes Land kennenzulernen. So steige ich mit einem Hochgefühl der Erwartung die Gangway hinab nach Thailand.

Während ich in der Ankunftshalle des Bangkok International Airport in der Schlange vor der Paßkontrolle warte, fällt mein Blick auf die Landkarte Thailands. Die Umrisse des Königreiches ähneln dem Kopf eines Elefanten. Darauf sind die Thai sehr stolz, denn das Tier zählt zu den heiligen Symbolen des Buddhismus und repräsentiert Reichtum, Macht und Weisheit.
Der Elefantenkopf nimmt mit 514 000 qkm fast die Landfläche Frankreichs ein. Von den etwa 57 Millionen Einwohnern sind 93 Prozent Buddhisten. Nur im Süden des Landes leben etwa 6 Prozent Moslems.
Thailand ist das einzige Land in Südostasien, das nie unter der Herrschaft einer Kolonialmacht stand. So wurde die Entwicklung nie durch eine fremde Macht bestimmt. Deshalb nenen die Thai ihre Heimat stolz „Land der Freien".

**Moloch und faszinierende asiatische Metropole**

Dreimal habe ich nun ins Leere gegriffen. Erst ein Blick über die Schulter bestätigt mir, daß da wirklich kein Sicherheitsgurt ist. Der Taxifahrer lächelt nur. Er hat schon viele Fremde vom Flughafen ins Stadtzentrum gefahren und wird von ihnen immer wieder nach diesem unnötigen Gurt gefragt. Verstehen kann er es nicht.

In rasantem Tempo braust er nun auf der mehrspurigen Straße dahin. Links, rechts. Keine Lücke ist ihm zu eng, wenn er überholen will. Gerade will er wieder nach links ausscheren, da huscht mit lautem Hupsignal ein Kleinlaster dicht an uns vorbei.
Auf der Pritsche des klapprigen Gefährts drängen sich mindestens 15 Passagiere. Sie winken und lachen, als sie sehen, daß ich mich tief in den Sitz verkrochen habe.
Doch schon nach ein paar Kilometern wird die wilde Fahrt jäh gestoppt. Vor uns steht der Verkehr. Stau!
Eingepfercht in eine gewaltige Blechlawine, geht es nun im Schrittempo weiter. Busse und abenteuerlich beladene LKWs speien schwarze Rauchwolken aus ihren Dieselmotoren.
Eins – zwei – drei – vier – fünf. Ich zähle tatsächlich fünf Personen auf dem Motorrad. Vater, Mutter und drei Kinder. Der Fahrer lenkt die zweirädrige Familienkutsche schlingernd durch den dichten Verkehr. Es sind nur die Motorräder, die jetzt noch weiterkommen. Die meisten mit mindestens drei Personen besetzt.

Wer sich auf Bangkok einläßt, den erwartet ein ganz besonderes Großstadtabenteuer. Bangkok ist ein Moloch mit 8 Millionen Menschen. Fast 2 Millionen Kraftfahrzeuge drängen sich täglich auf den völlig überlasteten Straßen. Morgens und abends während der „rush hour" kommt der Verkehr regelmäßig für mehrere Stunden zum Erliegen.
Dabei läßt der Name der Stadt überhaupt nicht darauf schließen. Ban Kok heißt soviel wie „Dorf der Oliven". Lang ist es her, daß die Metropole ein Dorf war. Erst im Jahre 1782 verlegte König Rama I. seinen Regierungssitz hierher.
Die Thais nennen ihre Hauptstadt nur noch gegenüber einem Ausländer Bangkok. Unter sich sagen sie Krungthep – „Stadt der Engel".
Geduldige Engel müssen das sein, denke ich bei mir, mit starken Nerven und widerstandsfähigen Lungen.
Wieder hüllt eine schwarze Wolke aus dem Auspuff eines LKWs unser Taxi ein.

## Banglampoo

„Come, come, Mama gives you fruit salat."
Ich habe noch gar nicht entschieden, ob ich im Apple Guesthouse wohnen will. Doch „Mama" gibt mir unmißverständlich zu verstehen, daß ich mich erst einmal setzen soll.
Das kleine Teakholzhaus liegt etwas versteckt in einer engen Seitengasse im Stadtteil Banglampoo. Hier wohnt „Mama" mit ihrem Mann, zwei Töchtern und den beiden Großmüttern. Einige Zimmer werden an Gäste vermietet.
Die Zimmer sind eng und spartanisch eingerichtet, selbstverständlich ohne Air Condition, WC oder Dusche.
Liebevoll hat „Mama" auf einem Teller Ananas, Mango, Papaya und Lychesfrüchte zusammengelegt. Mehr brauche ich im Moment nicht zu meinem Glück. Hier fühle ich mich zu Hause.
Fünf Uhr. Es ist noch stockfinster, aber ich bin glockenwach. Kein Wunder, gestern war ich schon am frühen Nachmittag eingeschlafen. Der lange Flug, die zwei Stunden im Verkehrsstau und die ungewohnte schwüle Hitze hatten mich geschafft.
Als ich unter der Dusche stehe, geht mir durch den Kopf, daß die Leute zu Hause jetzt ins Bett gehen. In Thailand ist es sechs Stunden später als in Deutschland.
In den engen, verwinkelten Gassen Banglampoos habe ich überhaupt nicht das Gefühl, mich in einer Großstadt mit fast 8 Millionen Einwohnern zu befinden. Aus kleinen, verwitterten Teakhäusern dringt das Zwitschern unzähliger Vögel an mein Ohr. Alte Rosenapfelbäume werfen ihren Schatten in kleine Gärten, die liebevoll mit wilden Orchideen bepflanzt sind. Die Luft ist geschwängert vom Rauch offener Feuerstellen. Kinder beobachten mich neugierig durch die Lücken eines Bretterzaunes. Ich bin nicht der einzige, der zu dieser frühen Stunde schon auf den Beinen ist.
Im fahlen Licht der Dämmerung werden die ersten Marktstände aufgebaut. Straßenkehrer fegen im Rinnstein den Unrat zusammen. Auf flinken Füßen hastet eine Frau an mir vorüber. Auf ihrer Schulter trägt sie eine Bambusstange, an deren Enden zwei Körbe voller Eier bei jedem Schritt auf und abschwingen.
Dampfschwaden aus den Suppentöpfen einer Garküche vermischen sich mit der noch angenehm kühlen Morgenluft. Mit einer einladenden Handbewegung deutet die beleibte Köchin dieses kleinen Straßenrestaurants auf einen Tisch, an dem ein alter Mann und ein Junge sitzen. Ich setze mich dazu und bestelle eine Wan Tan Suppe. Sie wird mit Eßstäbchen serviert. Suppe mit Eßstäbchen? Verwirrt beobachte ich den Alten mir gegenüber. Mit den Stäbchen befördert er geschickt das Gemüse, die Nudeln und die Teigtaschen in seinen Mund. Die Flüssigkeit schlürft er aus der Suppenschale. Meine Wan Tan Suppe ist köstlich, aber ihre Schärfe treibt mir dicke Schweißperlen auf die Stirn.
Aus dem sanften Gegenlicht der ersten Sonnenstrahlen tauchen plötzlich die Silhouetten vier junger Männer auf. Ihre Köpfe sind kahlgeschoren, ihre schlanken Körper haben sie in safrangelbe Gewänder gehüllt. Es sind buddhistische Mönche. Wie jeden Morgen ziehen sie mit ihren großen tönernen Bettelschalen von Haus zu Haus. Auch die Köchin spendet Almosen. Sie legt Reis, Gemüse und Fleisch in die Bettelschalen. Die Mönche würdigen sie dabei keines Blickes. Auch bedanken sie sich nicht. Die Spenderin kniet nieder und bedankt sich bei den Mönchen, daß sie ihr die Ehre erweisen, ihre Gaben anzunehmen.
In Banglampoo pulsiert inzwischen das Geschäftsleben. Auf einer der Hauptstraßen des Viertels, der Chakraphong Road, versucht ein Polizist stoisch, mit seiner Trillerpfeife das Hupkonzert der Autos zu übertönen. Die Lautsprecherboxen der Kassettenshops liefern sich einen aussichtslosen Kampf. Der traditionelle Einkaufsbezirk hat sich in den letzten Jahren sehr verändert. Er ist heute Bangkoks Traveller-Zentrum mit zahlreichen Unterkünften aller Preiskategorien,

**Verpackt in Cellophanfolie warten in der Bamrung Muang Road Buddhastatuen auf ihre Käufer.**

## Bangkok

und die Läden haben sich mit ihrem Angebot darauf eingestellt. Hier bekommt der Reisende alles, was das Herz begehrt. Souvenirs, Musikkassetten für den Walkman, modische Kleidung oder oft meisterlich kopierte Louis-Vuitton-Koffer und Rolex-Uhren. In zahlreichen Reisebüros auf der Khaosan Road kann man bequem und preiswert seine Weiterreise buchen.

### Tuk Tuk

Meine Beine sind weit gespreizt, die Füße stemme ich mit aller Gewalt gegen das Bodenblech. Mit beiden Händen halte ich mich krampfhaft an den Seitenstangen fest. Trotzdem rutsche ich auf der kleinen Sitzbank hin und her, denn ich befinde mich auf einer rasanten Slalomfahrt durch Bangkok. Auf dem Fahrersitz vor mit sitzt ein Draufgänger, der kein Gefühl für Gefahr zu haben scheint, denn mit rasender Geschwindigkeit steuert er sein knatterndes Tuk Tuk durch die engsten Verkehrslücken. Aber wer Bangkok wirklich erleben will, darf eine Fahrt mit einer solchen dreirädrigen Motorriksha auf keinen Fall versäumen. Der Fahrgast sollte allerdings den Preis vorher aushandeln und sich sein Fahrtziel in thailändischer Sprache aufschreiben lassen. In Bangkok ist es üblich, daß der Kunde dem Tuk Tuk-Fahrer den Weg zum Bestimmungsort zeigt. Der Fahrer kennt ihn meist nicht.

### Chinatown

Glücklich, wieder festen Boden unter den Füßen zu haben, schaue ich mich um und sehe, daß ich in einem der exotischsten Viertel Bangkoks gelandet bin. Unter Wellblechdächern, die nur spärlich Licht in das Gewirr der engen Gassen dringen lassen, pulsiert das Leben wie in keinem anderen Teil der Stadt. Ich bin in Chinatown.
Thais, Chinesen, Inder, Japaner und Europäer, so vielfältig wie Bangkoks Bevölkerungsgemisch ist die Menschenmenge, die sich langsam an Hunderten von Marktständen und mobilen Garküchen vorbeischiebt.
Hier wird gehandelt und gefeilscht. Im Chinesenviertel zwischen dem Menam Chao Phraya und der Charoen Krung Road scheint es nichts zu geben, was man nicht kaufen kann. Gemüse, Fleisch, Gewürze, die ganze Palette exotischer Früchte, ferner Textilien, Ersatzteile für alle Arten von Motoren und Fahrzeugen, Kleintiere, Schmuck und Möbel. Ich entdecke Läden, in denen Devotionalien für Hausaltar, Mönche und Tempel angeboten werden. In den Apotheken der Kräuterdoktoren kann der nicht mehr so starke Mann magische Potenzdrogen aus geriebenem Hirschhorn und getrocknetem Tigerpenis erstehen.
Der milde Duft von Papayas, die süßliche Ausdünstung reifer Mangos und der schwere Rauch von Räucherstäbchen – die gesamte Skala tropischer Gerüche wabert durch die feuchte Hitze. Meine Augen können sich nicht satt sehen, und ich sauge die Gerüche auf wie ein Schwamm. Wie in Trance wandle ich durch dieses Märchen aus Tausendundeiner Nacht. Ich tauche ganz ein in diese faszinierende, fremde Welt.
Bangkok ist mit Sicherheit keine Liebe auf den ersten Blick. Aber sie wächst mit jedem Tag, den du bereit bist, dich dieser extremen, verwirrenden und chaotischen Stadt hinzugeben.

### Goldene Tempel, Geister und Fabelwesen

Ein heller Blitz durchzuckte den Himmel und schlug in die Pagode eines Tempels ein. Dabei wurde ein großer Gipsbuddha zerstört, und zum Vorschein kam eine kleine, grün leuchtende Statue.
Dies geschah im Jahre 1434 in Chiang Rai im Norden Thailands. Der Blitz hatte den „Smaragd-Buddha" freigelegt. Von da an begann die 66 cm große Statue aus hellgrünem Jade eine lange Reise von einem siamesischen Fürstentum zum anderen.
Im Jahre 1784 fand sie endlich ihre heutige Heimat in der königlichen Kapelle, dem Wat Phra Keo in Bangkok. Der erste König der Chakri-Dynastie, Rama I., hatte sie hierhergebracht. Der kleine „Smaragd-Buddha" ist das höchste Heiligtum der Chakri-Könige. Mehrmals im Jahr wech-

selt der amtierende König Bhumibol in einer einzigartigen Zeremonie die goldenen Kleider und die Krone der Statue.

Der Tempelbezirk mit dem Wat Phra Kao und dem Königspalast liegt dicht beim Sanam Luang, einem der Verkehrsknotenpunkte Bangkoks. Abgeschirmt vom Straßenlärm durch eine hohe weiße Mauer, ist die Anlage eine Insel aus vergangener Zeit im brodelnden Meer der Großstadt. Riesige steinerne Türwächter, bedeckt mit farbigen, glasierten Ziegeln, bewachen paarweise die Eingänge. Mit ihrem dämonischen Aussehen sollen sie alles, was der buddhistischen Religion feindlich sein könnte, abschrecken. Überall stehen Kinnari, weibliche und männliche Fabelwesen. Halb Mensch, halb Vogel, sollen sie böse Geister fernhalten. Unzählige goldene Türme und Türmchen sowie rote, grüne und goldene Pagoden heben sich kontrastreich vom tiefblauen Himmel ab. Die Außenwände und Säulen der Gebäude sind mit bunten Mosaiken und Fayencekacheln bedeckt. Ein großes, gänzlich mit goldenen Ziegeln überzogenes Chedi strahlt im gleißenden Licht der Sonne. Überwältigt von soviel Pracht, schreite ich ehrfurchtsvoll über den blankgewienerten Marmorboden und lausche dem hellen Klang kleiner Bronzeglöckchen, die im leichten Wind hin und her schaukeln. Ich kann sehr gut verstehen, daß die Tempelwächter niemanden einlassen, der nicht respektvoll gekleidet ist. Besuchern in Shorts, mit bloßen Schultern oder weitem Ausschnitt verwehren sie den Zutritt.

Durch den Rauch Hunderter von Räucherstäbchen beobachte ich eine alte Frau, die eine große Schale mit Früchten und Lotosblüten als Opfergabe in den Tempel trägt. Kinder haben ihre Hände vor dem Gesicht gefaltet und beten auf den Knien zu Buddhastatuen, die über und über mit Blattgold beklebt sind.

Der prunkvolle Königspalast war früher die ständige Residenz der Chakri-Könige. Zwei prachtvoll verzierte Thronsitze erinnern daran. König Bhumibol nutzt den vierflügeligen Palast heute nur noch für höfische Festlichkeiten und zu Protokollzwecken.

Geschickt lenken die Fahrer ihre dreirädrigen Tuk Tuks durch Bangkoks dichtes Verkehrsgewimmel.

## Bangkok

Südlich des Königspalastes erreiche ich nach etwa zehn Minuten Fußweg den Wat Po. Vor dem Eingang in der Jetubon Road stehen Händler, die Räucherstäbchen, Lotosblüten und Amulette verkaufen. Zahlreiche Astrologen bieten ihre Dienste an.

Der Wat Po ist der größte und wahrscheinlich älteste der rund 400 Tempel in Bangkok. Für die hier lebenden Mönche ist er eine Oase der Ruhe in der Hektik des Alltags, Stätte der Meditation und des Gebets. Wegen seiner sehr kunstvollen Ausstattung und seiner ausgewogenen Proportionen gilt er als ein Juwel thailändischer Baukunst. Mehr als 70 reich mit Mosaik verzierte Chedis schmücken das knapp acht Hektar große Terrain. Leider hat an vielen dieser Chedis der Zahn der Zeit genagt und kleine Haufen zerbröckelter, abgefallener Reste zurückgelassen. Doch dies tut dem Glanz des Tempels keinen Abbruch. An den Wänden langer Wandelhallen stehen dicht aneinandergereiht goldene Buddhastatuen. Im Innenhof erheben sich bis zu drei Meter hohe steinerne Figuren der chinesischen Mythologie, die als Schiffsballast ihren Weg von China nach Thailand fanden.

In einem speziell für ihn errichteten Gebäude liegt ein riesiger ruhender Buddha. Der Gigant ist 46 Meter lang und 14 Meter hoch. Er symbolisiert das Hinübergleiten Buddhas ins Nirwana. Sein Gesicht drückt tiefste Meditation und vollkommene Seligkeit aus. Besonders sehenswert sind die Fußsohlen der Skulptur, in welche mit Perlmutt die 108 Kennzeichen der buddhistischen Tugenden eingelegt sind.

Als ich wieder in den Hof hinaustrete, dringt lautes Vogelgezwitscher an mein Ohr. Mehrere Händler haben Pyramiden aus kleinen Käfigen errichtet, in denen je zwei Vögel aufgeregt von einer Stange auf die andere hüpfen. Nach kurzem Feilschen geht einer dieser Käfige in den Besitz eines Jungen über. Zu meiner Überraschung nimmt er die Vögel aber nicht mit nach Hause, sondern öffnet das Türchen und läßt beide fliegen. Er glaubt fest daran, daß sich mit jedem Vogel, dem er die Freiheit schenkt, für ihn ein Wunsch erfüllt.

Mit kurzen Signalen seiner Trillerpfeife zeigt der Schaffner dem Steuermann die Dauer des An- und Ablegemanövers an, dann fährt das Expreßboot weiter den Fluß hinunter. Ich bleibe auf dem schaukelnden Anleger zurück. Gegenüber, auf der anderen Seite des Menam Chao Phraya, zeichnet sich gegen das gelbrote Licht der aufgehenden Sonne der Schattenriß des Wat Arun ab. Der 82 Meter hohe Tempel ist ganz im Stil der Khmer erbaut. Nach buddhistischem und hinduistischem Weltbild symbolisiert er den Sitz des Götterkönigs Indra. Das fast völlig mit Muscheln, Perlmutt und chinesischem Porzellan besetzte Gebäude schillert im Licht der Morgenröte in allen erdenklichen Farbnuancen.

Aus einem Haus beim Bootsanleger tritt eine junge Frau in modernem Kostüm mit Minirock und hochhackigen Pumps. Mit tippelnden Schritten geht sie zu einem Pfahl mit einem kleinen Häuschen, entzündet eine Handvoll Räucherstäbchen und hängt einen Kranz aus Jasminblüten über den Giebel. Das Häuschen, das aussieht wie ein buddhistischer Tempel im Puppenstubenformat, ist die Heimstatt des Phii Ruan. Jeden Morgen, bevor sie ihr Tagwerk beginnen, erweisen die Thais dem Phii Ruan ihre Ehre, indem sie ihm Getränke, Essen, Räucherstäbchen oder Blumen opfern; denn er ist der Schutzgeist ihres Hauses. Der Geisterglaube ist hier tief in den Seelen der Menschen verwurzelt, und kein Gebäude, sei es eine armselige Fischerhütte oder der Verwaltungspalast eines Industrieunternehmens, wird bezogen, bevor nicht ein Geisterhäuschen aufgestellt worden ist.

### Ein schwimmendes Dorf in der Großstadt

Noch vor etwa 100 Jahren wurde Bangkok das „Venedig des Ostens" genannt. Damals wurde fast der gesamte innerstädtische Transport über Wasserwege abgewickelt. Die Klongs haben jedoch dem Straßenverkehr weichen müssen und sind inzwischen fast alle zugeschüttet worden. Nur in der Schwesterstadt Thonburi auf der anderen Seite des Menam Chao Phraya ist das dichte Netz der Wasserstraßen noch erhalten.

**Bangkok**

In Thonburi spielt sich das Leben auf dem Wasser ab. Das Boot ersetzt den Marktstand.

Schon nach kurzer Fahrtstrecke mit einem kleinen Fährboot habe ich den Lärm der Millionenstadt hinter mir und fühle mich in eine andere Welt versetzt. An den Klongs von Thonburi führen die Menschen ein Leben wie in einem schwimmenden Dorf.

Die meisten Häuser sind bis ins Wasser hineingebaut und stehen auf hohen Stelzen. Jedes Haus hat eine eigene Bootsanlegestelle, die den Bewohnern auch als Terrasse und als Badezimmer dient. Die Frauen waschen auf den Stegen die Wäsche, Kinder planschen ausgelassen in den Fluten. Alles orientiert sich zum Wasser hin. Geschäfte, Dienstleistungsbetriebe und selbst Tankstellen befinden sich direkt am Ufer. Fischer haben ihren Fang zum Trocknen in der heißen Sonne auf die Anlegestege gelegt, und ein Friseur schneidet seinem Kunden am Kanal die Haare. Die Zeit scheint stehengeblieben zu sein in Thonburi. Alte Dschunken und breite Lastkähne, beladen mit Reis oder Holzkohle, werden selbst um die engsten Kurven manövriert, und auf den leichten Wellen schaukeln kleine Boote. Wie eh und je fahren Händlerinnen täglich in diesen Booten von Haus zu Haus und bieten Obst, Gemüse, Fisch, Fleisch und Haushaltsgegenstände an. Selbst Kosmetika, Elektrogeräte und Transistorradios können die Klongbewohner direkt an der Haustür kaufen. Wer nicht selbst kochen möchte, der läßt sich aus der schwimmenden Garküche versorgen. Zwischen acht und zwölf Uhr morgens wird auf dem Wasser gar ein viel beachteter schwimmender Markt abgehalten. Leider hat der Markt von Thonburi in den letzten Jahren stark unter dem Ansturm zu vieler Touristen gelitten.

Ursprünglicher ist da noch das bunte Treiben auf dem schwimmenden Markt von Damoen Saduak, etwa 100 Kilometer von Bangkok entfernt.

Bangkok Info

# Bangkok

### Reisezeit
November bis März: Beste Reisezeit, angenehme Temperaturen
März bis Mai: Heiße Jahreszeit, Temperaturen über 40° im Schatten sind keine Seltenheit.
Mai bis November: Regenzeit, große Hitze und sehr hohe Luftfeuchtigkeit, häufige Niederschläge.

### Transport vom Flughafen
Limousine Service (luxuriös, aber teuer), Taxi (bequem und preiswert, am besten spricht man einen Fahrer an, der Fahrgäste im ersten Stock bei der Abflughalle absetzt. Hier läßt sich ein günstigerer Preis aushandeln), Minibus (billiger als Taxi, fährt aber nur zu den großen Hotels), lokale Busse (wenn man viel Gepäck hat, etwas stressig, aber sehr billig).

### Verkehrsmittel in Bangkok
**Bus** (die etwa 8000 Stadtbusse sind spottbillig. Wichtig ist es, den „Latest Tour Guide to Bangkok and Thailand" an der Hand zu haben, damit man immer den richtigen Bus findet. Es gibt Führer fast überall zu kaufen), **Taxi** (wenn der Fahrer den Taxameter nicht einschaltet, muß der Preis vor der Fahrt ausgehandelt werden), **Tuk Tuk** (abenteuerlich und preisgünstig, der Preis muß vor der Fahrt ausgehandelt werden. Man sollte sich das Fahrtziel in Thai aufschreiben lassen, denn die Fahrer sprechen nicht Englisch), **Motorrad-Taxis** (die schnellste, abenteuerlichste, aber sicher gefährlichste Art des Transports in Bangkok), **Expreßboote** (verkehren von 6.00–18.00 Uhr auf dem Menam Chao Phraya, angenehme und billige Art, in Bangkok zu reisen, beste Verbindung zwischen Banglampoo und General Post Office).

### Unterkunft
Es gibt vom kleinen Guesthouse bis zur Luxusherberge Unterkünfte aller Preiskategorien in unüberschaubarer Zahl.
Hotels der Luxusklasse:
**Oriental Hotel, Duisit Thani, Hyatt Central, Hilton International, Mandarin, Bangkok Peninsula und das Royal Orchid Sheraton.**
Hotels der mittleren Preisklasse:
**Trang Hotel**, 99/8 Wisut Kasat Rd. (Tel. 2822141), **Royal Hotel**, beim Sanam Luang (Tel. 2229111), **Majestic Hotel**, 97 Ratchdamoen Rd. (Tel. 2815000), Fortuna, Sukhumvit Rd. Soi 5 (Tel. 2515121), **Rex Hotel**, 762 Sukhumvit Rd. (Tel. 2590106), **Malaysia**, 54 Soi

Am Ufer des Menam Chao Phraya werden jeden Morgen die Fische zum Trocknen in die heiße Sonne gelegt.

Alles, was das Herz begehrt, findet man in Chinatown.

Ngam Duphli (Tel. 2863582), **Ramada**, 1169 New Rd. (Tel. 2348971)
Guesthouses:
Besonders viele sehr preisgünstige Unterkünfte gibt es in China-Town und in Banglampoo. Hier nur ein paar Beispiele:
**Apple II Guesthouse**, Trok Kai Chae/Phra Sumen Rd. (Tel. 2816838), **K.C.-Guesthouse**, Trok Kai Chae/Phra Sumen Rd. (Tel. 2820618), **Chakrapong GH**, Chakrapong Rd. (bei Shell Tankstelle) (Tel. 2827274), **New Privacy**, Tel Sweety, 49 Rachdamoen Klang Rd. (Tel. 2817856), **Pea-Chy**, 10 Phra Athit Rd. (Tel. 2816471), Phya Riverside GH, 1128 Songwat Rd. (Tel. 2226344).

## Essen

In Bangkok kann man von „gerösteten Heuschrecken" bis zum „Eisbein mit Sauerkraut" alles bekommen, was der Gaumen begehrt. Sie können schmackhafte Nudelsuppen und kleine Thai-Gerichte an den Garküchen auf der Straße verzehren oder luxuriöse Candellightdinners im teuren Restaurant zelebrieren. Die Küche Thailands gehört zu den besten der Welt. Auch hier nur einige Restaurants als Beispiele:
**The Whole Earth**, 93/3 Soi Lang Suan, Phloenchit Rd. (Tel. 2525574), **Yong Lee**, Sukhumvit Rd. Soi 15, **D'jit Pochana**, Sukhumvit Rd. Soi 20, **Poon Sinn**, Prachathipathai Rd., **Kaloang** (schwimmendes Restaurant), am Ende der Sri Ayutthaya Rd., **Tumpnakthai**, 131 Ratchadapisek Rd., **Baan Thai**, 7 Sukhumvit Rd. Soi 32, **Bankaco Ruenkwan**, 212 Sukhumvit Rd. Soi 12, **Oriental Rim Nam**; mit der Fähre vom Oriental Hotel zu erreichen.

## Sehenswürdigkeiten

Königspalast und Wat Phra Keo dicht beim Senam Luang nahe Banglampoo (lässige Kleidung, wie Shorts, schulterfreie T-Shirts, weiter Ausschnitt oder Mini-Rock sind hier verboten!!), Nationalmuseum beim Sanam Luang, Lak

Muang-Schrein gegenüber dem Wat Phra Keo, am Wochenende werden hier traditionelle Tänze aufgeführt, Wat Pho nahe Wat Phra Keo in der Chetupon Road, größter und ältester Tempel in Bangkok, Wat Arun gegenüber Wat Pho auf der anderen Flußseite, 86 Meter hoher Tempel im Khmer-Stil, Wat Timitr in China-Town, hier steht die größte goldene Buddhastatue (fast 6 Tonnen), Erawan-Schrein, Ratchadamri Road, besonders vorm Tag der Lotterieauslosung wird hier geopfert, Musikanten und Tempeltänzerinnen musizieren und tanzen. Wat Benchamabopitr (Marmortempel), Sri Ayutthaya Rd./Rama V. Road, Tempel aus weißem italienischen Marmor, Wat Sakhet, Mahachai Road, vom Chedi Golden Mound hat man einen guten Rundblick über die Stadt. Thonburi und Klongs, Bootstouren werden überall am Flußufer angeboten. Es empfiehlt sich aber nicht unbedingt, mit den lauten „Longtailbooten" zu fahren. Besser sind die kleinen Fährboote beim Klong kurz vor der Memorial-brücke. „Floating Market": Leider hat der „Schwimmende Markt" in Bangkok unter dem Ansturm der Besucher stark gelitten. Schöner ist der „Floating Market" in Damnoen Saduak, etwa 100 km von Bangkok entfernt. Fahren Sie nicht mit dem Boot, sondern besser früh morgens mit dem ersten Bus dorthin! Wer nicht so früh aufstehen will, kann in Damnoen Saduak auch übernachten.

### Märkte

Fast jede Straße Bangkoks ist ein Markt. Von der Nudelsuppe bis zur perfekt kopierten Rolex-Uhr wird auf den Gehsteigen der Stadt so ziemlich alles angeboten, was man sich denken kann. Einige besondere Märkte aber sind einen Besuch wert:
Amulet market am Wat Ratchanada nahe Wat Sakhet, Mahachai Road. Chatuchak – Sonntagsmarkt, riesiger Markt am nördlichen Bus-Terminal (populärster Markt für Waren aller Art). Nakhon Kasem (Markt der Diebe) in China Town. Pak Klong Talaad am Menam Chao Phraya südlich des Wat Pho, hier werden die großen Lastkähne entladen und Obst, Gemüse und Fisch verkauft. Der Markt liegt etwas versteckt in den kleinen Seitengassen. Ab 4.00 Uhr morgens herrscht hier Großmarktatmosphäre. Pahurat Market (großer Textilmarkt) zwischen Tripet und Chakraphet Road. Teves Market, großer Blumenmarkt am nördlichen Ende der Luk Luang Road.

### Fotografieren

Thailand ist ein Paradies für Fotografen. Die Menschen lassen sich gern fotografieren. Selbstverständlich muß man vorher fragen! Filme kann man in Thailand überall kaufen, aber sie sind meist teurer als zu Hause. Labors für die Entwicklung der Filme (nicht Kodachrome) und für Prints gibt es an fast jeder Straßenecke.

### Weiterreise

Thailand verfügt über ein ausgezeichnetes Flug-, Straßen- und Eisenbahnnetz. Buchen Sie Ihre Weiterreise in Thailand am besten in einem der zahlreichen kleinen Reisebüros (besonders viele sind in der Khao San Road in Banglampoo). Die Gebühren sind meist niedriger als die Fahrt zum Bahnhof oder zum Bus-Terminal. Wenn Sie mit dem Nachtzug reisen möchten, nehmen Sie, auch wenn Sie zu zweit sind, immer nur untere Betten (Lower bed). Sie sind viel bequemer als die oberen (Upper bed). Wollen Sie mit dem Bus fahren, wählen Sie für längere Strecken immer einen „VIP-Bus". Diese Busse sind bequemer (mehr Beinfreiheit zwischen den Sitzen) und sicherer als die normalen Busse.

### Damnoen Saduak

Sie können mit dem Bus (Nr. 78) gegen 7.00 Uhr morgens von Bangkok nach Damnoen Saduak fahren. Besser ist es, vor Ort zu übernachten, da die beste Zeit für den Marktbesuch die Zeit von 7.00 bis 10.00 Uhr ist. Es gibt einige Unterkünfte in Damnoen Saduak. Man kann auch in Nathon Pathom übernachten und am frühen Morgen von dort zum „Floating Market" fahren.

# Mit dem Motorrad zwischen Kwai Yai und Kwai Noi

**Nach Nakhon Pathom**

Bis auf die Haut bin ich durchnäßt und zittere vor Kälte. Wie aus Eimern stürzt das Wasser vom Himmel. Das Blätterdach des Baumes, unter den ich mich mit meiner 125 ccm Honda geflüchtet habe, bietet kaum Schutz. Dabei hatte der Tag so gut angefangen.

Vor etwa einer Stunde hatte ich mir in Kanchanaburi für einen Ausflug ins etwa 65 Kilometer entfernte Nakhon Pathom das Motorrad gemietet. Bei herrlichem Sonnenschein war ich losgefahren. Doch plötzlich waren bedrohlich dunkle Wolken am Himmel aufgetaucht, und ein heftiger Monsunregen hatte meine Fahrt gestoppt. Nun stehe ich hier, und das Wasser tropft mir von der Hutkrempe. Dabei bin ich selbst daran schuld, daß es so gekommen ist. Es war wirklich leichtsinnig, keine Jacke mitzunehmen. Schließlich ist es nicht ungewöhnlich, daß es hier zu dieser Jahreszeit von einem Moment zum anderen plötzlich heftig regnet. Von Mai bis Oktober herrscht in Thailand Regenzeit, und es ist Mitte Juli. Zum Glück regnet es in den Tropen meist nur für kurze Zeit, und so bricht die Wolkendecke bald wieder auf, und die Sonne sendet mir ihre wärmenden Strahlen. Ich wische mit der Hand das Wasser von der Sitzbank meines Motorrades und setze die Fahrt fort.

Das Land scheint nun unter der heißen Sonne zu schwitzen. Dichte Dunstschwaden steigen von der Straße und aus den Feldern auf. Der Weg führt durch die reizvolle Hügellandschaft der Provinz Kanchanaburi. Kurz vor Ban Pong wird das Land flacher, und der Blick verliert sich bald in endlosen Reisfeldern. Thailand ist eine der fruchtbarsten Agrarregionen Asiens. Unendlich viele Wasseradern durchziehen das Land, und in der Zentralebene bestimmen die glitzernden Reisfelder das Bild der Landschaft. Das tropische Klima ermöglicht bis zu drei Reisernten im Jahr. Jetzt im Juli wird der Reis gepflanzt, und zahlreiche Frauen und Männer sind in den Feldern beschäftigt. Bis zu den Waden stehen sie im Wasser. In ihren Händen halten sie dicke Bündel von Setzlingen, von denen sie einen nach dem anderen tief gebückt in den Schlamm stecken.

Nach etwa zwei Stunden Fahrt habe ich Nakhon Pathom erreicht. Schon von weitem kann ich das riesige Wahrzeichen der Stadt sehen, den Phra Pathon Chedi. Mit 127 Metern Höhe ist der Chedi das höchste buddhistische Bauwerk der Welt. Schon der Name Nakhon Pathom erweckt bei den Thais Ehrfurcht, denn der Ort war etwa 250 v. Chr. der Ausgangspunkt für die Verbreitung der Lehre Buddhas in Südostasien.

Auf der Rückfahrt nach Kanchansburi gerate ich noch einmal in den Regen. Gerade fallen die ersten Tropfen, als ich am Straßenrand ein kleines Restaurant entdecke. Bevor ich allerdings das Haus erreiche, öffnet der Himmel auch schon seine Schleusen, und wieder prasselt das Wasser wie aus einer überdimensionalen Dusche auf mich herab. Ich will schnell ins Trockene und fahre mit hoher Geschwindigkeit auf das Restaurant zu. Als ich abbremsen will, passiert's. Auf dem regennassen Asphalt rutscht mir das Vorderrad weg. Ich kann das Motorrad zwar im letzten Moment abfangen, komme aber nicht mehr rechtzeitig zum Stehen. Mit heulendem Motor schleudere ich mit dem Motorrad auf die überdachte Terrasse. Einige Gäste schreien vor Schreck laut auf. Stühle stürzen um. Ein Mann konnte sich nur mit einem beherzten Sprung in Sicherheit bringen.

Die Situation ist mir wahnsinnig peinlich. Mit gesenktem Kopf stehe ich da und stammle Entschuldigungen. Doch keiner schimpft, niemand

**Vorhergehende Seite:**
Prächtige Wächterfiguren zieren die Gebäude des Wat Phra Keo.

Höflichkeit, Toleranz und Gelassenheit sind die hervorragenden Eigenschaften der Menschen in Thailand.

## Zwischen Kwai Yai und Kwai Noi

scheint ernsthaft böse zu sein. Im Gegenteil, drei Männer laden mich gleich an ihren Tisch ein. Die Kellnerin bringt mir ein Handtuch, mit dem ich mich erst einmal abtrocknen kann. Alle lachen, denn es ist nichts Schlimmes passiert.
"Mai pen rai – das macht nichts", ist die Zauberformel der Thais in allen Lebenslagen. An einem Mißgeschick oder Unglück läßt sich ohnehin nichts mehr ändern. Die Thais ertragen fast alles mit äußerster Gelassenheit.
Als ich wieder aufbrechen will, stelle ich fest, daß einer der Spiegel des Motorrades zerbrochen ist. „Mai pen rai", denke ich, winke noch einmal den netten Leuten im Restaurant zu und fahre nach Kanchanaburi.

### Kanchanaburi

Wo sich die Flüsse Kwai Yai und Kwai Noi zum Maeklong vereinen, schlummert das ruhige Provinznest Kanchanaburi. Berühmt geworden ist der Ort durch Pierre Boulles authentischen Roman „Die Brücke am Kwai" und dessen anschließende Verfilmung. Während des 2. Weltkrieges wollten sich die mit Thailand verbündeten Japaner durch den Bau einer Brücke über den Kwai Noi River und einer 415 Kilometer langen Bahnstrecke den Zugang zu Burma erzwingen. Die Bahnstrecke wurde von alliierten Kriegsgefangenen und asiatischen Zwangsarbeitern durch dichten Dschungel und die unwegsamen Berge gebaut. Durch schreckliche Tropenkrankheiten und durch die Grausamkeit der Japaner starben während der Arbeiten über 100.000 Menschen. Noch heute verkehrt ein Zug dreimal am Tag auf der historischen Bahnlinie zwischen Kanchanaburi und dem 77 Kilometer entfernten Ort Nam Tok. Außer zwei Soldatenfriedhöfen und einem kleinen Museum erinnert in Kanchanaburi nichts mehr an die schreckliche Zeit des Krieges. Der ruhige Ort ist heute Naherholungsziel für die Bewohner der ca. 150 Kilometer entfernten Großstadt Bangkok. Die reizvolle Hügel- und Dschungellandschaft der Provinz lädt zu Ausflügen mit dem Zug oder mit dem Boot ein.

Ich will unabhängig sein und wähle für meinen Ausflug das Motorrad. Von der Straße aus bietet sich mir ein herrlicher Blick über das weite Tal des River Kwai. An den Ufern sind viele Hausboote festgemacht, Teakhäuser stehen auf hohen Stelzen im Wasser, und an ausladenden Gestängen schweben die Netze der Fischer über dem Fluß. Lange Schleppverbände von Lastkähnen quälen sich langsam den Fluß hinauf.
Über den Kwai Noi River führt die berühmte „Brücke am Kwai". Auf die Schwellen der Schienen sind hintereinander etwa 40 cm breite Bohlen genagelt. So kann man auch mit dem Motorrad über die Eisenbahnbrücke fahren. Die Fahrt ist allerdings riskant, denn die Geleise liegen nur auf Stahlträgern, zwischen den Schwellen und neben den Schienen klafft der Abgrund. Vorsichtig spreize ich beide Beine vom Motorrad ab und lasse meine Füße über die Schienen gleiten. Gebannt schaue ich auf das Vorderrad und bemühe mich, auf der Mitte des schmalen Brettes zu fahren. Auf beiden Seiten der Schienen fällt mein Blick immer wieder in die Tiefe. Mir ist klar, wenn ich abrutsche und stürze, falle ich hinab in den Fluß.

Je dichter ich an die burmesische Grenze gelange, desto mehr gewinnt die Landschaft an Charme. Wegen seiner schwachen Besiedlung ist der Westen Thailands besonders reizvoll. Die wenigen Dörfer sind von über 1000 Meter hohen, dicht bewaldeten Bergen umgeben. Im dichten Urwald liegen versteckte Höhlen wie die Wang Badan-Tropfsteinhöhle. Unter den hohen Kaskaden und in den Bassins des Khao Phang- und des Sai Yok-Wasserfalls kann ich ausgiebig duschen und baden. Bei den heißen Quellen von Hin Dat kann ich mir gar mitgebrachte Eier kochen.

*Viele Menschen entlang dem River Kwai leben vom Fischfang.*

Kanchanaburi Info

# Kanchanaburi

### Unterkunft

Die interessantesten Unterkünfte sind sicherlich die zahlreichen am Ufer des River Kwai festgemachten Hausboote. Es gibt sie entlang dem Fluß in allen Preisklassen. Hier nur einige Beispiele:
**Nita Rafthouse**, 27/1 Pakprak Road (Tel. 514521), **Bamboo House**, 3–5 Soi Vietnam/Patthana St. (Tel. 512532), **Suphakorn Chai Riversid Raft**, (Tel. 511019), **Kasem Island Resorts**, 27 Chaichumphon Rd. (Tel. 511603)
Hotels und Guesthäuser:
**Nita Guesthouse**, 3 Soi Visudhirangsi Road, (Tel. 511300), **V.L. Guesthouse**, 18/11 Saengchuto Road, (Tel. 513546), **River Kwai Village**, 72 Moo 4 Tha Sao (auch Hausboote), **Thai Seri Hotel**, 142 Saengchuto Road, (Tel. 511128), **Rama River Kwai**, 284/4–6 Saengchuto Road, (Tel. 511565)

### Verkehrsmittel

Es gibt Taxis und Fahrradrikschas in Kanchanaburi.

**Motorräder:** Neben dem Tourist Office und in der Saengchuto Road gibt es Mietmotorräder, meist 125 ccm und 250 ccm (Enduro) Hondas. Der Mietpreis liegt zwischen 100 und 400 Baht pro Tag. Die Motorräder sind meist in gutem Zustand, man sollte aber Reifen und Bremsen überprüfen. Hinweis: Motorradfahren in Thailand ist nicht ungefährlich, und das nicht nur wegen des ungewohnten Linksverkehrs. Tragen Sie auf jeden Fall einen Helm, und fahren Sie äußerst vorsichtig.

**Fahrräder:**
Einige Fahrradgeschäfte vermieten für 20 bis 40 Baht pro Tag Fahrräder. Die Räder sind meist sehr gut. Überprüfen Sie aber vor Fahrtantritt die Pedale, Bremsen und Licht. Mit dem Fahrrad läßt sich ausgezeichnet die nähere Umgebung Kanchanaburis erkunden.

### Ausflugsziele

„Die Brücke am Kwai", etwa 4 km außerhalb der Stadt. Es gibt hier eine Lokomotive und einen für den Schienenverkehr umgebauten LKW aus der Zeit des Zweiten Weltkrieges.
Erawan National Park. Am Kwai Yai River, etwa

Die Hektik einer Großstadt ist den Bewohnern der Provinz Kanchanaburi weitgehend unbekannt.

## Kanchanaburi

65 km von Kanchanaburi entfernt, liegt ein sehr schönes bewaldetes Tal mit vielen Wasserfällen und Sinterterrassen. Vom Nationalpark aus kann man auch über eine Schotterpiste (11 km) die Phra That-Höhle besuchen. Übernachtung beim Nationalpark ist möglich im Erawan Resort.

Tham Than Lot-Park. Der Nationalpark liegt 97 km nördlich von Kanchanaburi. Es gibt hier eine Tropfsteinhöhle (Than Lot Yai) und einen kleinen, von Mönchen bewohnten Tempel. Durch eine sehr schöne Dschungellandschaft führt ein Weg an mehreren bis zu 20 Meter hohen Wasserfällen vorbei. Am Ende des Weges ist eine Plattform, von der man einen guten Ausblick auf die Dschungellandschaft hat. Es gibt eine Übernachtungsmöglichkeit in Bungalows.

Nam Tok. Mit der Eisenbahn fährt man auf der historischen Strecke 77 km nach Nam Tok. Bei Nam Tok liegt der Khao Phang-Wasserfall und die Wang Badan-Tropfsteinhöhle. Die Zugfahrt dorthin ist ein Erlebnis. Es geht langsam am Fluß entlang, zwischen steilen Felsen hindurch und durch den dichten Dschungel. Übernachtungsmöglichkeit im sehr einfachen Suvatana-Hotel oder in den Sai Yok Noi-Bungalows.

Nakhon Pathom. Etwa 65 km entfernt liegt Nakhon Pathom. Von hier aus haben Mönche aus Sri Lanka die buddhistische Lehre in Thailand verbreitet. Sehenswert ist der 127 Meter hohe Chedi im Stil der Dagobas aus Sri Lanka. Es gibt ein Museum und den kleinen Sanam Chan-Palast. In Nakhon Pathom gibt es zahlreiche Hotels aller Kategorien.

Sehr zu empfehlen ist in Kanchanaburi auch ein Ausflug auf dem Kwai Yai und dem Kwai Noi. Man kann einen solchen Ausflug mit kleinen Booten oder Rafts (schwimmende Hausboote) unternehmen.

Hinweis: Von Freitag bis Samstag ist Kanchanaburi beliebtes Ausflugsziel für die Einwohner Bangkoks. In allen Tanzlokalen am Fluß wird dann bis spät in die Nacht laute Musik gespielt, schwimmende Diskotheken fahren ununterbrochen den Fluß hinauf und hinunter. Wenn Sie die Ruhe lieben, fahren Sie besser nicht am Wochenende hierher.

*Folgende Doppelseite:*
*Zwischen den Ruinen von Wat Chai Wattanaram findet der Mönch Ruhe für die Lektüre der buddhistischen Schriften.*

# Versunkene Städte

**Ayutthaya**

Das laute Trompeten von Hunderten von Elefanten übertönt das metallische Klirren der Kriegswaffen und die Schreie der Menschen. Unerbittlich werden die „lebenden Panzer" gegen den Feind getrieben, bis dieser schließlich unterliegt. So muß es sich abgespielt haben, als 1767 die Burmesen den Widerstand Ayutthayas nach 15 Monaten Belagerung brachen und die siamesische Hauptstadt dem Erdboden gleichmachten. Hunderttausende, darunter auch der König, wurden getötet, mehr als 350 Tempel, drei Königspaläste und 94 Stadttore völlig zerstört. Außerdem fielen den Angreifern unersetzliche Kulturschätze wie religiöse Schriften, Gesetzestexte und die gesamte in der Stadt gesammelte Literatur zum Opfer.

Der Fall Ayutthayas war die größte Tragödie in der Geschichte Thailands. Über 400 Jahre lang war die Stadt der glanzvolle Mittelpunkt des siamesischen Reiches gewesen. Fünf Königsdynastien, 33 gottähnliche Herrscher hatten hier residiert. Reger Handel mit China und Europa hatte großen Reichtum gebracht. Das höfische Leben war von unermeßlichem Prunk. Europäische Kaufleute und Reisende priesen Ayutthaya als schönste Stadt der Welt.

Nach der Verwüstung durch die Burmesen erholte sich die zerstörte Königsstadt nie mehr. Ayutthaya wurde nicht wieder aufgebaut und ist in Vergessenheit geraten. Generationen von Thais holten sich hier allenfalls das Baumaterial für ihre Häuser.

In den fünfziger Jahren unseres Jahrhunderts hat man sich dann endlich der Bedeutung der Stadt erinnert und die historischen Bauwerke restauriert. Heute lassen zahlreiche wiederaufgebaute prächtige Tempel und weite Ruinenfelder die vergangene Pracht Ayutthayas erahnen. Im gesamten Stadtgebiet ragen die Spitzen der nach singalesischem Vorbild oder im Khmer-Stil erbauten Chedis in den Himmel und erinnern Ehrfurcht einflößend an die einstige Macht dieses Ortes. Monumental wie die Chedis sind auch einige Buddhastatuen. In langen Reihen sitzen sie, in von der grellen Tropensonne ausgeblichene, gelbe Gewänder gehüllt, bei allen Tempeln. Das Lächeln in ihren steinernen Gesichtern strahlt Sanftmut und Gelassenheit aus. Besonders imposant ist der liegende Buddha am Wat Lokaja Sutha. Er ist 28 Meter lang. Für alle gläubigen Thais ist er Ziel der höchsten Verehrung.

Immer wieder greift Somchein nach dem Handtuch auf seiner Schulter und wischt sich den Schweiß ab. Tief über den Lenker gebeugt, tritt er hart in die Pedale seiner Fahrradriksha. Vielleicht bin ich ja doch zu schwer für den schmächtigen jungen Mann. Eigentlich wollte ich auch gar nicht mit der Riksha fahren. Ich wollte nicht als reicher Farang – so nennen uns die Thais – bequem auf dem Rücksitz einer Fahrradriksha sitzen, die durch die Körperkraft eines anderen Menschen angetrieben wird. Doch Somchein hatte minutenlang auf mich eingeredet: „Dies ist mein Geschäft. Meine Familie und ich sind angewiesen auf das Geld, das ich mit der Riksha verdiene. Ich bin jung und kräftig und kann dich durch ganz Ayutthaya fahren." So hatte er mich letztendlich als Fahrgast gewonnen.

Nun beruhige ich mein Gewissen dadurch, daß ich bei jeder Steigung abspringe und neben der Riksha herlaufe. Somchein quittiert dies stets mit einem Lächeln. Ob er damit allerdings Dankbarkeit ausdrücken will oder einfach nur Unverständnis, bleibt mir verschlossen. Als wir endlich den Viharn Phra Mongkol Bophitr erreichen, bin ich nicht weniger naßgeschwitzt als er. Lächelnd reicht er mir sein Handtuch.

Der Viharn Phra Mongkol Bophitr ist ein wichtiges Pilgerziel in Ayutthaya. Besonders heute, am Sonntag, strömen die Menschen hierher, und die Amuletthändler und Wahrsager vorm Tempel finden reichlich Kundschaft. Im Innern thront der mit 19 Metern Höhe größte Bronzebuddha Thailands. Lautes Rasseln stört die Ruhe des heiligen Ortes. Am Fuße der Statue kniet eine große Gruppe Tempelbesucher. Mit beiden Händen schütteln sie

# Ayutthaya

### Anreise
Man kann recht luxuriös mit den Schiffen Oriental Queen, Ayutthaya Princes und Mekhala auf dem Wasserweg von Bangkok nach Ayutthaya reisen. Ansonsten fahren von Bangkok aus alle 10 Minuten Busse und mehrmals am Tag Züge in die historische Stadt.

### Ausflüge
Auf dem Weg von Bangkok nach Ayutthaya liegt Bang Pa-In, die ehemalige Sommerresidenz der Chakri-Könige. Gebäude in den Baustilen Europas, Chinas und Siams sind hier zu besichtigen.

### Unterkunft
**Pai Tong Guesthouse**, 8 U-Tong Road, **Ayutthay Guesthouse**, 16/7 Chao Phrom Road, (Tel. 251468), **Sri Samai Hotel**, 12 Talad Chao Phrom, (Tel. 251228), **Cathay Hotel**, 36 U-Tong Road, (Tel. 251562), **U-Tong Inn**, 210 Moo 5/Tambon Rotchana Road, (Tel. 242618).

### Sehenswürdigkeiten
Innerhalb des gesamten Stadtgebietes und im Randbereich lohnt die Besichtigung zahlreicher historischer Bauwerke. Nur einige seien hier genannt: Wat Rachaburana, schöner Chedi, Prang im Khmer-Stil und einige große von den Khmer zerstörte Buddhaköpfe, Viharn Phra Mongkol Bophitr, größter Bronzebuddha Thailands, am Wochenende beliebtes Pilgerziel, Wat Lokaja Sutha, 28 Meter langer liegender Buddha, Wat Sri Sanphet, Ruinenfeld mit drei großen Chedis, sehr fotogen. Wat Chai Wattanaram, hohe, unrestaurierte Prangs im Khmer-Stil, sehr schön und ruhig am Fluß gelegen.

### Fortbewegung
Man kann die Sehenswürdigkeiten der Stadt bequem und preisgünstig mit dem Tuk Tuk oder mit der Fahrradriksha besichtigen. Wer selbst in die Pedale treten möchte, kann sich für 30 bis 50 Baht am Tag ein Fahrrad mieten. Motorräder kosten 150 bis 400 Baht am Tag.

# Sukhothai

### Unterkunft
Das **Sky House** und das **Thai Village House** sind die beiden Unterkünfte, die dicht bei den historischen Bauwerken liegen.
In New Sukhothai gibt es mehrere gute Guesthouses und Hotels: **P.D. Guesthouse**, 1 Jarodwitheethong Road, **No 4 Guesthouse**, 234 Jarodwitheethong Road, (Tel. 611315), **Sukhothai Hotel**, 15 Singhawat Road, (Tel. 611133), **Kitmongkol Hotel**, 43 Singhawat Road, (Tel. 611193), **Riverview Hotel**, 92/6 Nakhon Kasem Road, (Tel. 611652), **Rajthanee Hotel**, 299 Charoen Vithi Road, (Tel. 611031).

### Sehenswürdigkeiten
Mehr als 70 Ruinenfelder und Tempel sind in Old-Sukhothai zu besichtigen. Hier können nur einige genannt werden:
Wat Mahathat, königlicher Tempel, großes Ruinenfeld mit über 200 Chedis und reich verzierten Buddhastatuen. Wat Si Chum, kleiner Tempel mit 14 Meter hohem sitzenden Buddha. Wat Srasri, große Säulen laufen auf eine Buddhastatue zu. Sehr fotogen. Wat Chana Songkhram, großer Chedi im Stil der Dagobas in Sri Lanka.

### Transport
Von der Neustadt zum 12 km entfernten Old-Sukhothai fährt ein Bus (Abfahrt an der Straße nach Tak, 300 Meter hinter der Brücke rechts). Vor dem Eingang zur historischen Stadt kann man Fahrräder und Motorräder mieten. Sie können die Ruinenstädte aber auch mit dem Mietwagen, Taxi oder dem Tuk Tuk besichtigen.

### Ausflüge
Ein wirklich lohnenswerter Ausflug führt ins 55 km entfernte Si Sanchanalai. Si Sanchanalai war die Schwesterstadt Sukhothais. Die sehenswerten Ruinen liegen verstreut in einem weiten, landschaftlich sehr schönen Gebiet. Man kann mit dem Bus, mit dem Mietwagen oder mit dem Motorrad von Sukhothai aus hierherfahren. Es werden aber auch organisierte Touren angeboten.

ren. Im Jahre 1238 ist hier die erste Hauptstadt des Reiches gegründet worden. Überragende Herrscherpersönlichkeit in Sukhothai war König Rama Kamphaeng. Noch heute gilt er als der Vater der Nation. Er entwickelte das erste Thai-Alphabet und ließ Mönche aus Sri Lanka ins Land holen, welche die buddhistische Lehre im siamesischen Reich verbreiten sollten. Die Menschen müssen ein glückliches Leben geführt haben in Sukhothai. Alle hatten ausreichend zu essen und genossen große Freiheit. Eines der ältesten Dokumente thailändischer Geschichte, eine alte Inschrift Rama Kamphaengs aus dem Jahre 1292, heute im Nationalmuseum, läßt darauf schließen: „Dieses Sukhothai ist gut. Im Wasser sind Fische. Auf den Feldern ist Reis. Der König verlangt vom Volk keine Steuern. Wer mit Elefanten handeln will, der handelt mit Elefanten, wer mit Gold und Silber handeln will, der handelt mit Gold und Silber. Die Gesichter der Menschen leuchten hell."

Unter den Nachfolgern Rama Kamphaengs zerfiel die Macht Sukhothais, und im 14. Jahrhundert wurde Ayutthaya Hauptstadt des Reiches. In den letzten Jahrzehnten sind die gewaltigen Ruinenfelder der historischen Stadt in mühsamer Kleinarbeit von der Regierung Thailands und der UNESCO restauriert worden. Die steinernen Zeugen der Vergangenheit sind in Sukhothai vielleicht noch faszinierender als die Bauwerke in Ayutthaya. Anders als dort herrscht auf dem riesigen historischen Gelände Sukhothais striktes Bauverbot. In einer parkähnlichen Landschaft erinnern über 70 Tempel und palastartige Gebäude, wie kleine Inseln von Wassergräben und Lotosteichen umgeben, an den ehemaligen Glanz der alten Hauptstadt. Die glorreiche Vergangenheit ist allgegenwärtig. Sukhothai ist eine der imposantesten Ruinenstädte der Welt.

Das bedeutendste Heiligtum der historischen Stadt ist der königliche Tempel Wat Mahathat. Er war Vorbild für den Wat Phra Keo in Bangkok. Auf einem 280 x 240 Meter großen Gelände stehen die Überreste gewaltiger Gebäude und über 200 große und kleine Chedis. Der Hauptchedi steht auf einem hohen quadratischen Sockel, der mit einem Relief geschmückt ist, welches die andächtig schreitenden Jünger Buddhas darstellt. Er soll eine Reliquie des Religionsgründers enthalten. Alle Buddhastatuen im Wat Mahathat sind liebevoll restauriert. Von den Besuchern des Tempels sind sie über und über mit Blattgold und Silber beklebt worden.

Im Wat Si Chum stehe ich vor einer der größten sitzenden Buddhastatuen des Landes. Sie ist 14 Meter hoch. Das Innere des Tempels wird fast vollständig von der gewaltigen Figur eingenommen. Allein die mächtige Hand ist ein Meisterwerk der Bildhauerkunst. Auch sie ist reichhaltig mit dünnen Goldblättchen verziert.

Die schönsten Bauwerke der Menschen waren immer der Religion geweiht. In Sukhothai habe ich mir viel Zeit gelassen, den Zauber der Bauwerke auf mich wirken zu lassen. Als ich nach mehreren Tagen Aufenthalt endlich weiterreise, kann ich gut verstehen, warum Sukhothai ins Deutsche übersetzt „Dämmerung des Glücks" heißt.

lichen Kreislauf der Wiedergeburten. Erst wenn wir einen Zustand erreichen, in dem wir nichts mehr begehren, wenn wir uns nach innen kehren und Herr über unser Bewußtsein werden, können wir inneren Frieden finden und so den Kreislauf des Leidens und das Rad der Wiedergeburten überwinden.

Die buddhistische Lehre erwartet vom Menschen, daß er durch rechtes Denken und rechtes Handeln die Entwicklung seiner Persönlichkeit selbst in die Hand nimmt. Sie fordert Liebe, Mitgefühl, Toleranz, Güte und Duldsamkeit gegenüber allen Lebewesen. Gebete und Meditation sollen dem Buddhisten den Weg ebnen zu einem vollendeten Zustand der Ruhe und des Glücks im Leersein, den Weg ins Nirwana.

Jeder männliche Thai geht mindestens einmal in seinem Leben für einige Zeit als Mönch ins Kloster, um hier nach den strengen Regeln zu leben. Er rasiert sich die Haare und verzichtet auf jegliches Eigentum. Er kleidet sich mit nichts mehr als einer safrangelben Stoffbahn, die er so geschickt um den Körper wickelt, daß sie ihm als Gewand dienen kann. Er darf nicht in einem bequemen Bett schlafen, darf nicht singen und nicht tanzen und muß ein striktes Zölibat befolgen.

Die Thais sind im Glauben tief verwurzelt. Die Lehre Buddhas prägt ihren Charakter, bestimmt ihren Alltag und ihr zwischenmenschliches Verhalten. Der tiefe Aberglaube und der Glaube an den Hausgeist, den Rhii Ruan, und andere Geister steht dabei nicht im Widerspruch zur strengen Lehre. Der Buddhismus ist über alle Maßen tolerant und duldet andere Götter und Geister neben sich.

**Die Dämmerung des Glücks**

Wer an die Wiege Thailands reisen möchte, der muß hinauf in den Norden nach Sukhothai fah-

Über und über werden die steinernen Statuen mit Silber und Blattgold geschmückt.

der Stadt. Hier bin ich mutterseelenallein. Der Wind spielt leise in den Blättern der Bäume. Die hohen Prangs im Khmer-Stil und die zahlreichen, oben spitz zulaufenden Chedis spiegeln sich im Wasser des Chao Phraya River. Ein Mönch sitzt einsam unter einem der Bäume und liest. Er hat sich in die Ruhe dieses historischen Ortes zurückgezogen, um ungestört die Lehren Buddhas studieren zu können.

Ich setze mich auf den Sockel eines der Chedis und genieße still die Atmosphäre dieser malerischen Szene. Nach langer Zeit schaut der Mönch von seinem Buch auf und spricht mich an. Als ich seine Fragen nach meiner Herkunft und nach meiner Person beantwortet habe, erzählt er mir vom Leben und Wirken Buddhas.

Geboren als nordindischer Prinz mit Namen Siddharta Gautama, war Buddha wohlbehütet aufgewachsen und hatte den elterlichen Palast nie verlassen. An seinem 29. Geburtstag hatte er zum ersten Mal Kontakt zur Außenwelt. Erstmalig begegneten ihm Alter, Krankheit und Tod. Von nun an beschloß er, allen irdischen Genüssen zu entsagen und als Bettelmönch durchs Land zu ziehen. Nach langer Zeit der Askese und der Meditation erlangte er im Jahre 528 vor Christus unter einem Bodhi-Baum die Erleuchtung und wurde zum Buddha. Von nun an begann er seine Erkenntnis von den vier edlen Wahrheiten, dem Leiden, seiner Ursache, der Überwindung des Leidens und dem Weg dorthin anderen zu vermitteln. Buddha sagt, daß das Leiden des Menschen schon bei der Geburt beginnt. Hervorgerufen wird es durch die Gier nach weltlichen Genüssen, durch das Unvermögen, sich selbst zu erkennen, seinen Egoismus und seinen Stolz zu beherrschen. Die zerstörerischen Kräfte von Haß, Unzufriedenheit, Angst und Trauer bestimmen unser Leben. Das Leiden endet auch nicht mit dem Tode, sondern erhält sich durch den unend-

**Versunkene Städte**

Eine der größten sitzenden Buddhastatuen Thailands ist der Buddha von Wat Si Chum.

unermüdlich Köcher, in denen sich zahlreiche Holzstäbchen befinden. Durch die permanente Rüttelbewegung steigen die Stäbchen in die Höhe. Auf dem ersten Stäbchen, das aus dem Köcher auf den Boden fällt, steht in goldenen Schriftzeichen, was die Zukunft bringen wird. Andere entzünden bei der Statue Bündel von Räucherstäbchen oder stellen große Tablette voller Lebensmittel vorm Buddha ab. Alle Gläubigen hinterlassen eine Geldspende in der bereitgestellten Box. Durch Sach- oder Geldspenden an die Mönche sucht der gläubige Buddhist seine Geschicke in die rechten Bahnen zu lenken und für sein nächstes Leben Verdienste zu erwerben.

**Die Lehre Buddhas**

Die Ruinenanlage des Wat Chai Wattanaram ist kein Pilgerziel. Die Bauwerke sind nicht restauriert und stark vom Verfall bedroht. Die verwitterten braunroten Ziegel wirken im fahlen Licht des bewölkten Himmels grau und trostlos. So zieht der Wat Chai Wattanaram nicht die Besuchermassen an wie die prächtig restaurierten Tempel

# Bei den Akha im „Goldenen Dreieck"

**Zu Fuß durch den Bergwald**

Mein Herz rast, und ich wage es kaum, mich zu rühren. Im letzten Augenblick hatte ich die kleine grüne Schlange vor mir gesehen. Knapp einen Meter vor mir liegt sie leicht aufgerichtet und mit bedrohlich nach hinten gerecktem Kopf am Wegrand. Wenn ich nur noch einen Schritt tue, wird sie wie eine Feder vorschnellen und mir ihre gefährlichen Giftzähne ins Bein schlagen. Doch noch ehe ich reagieren kann, saust neben mir ein langer Stock zu Boden. Zwei-, drei-, viermal schlägt Yako mit einem Bambusrohr zu, bis die Schlange sich nicht mehr rührt. Yako begleitet mich als Führer und Dolmetscher in den Dschungel Nordthailands. Gestern waren wir in Chiang Mai aufgebrochen. Wir wollen zu einem Dorf des Akha-Bergstammes. Mit fünf weiteren Stämmen, den Lahu, den Lisu, den Karen, den Mien und den Hmong leben die Akha im „Goldenen Dreieck", im Grenzgebiet zu Burma und Laos.
Die wilden Bergwälder des Nordens bergen zahlreiche Gefahren. Noch nicht einen Tag sind wir auf dem engen Dschungelpfad unterwegs, und schon hätte mich fast eine Schlange erwischt. Dabei führt der Pfad durch eine wunderschöne Landschaft. Je tiefer wir in den Wald eindringen, um so großzügiger verteilt die Natur ihre Reize. Lange Kletterpflanzen hängen von hochgewachsenen Bäumen herab. Duftende Büsche, wilde Bananenbäume und dickes Bambusrohr säumen den Weg. Das laute Zirpen der Grillen und das Zwitschern zahlloser Vögel mischen sich unter das laute Rauschen eines Wasserfalls. Beim Wasserfall machen wir Rast. Ich bin froh, daß ich den schweren Rucksack endlich einmal absetzen kann. Fast 20 Kilo trage ich auf dem Rücken. Kleidung, Schlafsack, meine Kameraausrüstung und für einige Tage Proviant schleppe ich nun schon seit Stunden durch die Berge. Die tropische Hitze macht mir dabei sehr zu schaffen. Obwohl auch Yako einen großen Rucksack trägt, merke ich ihm die Anstrengung kaum an. Er ist hier in den Bergwäldern geboren. Yako gehört zum Stamm der Lahu. Als Kind ist er aber zu den Akha gekommen und bei ihnen aufgewachsen. Später hat er dann in einem Dorf der Kuomintang gelebt. Die Kuomintang sind Reste der nationalchinesischen Truppen, die in den vierziger Jahren von den Kommunisten besiegt worden und dann nach Thailand geflohen waren. Da sie die thailändischen Grenztruppen unterstützen sollten, gestattete die Regierung ihnen, sich im „Goldenen Dreieck" anzusiedeln. Mit den Kuomintang-Soldaten hat Yako während des Vietnamkrieges die Grenze zu Laos gesichert und dafür von der Thai-Regierung die Staatsbürgerschaft erhalten. Heute arbeitet er als Trekkingführer in Chiang Mai. Er liebt seinen Job, denn der ermöglicht es ihm, mit seiner Familie in der Stadt zu leben, aber dennoch immer wieder in den Dschungel zu den Bergstämmen zu gehen. So war er auch gleich bereit, mich für zwei Wochen zu den Akha zu begleiten. Nach einem ausgiebigen Bad unter dem kühlen Wasserfall geht's weiter. In engen Windungen schlängelt sich der Pfad bald steil den Hang hinauf. Der Rucksack lastet nach einiger Zeit des Anstiegs wieder so schwer auf meinem Rücken wie zuvor. Eigentlich hätten die bunten Schmetterlinge, die zu Hunderten vor mir in der heißen Luft tanzen, meine ganze Aufmerksamkeit verdient. Ich wage es allerdings kaum, ihnen auch nur einen Blick zu schenken, sondern konzentriere mich ganz auf den Weg. Meine Beine sind schwer wie Blei, und nur mit Mühe setze ich einen Fuß vor den anderen. Jede Baumwurzel wird zum schwierigen Hindernis. Nach dem Auf-

Vorangehende Doppelseite: Für die Akha sind Schweine ein wertvoller Besitz.
Rechts: Akha-Frauen sind leidenschaftliche Pfeifenraucherinnen.

Die Dörfer der Akha liegen in Höhen über tausend Meter.

stieg gelangen wir auf ein weites Plateau, das von mannshohem Dschungelgras bestanden ist. Mühsam bahnen wir uns einen Weg durch die dichtstehenden Halme. Ich habe meinen Hut tief ins Gesicht gezogen, um mich vor dem scharfen Gras zu schützen.
Als wir zum Rande des Plateaus kommen, haben wir wieder freie Sicht und können unten im Tal die Hütten eines Dorfes erkennen. Es ist ein Dorf der Lahu. Hier wollen wir die heutige Nacht verbringen.

Yako kennt die Bewohner des Dorfes, und wir sind herzlich willkommen. Zum Abendessen wird ein Huhn geschlachtet, und als wir nach dem Essen zusammensitzen, wird Reisschnaps ausgeschenkt. Er ist aus vergorenem Reis destilliert und hat einen angenehmen, leicht rauchigen Geschmack. Die Anstrengungen des Tages und der Alkohol haben mich müde gemacht, und so rolle ich schon bald meinen Schlafsack aus. Kaum habe ich mich hingelegt, da falle ich auch schon in tiefen Schlaf.

**Silberhaube und Minirock**

Seit vier Tagen sind wir nun schon unterwegs und inzwischen auf einer Höhe von über 1000 Metern angelangt. Von hier oben haben wir eine herrliche Aussicht über das tiefer gelegene Land. Der Blick fällt auf dicht bewaldete Bergketten, die sich in der Ferne gen Burma verlieren. An einem der unteren Berghänge auf der gegenüberliegenden Seite erkenne ich einige kahle Stellen. Yako sagt mir, daß dies die Felder der Akha sind. Die Bergstämme gewinnen ihr Ackerland durch Brandrodung. Von Ökologen wird diese Art des Ackerbaus als umweltschädigend kritisiert. Da die Erdkrume hier aber nicht genügend Nährstoffe enthält, ist die Brandrodung für die Urbarmachung des Berglandes erforderlich, denn die Asche versorgt den Boden mit Kalium und Phosphor. Nach ein paar Jahren nimmt die Fruchtbarkeit dann allerdings wieder ab. Früher sind die Akha dann weitergezogen und haben das Land in Ruhe gelassen. Dies können sie heute nicht mehr, denn ihr Lebensraum ist begrenzt. Zu viele

Stämme sind in den letzten Jahrzehnten auf der Flucht vor Unruhen oder Kriegen aus ihrer Heimat in China, Laos oder Burma in die thailändischen Berge gekommen. Der Druck auf die begrenzten Ressourcen des Hochlandes wird immer stärker, und die Bergvölker finden kaum noch Land, das sie kultivieren könnten. So hat der Wald heute nicht mehr ausreichend Zeit, sich zu regenerieren.

Aus dem Tal dringt das leise Plätschern eines kleinen Baches zu uns herauf. Er fließt durch dichtes Bambusdickicht, und wir sehen ihn erst kurz, bevor wir ihn erreichen. Das klare Wasser lädt zum Verweilen ein. Gern würde ich hier eine längere Pause einlegen. Wir wollen aber heute noch im Akhadorf ankommen. Deshalb füllen wir nur unsere Wasserflaschen und steigen gleich den gegenüberliegenden Bergkamm hinauf. Als wir etwa auf halber Wegstrecke sind, trägt der Wind eine leise Melodie von der Anhöhe zu uns herunter. Je höher wir steigen, desto deutlicher ist der Gesang zu hören, und als wir die Bergkuppe erreichen, sehen wir die Sängerinnen. Fünf Akhafrauen bearbeiten zur Melodie ihres Liedes mit kurzen Hacken ein staubiges Feld. Mit ihrem in der Sonne funkelnden, silbernen Kopfschmuck sehen die Frauen prächtig aus. Sie tragen eine halbrunde Haube, die über und über mit Silber verziert ist. Wie ein Helm aus runden Silberplättchen bedeckt der Kopfschmuck das Haar der Frauen. Eine trapezförmige silberne Platte schmückt die Rückseite. Lange Schnüre aus Silberkugeln und Münzen nebst Kaskaden leuchtend bunter Perlen baumeln an beiden Seiten herab. Die Frauen sind bekleidet mit dunkelblauen offenen Jacken, deren Ärmel und Rückteile mit bunten Applikationen dekoriert sind. Dazu tragen sie einen ebenfalls dunkelblauen Rock, der gut 15 cm über dem Knie endet. Die Akha trugen schon Miniröcke, lange bevor sie in Paris oder London Mode wurden. Über dem Rock baumelt ein mit Perlen und Muscheln besetzter Lendenschurz. Die Waden sind mit bunten Gamaschen umwickelt.

Yako unterhält sich kurz mit den Frauen, dann

ziehen wir weiter. Noch etwa eine Stunde werden wir laufen müssen bis zum Dorf.

**Böse Geister müssen draußen bleiben**

Vor langer Zeit, als die Erde noch neu war, lebten Menschen und Geister zusammen. Doch die Menschen schliefen nachts und die Geister tagsüber. So nutzte bald jeder die Gelegenheit, den anderen, während dieser schlief, zu bestehlen. Es gab großen Streit, und man beschloß von nun an getrennt zu leben. Die Menschen blieben im Dorf, die Geister zogen hinaus in den Wald.
Die Akha glauben, daß in jedem Baum, in jedem Strauch, in jedem Stein und in jedem Lebewesen ein Geist wohnt. Dieser tiefe Geisterglaube ist es, der das Leben und den Alltag der Menschen bestimmt. Um sich vor bösen Geistern, Vampiren, Werwölfen und Krankheiten zu schützen, bauen die Akha vor die beiden Eingänge zu ihren Dörfern ein Geistertor, das sogenannte Lok-ho. Das drei Meter hohe und drei Meter breite Tor ist reich geschmückt mit Girlanden und Tabusymbolen aus Bambus. Auf dem Querpfosten sind, als abwehrende Zeichen, hölzerne Vögel und Gewehre angebracht. Die Vögel sollen den Habicht hindern, sich die Hühner der Akha zu holen. Die Gewehre sollen Banditen fernhalten. Zum Schmuck des Pfostens gehören heute aber auch Schnitzereien, die moderne Plagegeister vom Dorf fernhalten sollen. Dies sind zum Beispiel Hubschrauber und Flugzeuge, lärmende Boten der Zivilisation. Beim Lok-ho stehen auch, aus Holz geschnitzt, je eine große männliche und weibliche Figur. Sie zeigen an, daß hinter dem Geistertor der Bereich der Menschen beginnt. Das Lok-ho gilt als heilig und darf von niemandem berührt werden.

**Bu-seh, Ba-ji, Dzoe-ma und Pi-ma**

Im Dorf angekommen, führt mich Yako gleich zur Hütte seines Freundes Aga. Aga ist der Bu-seh, das politische Oberhaupt der Akha. Er muß die Interessen der Dorfgemeinschaft gegenüber der Thai-Regierung und allen anderen Fremden vertreten. Über eine kleine Leiter steigen wir zur Terrasse des Hauses hinauf, ziehen die Schuhe aus und betreten den Wohnraum. Die wenigen Sonnenstrahlen, die durch die Bambuswände ins Innere dringen, schneiden durch den Rauch, der von einer kleinen Feuerstelle zum Giebel hinaufsteigt. Der Bu-seh sitzt Pfeife rauchend auf seinem Bett. Als er Yako erkennt, steht er auf und begrüßt ihn herzlich. Yako stellt mich vor und übersetzt dann die Höflichkeiten, die der Bu-seh und ich miteinander austauschen. Nach kurzem Gespräch lädt Aga uns ein, im Dorf zu bleiben und in seiner Hütte zu wohnen. Yako und Aga haben sich lange nicht gesehen und sind bald in ein intensives Gespräch vertieft. Ich lasse meinen Blick derweil durch das dämmerige Licht der Hütte wandern. Der Wohnbereich besteht aus einem einzigen Raum, der in der Mitte durch eine etwa schulterhohe Bambuswand unterteilt ist. Der Fußboden liegt ein gutes Stück über der Erde, und die elastische Bambuskonstruktion federt bei jedem Schritt. Die Hütte ist direkt an einen Hang gebaut. Dabei liegt die eine Seite am Abhang, die andere steht auf hohen Pfählen. Sie ist mit einem Giebeldach aus struppigem Stroh bedeckt, das bis auf die Erde reicht.
Lautes Hämmern, das plötzlich aus dem Dorf hereinschellt, macht mich neugierig, und ich gehe hinaus vor die Hütte. Von einem kleinen Hügel sprühen rotglühende Funken in die Abenddämmerung. Hier arbeitet der Ba-ji, der Schmied. Unter den bewundernden Blicken einer Gruppe von jungen Männern und Kindern schlägt er unermüdlich mit einem großen Hammer ein glühendes Stück Eisen flach. Sein Sohn betätigt den Blasebalg. In einem dicken Bambuszylinder wird ein Holzkolben hin- und hergeschoben. Wenn die Luft durch die Öffnung an der Seite des Zylinders in die Holzkohle gepreßt wird, lodern die Flammen hell auf, und die Funken sprühen hoch in die Luft. So entsteht die heiße Glut des Schmiedefeuers, in die das Eisen, wenn es zu sehr abgekühlt ist, immer wieder eingetaucht wird. Nach und nach entsteht so eine kleine Feldhacke.
Der Ba-ji ist der einzige gelernte Handwerker der

Bei den Akha

Ein Hund ist immer eine willkommene Ergänzung des Speisezettels.

Akha. Auch er ist eines der Dorfoberhäupter. Neben ihm und dem Bu-seh sind es noch zwei weitere Männer, die die Geschicke des Dorfes lenken, der Pi-ma und der Dzoe-ma. Der Dzoe-ma hat wohl die wichtigste Aufgabe. Er muß die Tradition bewahren, muß sicherstellen, daß alle Regeln, die ein geordnetes Dorfleben ermöglichen, eingehalten werden. Seine Person ist aber auch von großer zeremonieller Bedeutung, denn der Dzoe-ma leitet die Feste und die heiligen Kulthandlungen zu Ehren der Geister. Grundlage für sein Handeln ist eine Sammlung von Versen, die den Weisheitsschatz des Stammes enthält und den „Lebensweg der Akha" vorzeichnet. Diese Dichtung wird „Akhazang" genannt. Sie enthält eine Fülle von Anleitungen und Regeln zur richtigen Lebensweise, beschreibt die Taten der Ahnen und umfaßt nahezu die gesamten Erfahrungen aller Akha-Generationen. Die Akha haben keine Schrift, und so müssen die mehr als 10000 Verse des „Akhazang" von Generation zu Generation mündlich überliefert werden. Verantwortlich dafür, daß diese gewaltige Sammlung von Geschichte, Regeln und Wissen nicht verloren geht, ist der Pi-ma. Er muß alle Verse des „Akhazang" auswendig hersagen können und dafür Sorge tragen, daß sie weitervererbt werden.

Inzwischen sind alle Bewohner von den Feldern ins Dorf zurückgekehrt. In der Hütte des Bu-seh hat sich eine Gruppe von etwa 20 Menschen versammelt. Männer, Frauen und eine Schar von Kindern sitzen auf dem Boden des Wohnraumes. Es hat sich schnell herumgesprochen, daß Yako im Dorf ist. Alle sind sie gekommen, ihn zu begrüßen. Im schwachen Schein einiger Öllampen, die den Raum spärlich beleuchten, erkenne ich, daß einige der Frauen einen anderen Kopfschmuck tragen als die fünf, die wir mittags auf dem Feld getroffen hatten. Diese Hauben hier

haben die Form eines Kegels. Sie sind ebenfalls geschmückt mit Münzen, Silber und bunten Perlen. Zusätzlich baumeln aber an der Seite des Kegels eingefärbte Hühnerfedern und Gibbonfellbüschel herab. In diesem Dorf leben zwei Akha-Gruppen zusammen, die U Lo und die Loimi. Die Frauen der U Lo tragen den kegelförmigen Kopfschmuck, die Loimi schmücken sich mit den helmartigen Hauben.

Es ist eine fröhliche Gesellschaft, die sich hier versammelt hat. Es wird viel gescherzt und gelacht, und ich bedaure sehr, daß ich die Sprache der Akha nicht verstehe. Nur einen Bruchteil des Gesprächs kann Yako mir übersetzen. Auf der kleinen, offenen Feuerstelle bereitet Mih-sa, die Frau unseres Gastgebers, das Abendessen zu. Zu unserer Begrüßung hat Aga ein Huhn geschlachtet. Als Mih-sa die Federstoppeln des Tieres über dem Feuer absengt, füllt sich der Raum mit beißendem Rauch. Zum Huhn gibt es Reis und gekochte Yamswurzeln. Nach dem Essen verabschieden sich die Gäste. Mih-sa, ihre Schwester Boo-se und ihre drei Töchter ziehen sich zurück hinter die Trennwand, auf die Frauenseite der Hütte. Aga, seine zwei Söhne, Yako und ich bleiben auf der Männerseite. Der „Akhazang" verlangt, daß Männer und Frauen getrennt schlafen. Nur am Anfang der Ehe, wenn der Mann mit seiner Braut noch im Hause des Vaters lebt, haben die Eheleute eine kleine Schlafhütte. Sobald die ersten Kinder da sind und Mann und Frau einen eigenen Hausstand gründen, schlafen sie getrennt.

Bald werden die Öllampen gelöscht, und es wird still in der Hütte. Nur das Scharren der Hühner und das Grunzen der Schweine, die unter dem Haus nach Futter suchen, ist jetzt noch zu hören.

Bumm – Bong, Bumm – Bong, Bumm – Bong, Bumm – Bong. Hellwach sitze ich aufrecht in meinem Schlafsack. Ein Geräusch wie von Kesselpauken reißt mich um 4.30 Uhr aus dem Schlaf. Unter dem Strohdach der Hütte entdecke ich die Lärmquelle. Amiyo, eine von Agas Töchtern, tritt mit einem Fuß immer wieder auf das eine Ende eines langen Holzbalkens, der wie eine Wippe zwischen zwei Stützpfosten aufgehängt ist. Im anderen Ende des Balkens steckt ein dicker Stößel, der pausenlos aus zwei Metern Höhe in einen großen Holzmörser saust. Der Mörser ist mit Reis gefüllt, der durch die Schläge mit dem Stößel aus seiner harten Schale gelöst wird. Jedesmal, wenn der Balken auf den Boden stößt und der Stößel in den Mörser saust, gibt es einen dumpfen Knall. Unter etwa 40 Dächern wird zur gleichen Zeit diese Arbeit verrichtet. Das ganze Dorf hallt vom lauten Klopfen der Reisstampfer wieder. Nach 10-15 Minuten nimmt Amiya den Reis aus dem Mörser und legt ihn auf eine große, runde Bambusschwinge. Sie schleudert die Körner in der Schwinge so lange in die Luft, bis die Spreu vom Reiskorn getrennt ist. Der Reis wird dann auf dem offenen Feuer in der Hütte fürs Frühstück gekocht.

Aga hat in der Zwischenzeit von einem Nachbarn einen schwarzen Hund gekauft. Während der Hund noch bemüht ist, durch Schwanzwedeln Freundschaft zu schließen, nimmt Aga einen dicken Knüppel und schlägt ihm mit voller Wucht auf den Hinterkopf. Zweimal schlägt er noch zu, dann sackt der Hund tot zu Boden. Ohne das Tier auszunehmen, wirft Aga es in ein Feuer, das vor dem Haus brennt. Seine Söhne schaben mit Bambusstöckchen das angesengte Fell ab.

Die Haustiere spielen eine große Rolle im Leben der Akha. Sie werden gut behandelt und gepflegt. Doch nahezu alle finden irgendwann ihr Ende im Kochtopf. Neben den Rindern, Schweinen und Hühnern machen da auch die Hunde keine Ausnahme. Allerdings töten die Akha nie den eigenen Hund, sondern immer nur einen, den sie von einem Fremden oder Nachbarn gekauft haben. Nachdem er eine Zeit lang im Feuer geschmort hat, wird der Hund ausgenommen und das Fleisch in kleine Stücke geschnitten. Mit Chili, verschiedenen Waldkräutern und Gemüse wird

Die Vorbereitung der Opiumpfeife ist für A-dscha ein allabendliches Ritual.

das Hundefleisch dann in einem Topf gekocht. Zum Frühstück essen wir Hund mit Reis.

### Die Kapsel, aus der die Träume sind

Bis zu den Hüften sind die Frauen in einem weiß-roten Blütenmeer verschwunden. Sie halten gebogene Schaber in den Händen, mit denen sie eine zähe, braune Masse von kleinen grünen Kapseln abkratzen. Gestern hatten sie mit dreischneidigen Messern die Kapseln eingeritzt, worauf aus den Schnittstellen ein heller Saft auslief. Über Nacht ist dann der Saft oxydiert und zu klebrigem, braunem Rohopium geworden. Dies sammelt sich nun auf den Schabern der Frauen. Versteckt hinter hohen Bäumen liegt das kleine Schlafmohnfeld auf einer Lichtung im tiefen Wald. Der Anbau des Schlafmohns ist in Thailand verboten. Trotzdem unterhalten die Akha einige versteckte Felder, denn der Verkauf des Rauschgiftes an chinesische Händler bringt dem Stamm ein wenig Geld. Eigentlich ist das Opium ein wirksames Heilmittel gegen Krankheiten, wie Malaria oder Ruhr. Bei zu häufigem Konsum aber macht es abhängig.

Bequem ausgestreckt liegt A-dscha auf seiner Schlafmatte. Zwischen Daumen und Zeigefinger formt er aus einem Stück Rohopiummasse ein kleines Kügelchen und spießt es auf eine Metallnadel. Er erhitzt das Opium über einer Kerze und knetet es zwischen den Fingern so lange, bis es weich ist. Dann drückt er das Kügelchen mit Hilfe der Nadel auf ein Loch im Kopf seiner Bambuspfeife. Die Hitze der Kerzenflamme bringt das Opium zum Schwelen. Den dabei entstehenden Rauch inhaliert A-dscha in langen tiefen Zügen. Dies wiederholt er sechsmal, bis er endlich in ruhigen Schlaf fällt. A-dscha ist einer der Männer im Dorf, die opiumsüchtig sind. Obwohl er erst um die 40 Jahre alt ist, kann er kaum noch Feldarbeit leisten. Seit vier Jahren fällt er seiner Familie nun schon zur Last. Eigentlich wissen die Akha um die heimtückischen Folgen des Opiumkonsums, dennoch sind heute viele Männer und manchmal auch Frauen süchtig nach dem Rauschgift.

### Schaukeln ins neue Jahr

Vier tiefe Löcher sind in die Erde gegraben worden. Neben einem der Löcher hockt der Dzoema und hält unter Aufsagen von Versen aus dem „Akhazang" ein Ei über die Öffnung. Im Laufe der Zeremonie gießt er dann etwas Wasser in das Loch und wirft ein paar Reiskörner hinein. Zum Schluß kratzt er mit seinem Zeremonienmesser etwas Silber von seinem dicken Armreif und wirft die Späne ebenfalls in das Loch. Das Opfer gilt dem Geist, der in diesem Stück Erde wohnt. Wasser, Reis und Silber sollen ihn dafür entschädigen, daß die Akha hier jedes Jahr ihre Schaukel bauen.

Gegen Ende der heißen Jahreszeit, wenn der Reis wächst, feiern die Akha ihr Neujahrsfest. Dazu errichten sie eine große Dorfschaukel. Die schlanken Stämme vier junger Bäume werden in die Löcher gestellt, zwei Männer klettern an ihnen hoch und binden je zwei Stämme mit Lianen zusammen. Gegeneinandergeneigt werden dann alle vier Stämme an der Spitze zusammengebunden, und in die Spitze wird ein dickes, aus Lianen geflochtenes Seil gehängt. Der Dzoe-ma ist der erste, der weit ausholend an diesem Seil über den nahen Abgrund schwingt und damit die Feierlichkeiten zum Neujahrsfest eröffnet. Nun darf jeder auf die Schaukel, und mit viel Schwung und Spaß schweben Frauen, Männer und Kinder, einer nach dem anderen, im hohen Bogen durch die Luft. Das Schaukeln soll als Ausdruck der Lebensfreude Segen bringen über alles, was den Akha wert und heilig ist, über Menschen, Reis und Haustiere.

Drei Tage lang wird nun gefeiert. Von überall her treffen Gäste aus anderen Akha-Dörfern ein, und sobald die Sonne untergegangen ist, versammeln sich die Menschen auf dem Tanzplatz des Dorfes. Bis spät in die Nacht hinein wird gesungen, musiziert und getanzt. Alle Mädchen und Frauen haben ihre schönste Tracht angezogen und ihren Kopfschmuck besonders prächtig herausgeputzt. Die jungen Leute haben während des Tanzens Gelegenheit, sich kennenzulernen, und zwischen vielen bahnen sich hier die ersten Beziehungen an. Nicht selten verschwindet ein Paar Händchen haltend im nahen Dschungel.

Drei Tage lang sind die Menschen bis spät in die Nacht hinein fröhlich und ausgelassen. Es fließt viel Reisschnaps, und niemand geht aufs Feld zur Arbeit. Am Morgen des vierten Tages beendet der Dzoe-ma dann das Fest, indem er das Seil der Schaukel an einem der Pfosten festbindet. Nun darf niemand mehr die Schaukel berühren.

Als Yako und ich das Dorf nach gut zwei Wochen Aufenthalt verlassen, sind die tiefer liegenden Wälder in dichte Wolken gehüllt. Die Wolken bilden eine natürliche Grenze zwischen der Welt der Akha in den Bergen und der Welt der Thai in der Ebene. Sie ziehen eine Linie zwischen dem Reich der Mythen und Geister und der Zivilisation.

Über viele Jahrhunderte haben die Akha ihre alten Traditionen und ihre lebendige Kultur bewahrt. Es ist zu hoffen, daß die Abgeschiedenheit der Berge und des Waldes diese faszinierende Welt auch in Zukunft erhalten werden.

## „Goldenes Dreieck"

### Klima

November bis Februar: tagsüber angenehm warm, nachts in den Bergen kalt, fast kein Regen.

März und April: tagsüber sehr heiß, nachts warm, es ist sehr trocken.

Mai bis Oktober: tagsüber heiß, nachts warm, es regnet sehr häufig.

### Trekking-Touren

Es gibt zahlreiche Trekking-Tour-Veranstalter in Chiang Mai, in Chiang Rai und Mae Hong Son. Es empfiehlt sich, einen Veranstalter zu wählen, dessen Führer Mitglied eines Bergstammes sind. Die thailändischen Führer verstehen meist nichts von der Kultur der Stämme. Hier die Adresse eines Trekking-Veranstalters in Chiang Mai, der ausschließlich mit Führern aus den Dörfern arbeitet: Summit Tour & Trekking, 30 Thapae Road, Chiang Mai, Tel.: 053/233351.

### Hinweis

Man kann an einer organisierten Gruppentour teilnehmen oder individuell mit dem Privatführer in die Berge gehen. Der Privatführer ist zwar teurer, aber die Investition lohnt sich, wenn man intensiveren Kontakt zu den Menschen im Bergdorf sucht. Je kleiner die Gruppe, desto besser. Mit einer Trekkinggruppe von mehr als vier Personen würde ich nicht mitgehen. Wer sich wirklich für die Kultur eines Bergstammes interessiert, sollte nicht von Dorf zu Dorf trekken, sondern lieber ein paar Tage bei einem Stamm bleiben.

### Gastgeschenke

Nehmen Sie bitte auf keinen Fall Bonbons oder andere Süßigkeiten für die Kinder mit in die Bergdörfer. Die Kinder werden zu Bettlern, und es gibt im Dschungel keinen Zahnarzt! Besser sind: Medikamente, Verbandszeug, antiseptischer Puder, Salz oder Zigaretten.

### Ausrüstung

Feste Schuhe, ausreichend Kleidung zum Wechseln, Sonnenhut, Wasserflasche, Eßgeschirr, Toilettenpapier, Taschenlampe mit Ersatzbatterien, Streichhölzer, Schlafsack und Regenschutz. Im Winter sollte auch ein dicker Pullover dabeisein.

### Sicherheit

Es empfiehlt sich nicht, allein in den Dschungel des „Goldenen Dreiecks" zu gehen. Ein Trip in die Berge kann gefährlich sein! Es gibt auch heute noch viele Banditen im Dschungel, und Raubüberfälle auf Touristen kommen häufig vor. Nicht wenige haben dabei ihr Leben gelassen. Achten Sie auch auf Giftschlangen.

# SUMATRA UND
# DIE MALAIISCHE HALBINSEL

Sumatra und die Malaiische Halbinsel – von diesen Namen geht noch heute der Klang einer fernen, unerreichbaren Welt aus. Dampfende Dschungel, wilde Tiere, mühsames Vorwärtskommen, so ungefähr sieht diese Ecke der Welt in unseren Köpfen aus. Um so größer ist die Überraschung, wenn man entdeckt, daß Kuala Lumpur kein verschlafenes Nest im Dschungel ist, sondern eine hochmoderne Hauptstadt, daß Autobahnen Westmalaysia durchziehen und selbst Sumatra in weiten Teilen einfach zu durchstreifen ist. Leicht erreichbar und nachvollziehbar ist die Runde durch Westmalaysia und Sumatra ein idealer Einstieg in eine fremde Welt.

# Singapur

Ankunft auf dem modernen Flughafen der Stadt. Kein Gedränge am Ausgang. Das Taxi in die Stadt fährt vorschriftsmäßig. Falls die Geschwindigkeit doch einmal über die erlaubten 80 km/h hinausgeht, ertönt sofort ein Warnsignal. Das Auto gleitet über gepflegte Straßen, Blumen und Palmen schmücken den Weg in die Stadt, ein großer botanischer Garten. Auch auf dem Highway kein Gedränge, kein Hupen. Bin ich wirklich in Asien? Kaum jemand kann sich dem Eindruck Singapurs entziehen, einer Stadt, die es geschafft hat, zu wachsen und dennoch nicht im Chaos und Schmutz zu versinken. Aber zu welchem Preis! Seit Jahrzehnten führt der Premierminister – jetzt im Ruhestand aus dem Hintergrund – seine Untertanen in eine bessere Welt, zu der steigender Wohlstand, aber keine politische Meinungsfreiheit gehört. Bislang sind es seine Untertanen zufrieden. Sie haben den höchsten Lebensstandard Südostasiens erreicht, leben in stabilen und sicheren Verhältnissen. Was zählt es da, daß der „Große Bruder" alle Details des täglichen Lebens regelt! Aber wie lange werden sich die Menschen noch damit zufriedengeben?

Gegründet wurde Singapur von Stamford Raffles 1819 als Gegengewicht gegen die holländische Herrschaft im Malaiischen Archipel. Ein kleines Inselchen, sumpfig und uninteressant war Singapur zu dieser Zeit. Kein Mensch konnte voraussehen, was daraus werden würde. Mittlerweile leben rund vier Millionen Einwohner auf der Insel und haben das Eiland in eine glitzernde Metropole verwandelt. Hochhäuser und spiegelnde Fassaden riesiger Kaufhäuser prägen heute das Bild. Nichts ist geblieben vom Sumpf und den Mangroven, wenig von der kolonialen Stadtarchitektur, von den Vierteln der Chinesen und Inder, die der Stadt ihren Stempel aufdrückten. Die letzten Reste in *downtown* sind sorgfältig renoviert am „Boat Quay", einer Flaniermeile am Ufer des Singapore River mit teuren Restaurants und Kneipen.

Beim Essen wandert der Blick über den Fluß zu den Hochhäusern. Dazu mundet ein kühles Bier – auch wenn der Blick auf die Speisekarte dem Durst Grenzen setzt. Über zwanzig Mark kostet ein Krug Bier, der in etwa drei Gläsern entspricht. Ein teures Vergnügen. Essen ist, auch wenn es nicht überall gerade billig ist, eines der Hauptvergnügen in Singapur. Die verschiedensten Küchen sind in der Stadt vertreten. Überall finden sich auch Nachtmärkte, wie am wiedererrichteten Bugi Square, wo es ausgezeichnete Meeresgerichte, chinesisches oder indisches Essen gibt. Die Auswahl an Speisen ist nicht zu überbieten.

Auch wenn man nicht einkaufen will – ein Besuch der Orchard Road ist ein Erlebnis. Es sind nicht unbedingt die Preise, die hier in den Konsumrausch führen können, seit auch Singapur die Mehrwertsteuer entdeckt hat. Aber das Angebot an riesigen, ultraprotzigen Kaufhäusern ist umwerfend.

Etwas schlichter stellt sich Little India dar. Bunte Fassaden, kleine Tempel, hier und dort der Geruch Indiens – und natürlich auch gutes Essen. Immerhin sind rund 7% der Einwohner Singapurs Nachkommen indischer Einwanderer. Satte 78% der *Singaporeans* sind Chinesen, nur ganze 14% Malaien. Das ist auch der Grund, warum Singapur nicht einen Staat mit Malaysia bildet, auch wenn die wirtschaftlichen Verflechtungen eng sind. Aber von Chinatown mit seinen überquellenden kleinen Läden und bunten Balustradengängen ist nicht mehr viel geblieben. Städte wie Malakka oder Georgetown auf Penang zeigen noch viel mehr vom chinesischen Leben.

Dennoch ist Singapur einen Besuch für einige Tage wert. Vor allem aber ist es ein idealer Ausgangspunkt in den westlichen Teil des Malaiischen Archipels. Die Malaiische Halbinsel läßt sich mit dem Bus von Changi, dem internationalen Flughafen, in einer halben Stunde erreichen. Und vom World Trade Center bringen Schnellboote den Reisenden in weniger als einer Stunde auf den Riau-Archipel nach Indonesien, von wo aus Fährschiffe nach Sumatra und Java verkehren.

Singapur befindet sich immer noch im Boom. An jeder Ecke der Stadt entstehen neue Gebäude, die in den Himmel wachsen.

Singapur Info

# Singapur

### Verbindungen

**Flug:** Singapur ist aus fast allen Teilen der Welt problemlos zu erreichen. Vom Flughafen fahren Taxis für ca. 10 DM sowie Busse aus der Tiefstation unter dem Terminal in die Stadt.

Darüberhinaus können Java, Bali und Sumatra in Indonesien und zahlreiche Orte in Malaysia direkt angeflogen werden. Viele der Verbindungen sind in Johor Bahru, gegenüber von Singapur, günstiger zu haben. Um nach Indonesien weiterzufliegen, kann es sich lohnen, mit der Fähre nach Batam überzusetzen.

**Fähre:** Alle Fähren gehen beim World Trade Center ab, wo auch die Tickets bei Agenten erhältlich sind. Nach Batam in **Indonesien** fahren tagsüber alle halbe Stunde Schnellboote, die ca. 30 min für die Überfahrt benötigen (ca. 20 DM). Nach Bintan fährt ein Schnellboot um 10 und um 14 Uhr in 2,5 Std (ca. 60 DM). Verbindungen nach Indonesien siehe Riau. Es gibt auch Verbindungen nach **Tioman**. Die „MV Vignessvara" fährt auch wieder über Penang nach Madras in **Indien**.

**Bus:** Vom New Bridge Road Terminus fahren klimatisierte Direktbusse u.a. nach Mersing, Malakka, Kuala Lumpur und Kuantan in **Malaysia**. Es gibt auch Direktbusse nach **Thailand** vom Golden Mile Complex an der Beach Road. Die Busse sind billiger und schneller als der Zug nach Thailand. Weitere Busse nach Malaysia finden sich in Johor Bharu.

**Taxi:** In **Malaysia** gibt es ein gut funktionierendes Share-Taxi-System. Die Taxis bringen vier Passagiere auf festen Routen für etwa den doppelten Preis wie Busse ans Ziel. Die Fahrt im Bus ist in der Regel angenehmer, im Taxi schneller, vor allem wenn gerade kein Bus fährt. **Von Singapur:** Malaysia Taxi Service an der Jalan Besar 290 (Tel. 2983831) oder Kuala Lumpur Taxi Ser-

Am Boat Quay: Schön aber teuer.

ein königliches Grab. Hier liegt der Herrscher Raja Haji, der im 18. Jahrhundert von den Holländern getötet wurde. Die Holländer gestatteten die Rückführung seiner Leiche nur unter der Bedingung, daß sein Grab kein Pilgerziel werden dürfe. Das Verbot wurde umgangen, indem ein berühmter moslemischer Gelehrter neben ihm beigesetzt wurde, dessen Grab als Pilgerziel dienen konnte.

Auf der Ostseite der Insel locken einige in Prospekten malerisch beschriebene Strände. Doch wie hingelangen? Der Busbahnhof liegt wieder weit außerhalb, wie fast überall in Indonesien. Es muß eine Übereinkunft zwischen den städtischen Transporteuren und den regionalen geben, sich nicht gegenseitig das Geschäft zu verderben. Einige Motorradtaxis stehen bereit. Ob ich zu den *nyonya manis* wolle, den „süßen Fräulein", werde ich befragt, die in einem Dorf am Stadtrand auf Kundschaft aus Singapur warten. Mir steht nicht der Sinn danach. Um zwei Uhr soll ein Bus abgehen. Es ist kurz vor zwei. Ich verzichte auf langwierige Verhandlungen, schwinge mich auf den Rücksitz des *ojeks*- des Mopeds – und hoffe in meinen kurzen Hosen und Sandalen, daß der Fahrer sein Moped im Gleichgewicht halten kann. Kaum erreiche ich den Bus, da startet er auch schon und setzt sich in Bewegung. Allerdings ist meine Freude verfrüht. Nach hundert Metern stoppt der Fahrer an der Hauptstraße. Fünf Passagiere sind zu wenig, da kann der Fahrplan vorsehen, was er will. Die Temperatur im Bus läßt nur noch auf einen baldigen Start hoffen. Nach einer halben Stunde wird der Motor wieder angelassen, der Bus gewendet – und hundert Meter weiter auf dem Busbahnhof wieder gestoppt. Dort wechselt der Fahrer. Hoffnung keimt auf, als er den Gang einlegt und startet. Doch nur, um an den vorhergehenden Platz zurückzukehren! Das Schwitzen geht weiter im inzwischen halb gefüllten Bus. Ein Taxi hält an und versucht einige Passagiere aus dem Bus zu locken, was mich Böses ahnen läßt. Wehe, wenn jetzt noch wer aussteigt! Nach zwei endlos scheinenden Stunden : Wir fahren doch.

Knapp vierzig Kilometer zieht sich die Strecke über die Insel hin. Überall sind schon Wunden in den roten Boden gegraben. Der Wald ist verschwunden, neue Resorts entstehen. Unter der Woche rätselt man, wer hier wohl wohnen soll. Aber am Wochenende wird es laut, wenn Besucher aus Singapur sich freuen, daß ausgerechnet das islamische Indonesien billiges Bier bietet. Gerade mal ein Viertel des Preises, der in Singapur verlangt wird, kostet hier das Bier.
Am Trikora Beach finden sich auch die einfachen Strandhütten Yasins, malerisch gelegen, zwischen Granitklötzen mit Blick aufs Meer. Aber die Freude verfliegt beim ersten Versuch, ins heiß ersehnte Naß zu gelangen. Das Wasser will und will einfach die zum Baden notwendige Tiefe nicht erreichen.
Mehr als ein Sprungbrett nach Indonesien, um auf die Fähre nach Medan bzw. Jakarta oder den Siak hinauf zu warten, ist Bintan nicht. Aber der Einfluß Singapurs läßt schnell nach. Wenn man sich mit kleinen Booten zu anderen Inseln bringen läßt, stößt man auf so manches tropische Idyll.
Um ins Herz Sumatras zu gelangen, gibt es neben dem Flugzeug nach Pekanbaru noch eine kombinierte Schiffs- und Busfahrt über Dumai. Die romantischste und langsamste Möglichkeit ist es, ein Boot zu besteigen, um den Siak hinauf bis vor die Tore Pekanbarus zu tuckern, quer durch dichten Dschungel, vierzig Stunden nur das Dröhnen der Dieselmotoren im Bauch des Schiffes im Ohr, den Blick auf die vorbeiziehenden Bäume geheftet, die nachts im tiefen, nur vom schwachen Kegel eines Suchscheinwerfers durchbrochenem Dunkel versinken. Sobald das Boot ablegt, versinken alle Passagiere in einer bleiernen Müdigkeit und dösen Tag wie Nacht vor sich hin, bis auf kleine Gruppen, die kartenspielend auf dem Boden zusammenhocken und in endloser Wiederholung ihre Domino-Karten aufeinanderwerfen.

Pekanbaru ist kein Ort zum Bleiben. Hektische Betriebsamkeit unter lastender, schwüler Hitze herrscht in den Straßen. LKW und Busse machen

# Westmalaysia und Sumatra

# Sumatra

**Riau – Der kurze Sprung nach Indonesien**

Check-In-Time ist neun Uhr am Kai des modernen Einkaufskomplexes des World-Trade-Centers. Check In, um ein Boot zu besteigen? Wie alles in Singapur ist auch dies gründlich organisiert. Ticket kaufen, Paßkontrolle, Wartesaal. Pünktlichst um 10 Uhr legt das Schnellboot ab, ein klimatisierter, doppelrümpfiger Luxuspfeil, der über das Wasser rumpelt wie ein Schnellzug auf alten Gleisen. Die Skyline ist noch kaum verschwunden, da befindet sich das Boot schon zwischen indonesischen Inseln im Riau-Archipel, zu dem Singapur eigentlich auch zählte. Kaum zwei Stunden dauert die Reise nach Bintan in eine andere Welt, hinein in die Inselwelt Indonesiens. Noch liegt Bintan verschlafen an der Peripherie der hektischen Großstadt Singapur, läuft das geschäftige Handelsleben weitgehend an der Insel vorbei. Aber das wird sich schnell ändern. Singapur wird zu eng, billige Arbeitskräfte und unschlagbare Boden- und Energiepreise locken Industrie aus Singapur über die nur zwanzig Kilometer breite Straße von Singapur, Wochenendausflügler strömen in neugeschaffene Resorts. Die Nachbarinsel Batam, wo vor einigen Jahrzehnten nur malariaverseuchte Mangrovensümpfe und einige von *orang laut* – Seenomaden, die gelegentlich auch von Piraterie lebten – bewohnte Dörfer zu finden waren, hat ihr Gesicht bereits radikal geändert. Die Infrastruktur für den erwarteten Boom wurde geschaffen, ein Containerhafen und ein internationaler Flughafen, auf dem künftig Jumbo-Jets einschweben sollen, wurden geschaffen. Hier soll über die Ländergrenzen hinweg gemeinsam mit Singaprur und dem malaiischen Johor Bahru ein Wirtschaftszentrum entstehen.

Auch das immer noch verschlafen wirkende Tanjung Pinang und Bintan werden ihr Gesicht in kürzester Zeit radikal verändern. Bis zur Jahrtausendwende werden über sieben Millionen Besucher jährlich erwartet – zumeist Ausflügler aus Singapur.

Bislang ist davon unter der Woche noch nicht viel zu spüren. Die wenigen Passagiere gelangen schnell und problemlos durch die Grenzformalitäten. Hinter dem Fährsteg wartet ein nicht allzu aufregendes Örtchen. An der Hauptstraße reiht sich ein offenes Geschäft an das andere, zur Hälfte *cuci foto,* wie auch die Auslagen mit Filmen und Kameras verraten. Aus dem *Pagi Sore* lockt der Geruch indischer Küche, ein Genuß, in den man in Indonesien nicht allzuoft kommt. Der Wirt hat schon einige Semester Jura hinter sich und interessiert sich dafür, ob die Currysoße hier oder in Indien besser wäre. Ich kann ihn beruhigen, seine steht der indischen nicht nach. Aber die Lage ist nicht berauschend, was die Hotels anbelangt. Es gibt einige teure Mittelklassehotels und extrem einfache Billighotels.

Kein aufregender Ort zum Bleiben. Kaum zu glauben, daß sich hier, genauer auf einem verschwindend kleinen Inselchen gegenüber der Stadt, einmal das kulturelle Zentrum der malaiischen Welt befunden haben soll. Nachdem im August 1511 Malakka von einer portugiesischen Flotte überfallen und besetzt worden war, verlagerte sich der Mittelpunkt der malaiischen Welt in andere Orte. Von Johor an der Südspitze und dem Riau-Archipel wurden nicht nur der größte Teil der malaiischen Halbinsel, sondern auch Teile von Sumatras Osten, das sogenannte Malaiische Sumatra, beherrscht. Auf Penyangat vor Tanjung Pinang ließ sich ein Teil der aus Malakka vertriebenen Herrscherfamilie nieder. Das Inselchen ist so klein, daß es sich trotz seiner Bedeutung auf kaum einer Karte wiederfindet. Wenig auf der Insel selbst weist auf seine ehemalige Rolle hin. Kokospalmen überragen die ins Meer gestellten Häuschen am Anlegesteg. Ein betonierter Weg führt zu einer kleinen Moschee, deren spitze, grün bedachte Minarette zum Himmel weisen, und weiter zu einigen, teilweise verfallenen und mittlerweile mit tropischem Grün überwucherten Gebäuden im Kolonialstil des 19. Jahrhunderts. Auf einem Hügel findet sich auch

Singapur Info

Singapur ist zu rund Dreiviertel eine chinesische Stadt. Dementsprechend trifft man auch überall chinesische Tempel und Geschäfte.

vice (Tel. 2231889) an der New Bridge Road 191. **Zug:** Es gibt zwei Linien nach Norden durch **Malaysia** und **Thailand** nach Bangkok. Die eine führt über Kuala Lumpur und Butterworth (nach Penang), die andere über Kota Bharu (Taman Negara, Perhentian).

## Unterkunft

Es besteht kein Mangel an Luxusunterkünften in Singapur, aber ein billiges Hotel zu finden ist schwierig. Vor allem rund um die **Bencoolen Street,** aber auch in der **Beach Road** und in **China Town** gibt es kleinere Hotels mit Zimmern ab 35-40 DM (die allerdings oft belegt sind). Die günstigste Möglichkeit ist ein Bett im Schlafsaal ab ca. 15 DM. Das **YMCA International House** (Tel.337344) in der 1 Orchard Road bietet für etwa 60 DM gute klimatisierte DZ; mit Fitness-Center und Swimmingpool. Andere **YMCAs: Metropolitan** (Tel. 7377755), 60 Stevens Road; **Metropolitan International Center** (Tel. 2224666) nahe Chinatown, 70 Palmer Road; das **YMCA Hostel** (Tel. 3361212), 6-8 Fort Canning Road nimmt nur Frauen und Paare und ist daher beliebt bei allein reisenden Frauen.

Günstige Mittelklassehotels sind noch weniger vertreten als ganz billige Unterkünfte. Die Luxushotels befinden sich größtenteils in der Nähe der Orchard Road. Die Nummer eins in Singapur ist das von Grund auf überholte **Raffles**, das bei der Erneuerung allerdings auch etwas von seinem Charme eingebüßt hat. Andere Superluxushotels sind das **Oriental,** das **Shangri La**, das **Goodwood Park**, das **Mandarin ...**

Riau – Info

# Riau – Archipel

### Unterkunft

**Batam:** Nur nach Maßstäben Singapurs günstig. Wer sich von Singapur in einem Strandhotel erholen will, ist hier richtig; Hotels ab 50 DM.
**Bintan:** In **Tanjung Bintan** von sehr einfachen Lodges ab 3 DM bis zu Mittelklasse mit Aircon. Auch hier viele Wochenendbesucher aus Singapur. Am Trikora-Beach, ca 1 Std mit dem Bus, gibt es den teuren **Trikora Country Club** und günstige Strandhütten bei **Yasin**. Neue Hotels schießen wie die Pilze aus dem Sand.

### Verbindungen

Von Batam:
**Flug:** Batam hat einen internationalen Flughafen, der sogar Jumbos aufnehmen kann; zweimal wöchentlich nach Saigon, mehrmals täglich nach Jakarta und Singapur, täglich nach Medan, Pekanbaru, Palembang, Bangka auf Sumatra, außerdem nach Bandung, mehrmals wöchentlich nach Kuala Lumpur, Padang und Pontianak. Die Flüge von Batam nach Indonesien sind günstiger als direkt von Singapur.
**Schiff:** Fähren von Singapur nach Sekupang verkehren alle halbe Stunde von halb acht morgens bis halb acht abends; 30 min Überfahrt. Kleine Fährboote zu den anderen Inseln des Archipels.
Von Bintan:
**Flug:** Täglich nach Jakarta und Pekanbaru.
**Schiff:** Täglich zweimal direkt nach Singapur (2,5 Std) außerdem über Batam. Pelni-Fährschiff jede zweite Woche nach Medan (Fr.) und auf dem Rückweg nach Jakarta; außerdem wöchentlich (Sa.) nach Jakarta. Flußboot nach Pekanbaru und Boote zu den anderen Insel des Riau-Archipels.

Auf Penyangat ist nicht mehr viel davon zu sehen, daß hier einst das kulturelle Zentrum der malaiischen Welt lag.

**Sumatra**

die heiße Luft mit ihren rußigen Abgasen noch unerträglicher. Ein Bus nach Bukittinggi im Hochland ist schnell gefunden. Aber wann wird er wohl abfahren? Stimmt die angegebene Zeit, ist es eine Schätzzeit, ist er schon jemals zu dieser Zeit abgefahren, hängt die Zeit vom Busfahrer ab oder davon, daß der Bus voll genug ist? Eine Stunde umschwirren mich nur Kinder und Jugendliche, um mir Erdnüsse, Kekse, Wasser oder Cola zu verkaufen. Der Bus steht in der prallen, prachtvollen Sonne, die aus einem fast wolkenlosen Himmel senkrecht über dem Bus niederbrennt.

Die Straße führt durch eine dicht besiedelte Ebene. Erst am Fuß der zentralen Gebirgskette wieder Dschungel. Mein Bild von Sumatra stimmt allmählich mit den äußeren Gegebenheiten überein. Die Straße verwandelt sich in eine sich endlos windende Schlange, eine Kurve leitet ohne Übergang direkt in die entgegengesetzte Richtung über. Es sind Kurven, die – was ich in diesem Moment noch nicht weiß - im gebirgigen Inselinneren niemals enden und lediglich in ihren Radien variieren, in denen sie sich ineinanderhaken. Je näher Bukittinggi rückt und je später und dunkler es wird, desto schöner wird die Landschaft. Schließlich kann ich nur noch ahnen, durch welche aufregend schöne, geheimnisvolle Landschaft ich fahre, in der sich dunkle Umrisse jäh ansteigender Felsen abzeichnen.

**Bukittinggi**

Nach sieben Stunden endloser Kurven erreichen wir Bukittinggi, das Zentrum des Minangkabau-Landes. Das fruchtbare Hochland zu Füßen mehrerer Vulkane ist eines der landschaftlich und kulturell interessantesten Gebiete Indonesiens. Seit Jahrtausenden ist das Gebiet besiedelt. Den Goldminen West-Sumatras verdankte Sumatra seinen alten Namen *Svarnadvipa*: Goldinsel. Schon im indischen Epos Ramayana ist Sumatra lange vor Christi Geburt unter diesem Namen erwähnt. Bis Griechenland drang der Ruf Sumatras. Ptolemäus schrieb von Menschenfressern, die auf Inseln östlich von Indien lebten.

Seinen Ruf als unwirtliche, von undurchdringlichem Dschungel bedeckte und von schrecklichen Kannibalen bewohnte Insel behielt Sumatra lange. Im 7. Jahrhundert bildete sich weiter im Süden der Insel das mächtige, buddhistische Königreich Srivijaya, dessen Name „Glorreicher Sieg" bedeutet. Es brachte bald weite Teile Sumatras und der malaiischen Halbinsel unter seine Herrschaft. Der chinesische Mönch Yijing, den es im siebten Jahrhundert dorthin verschlug, berichtet als erster von einem blühenden kulturellen Leben. Mehr als eintausend buddhistische Mönche meditierten, lebten, predigten und studierten seinerzeit dort, als der Buddhismus in Indien bereits wieder weitgehend vom Hinduismus verdrängt war. Die Macht des Königs beruhte auf der Kontrolle des schon damals ausgeprägten innerasiatischen Handels, der zur See rund um die malaiische Halbinsel führte.

Erst im 14. Jahrhundert erschien das Miningkabau-Land für kurze Zeit in den Annalen, als Adityavarman, Sohn einer Prinzessin aus Sumatra und eines javanischen Prinzen, sich von Java loslöste und sein Machtzentrum ins Hochland verlegte, vermutlich um das Gebiet der Goldminen sicher unter Kuratel zu haben. Er bezeichnete sich denn auch als den „Herrn des Goldlandes". Das Gold war es auch, das Händler anzog. Moslemisch-arabische Händler waren schon lange bis zu den Sundainseln vorgedrungen, aber erst als das nordindische Handelszentrum Gujarat zum Islam bekehrt worden war, kam die neue Religion wiederum aus Indien nach Indonesien.

Dennoch konnte sich im Minangkabau-Hochland eine einzigartige Mischung aus Islam und matrilinearen Verwandtschaftsbeziehungen bis heute halten. Grundbesitz und Häuser werden in weiblicher Linie weitergegeben, gemeinschaftlich besessen und dürfen nicht veräußert werden – ein Grundsatz, der sich gegen den Islam behaupten konnte, aber modernem merkantilen Denken nicht mehr viel entgegensetzen kann.

Aber Matriarchat bedeutet hier nicht, daß die Frauen die alleinige Befehlsgewalt hätten. Zwar sind es tatsächlich nicht die eingeheirateten Männer, die das Sagen haben. Sie kommen nur zu Besuch, sind sogenannte „Besuchs-Ehemänner" und haben auch nicht über ihre Kinder zu bestimmen. Dafür haben aber die Brüder und Onkel ein entscheidendes Wort mitzureden – soweit die Großfamilien nicht schon der Kleinfamilie gewichen sind.

Noch gibt es sie, die Minangkabau-Häuser mit ihren graziös in den Himmel stechenden Giebeln. Jeder Giebel, der aus einem Dach ragt, zeugte einst von einem Anbau für eine neue Verbindung unter dem Dach der Familie. Unter jedem Dachgiebel, die jeweils mit einem Kopf der kerbauen, der Wasserbüffel, geschmückt sind, lebte eine Frau mit ihren Kindern in einem Schlafraum. Doch Neubauten in diesem vielleicht elegantesten indonesischen Haustyp gibt es kaum mehr. Heute sehen neue Häuser aus wie überall in Indonesien: ein schlichter, rechteckiger Klotz aus Stein und Beton, zumeist mit Wellblech gedeckt und nur noch groß genug für die auch in Indonesien immer weiter verbreitete Kleinfamilie. Ausflug in die Umgebung von Bukittinggi. Die Sonne scheint durch den Frühnebel von einem makellos blauen Himmel, das Licht wird reflektiert von Tausenden spiegelnd über das Tal hingegossenen Reisfeldern. Das Sträßchen windet sich den Berg hinauf, eingeklemmt zwischen den Vulkanen Merapi und Malintang, hindurch zwischen Reisterrassen, Kaffesträuchern, Bananenstauden, Zimt- und Nelkenbäumen. Wir stoppen an einem Markt. Hühner, geschlachtet oder lebend, Hähne, beliebtes Spielzeug für Männer in Indonesien, traditionelle Medizin, Gemüse, Zwiebeln stehen zum Angebot. Zimtstangen werden gehandelt, knapp einen Meter lange, gerollte Rinde, direkt vom Baum, fertig zum Mahlen. Nichts an der Rinde deutet darauf hin, daß daraus das bräunliche, süßlich duftende Pulver wird, das wir kennen. An der Straße werden Nelken getrocknet, neben dem Pfeffer ehemals begehrte Exportartikel. Mittlerweile geht die gesamte Nelkenernte im Rauch der kretek auf, der süßlich duftenden Nelken-Zigaretten, deren Duft zu einem der Erkennungszeichen Indonesiens gehört. Mit geschlossenen Augen nach Indonesien versetzt, wüßte man aufgrund des Duftes der Zigaretten sofort, wo man gelandet ist. Aus dem ehemals einzigen Produzenten von Nelken ist mittlerweile der Welt größter Importeur geworden - und das, obwohl auch die Nelkenproduk-

Die Gebäude der Minangkabau gehören mit ihren geschwungenen Dächern zu den elegantesten Indonesiens.

## Sumatra

tion in Indonesien selbst sich vervielfacht hat. Die Nelken, die einst nur auf den Molukken wuchsen, werden jetzt vor allem auf Sumatra angebaut. Überall trifft man auf den charakteristischen Duft von in der Sonne zum Trocknen ausgebreiteten Nelkennägeln, einem Duft zwischen Würze und medizinischer Strenge.

Die Vulkanseen in tiefen Kratern geben dem Hochland Westsumatras seine besondere Note. Das Tessin Indonesiens möchte man diese Bilderbuchlandschaft nennen, mit ihren Bergen, tief ins Land eingegrabenen Schluchten, überquellender, immergrüner Vegetation, dem angenehmen Hochlandklima, dem die dumpfe, dampfende Hitze fremd ist, die so manches Hotelzimmer in tiefer gelegenen Gebieten in einen stickigen Alptraum verwandelt.

Frauen stehen vereinzelt am Straßenrand, knöcheltief im Morast, und versorgen die zartgrünen Reispflanzen, die soviel Pflege und Arbeit erfordern, ohne die die Milliarden Asiens aber nicht am Leben erhalten werden könnten. In den Nachbarfeldern treiben Männer Wasserbüffel vor dem Pflug durch die nassen *sawahs*. Noch ist der Wasserbüffel der allgegenwärtige „Traktor" für die schwere Arbeit im Morast. Aber beim gegenwärtigen Tempo der Modernisierung ist es nur noch eine Frage der Zeit, bis den Büffel das gleiche Schicksal ereilt wie seinerzeit unsere Ackergäule. Was bei allen positiv zu wertenden Erfolgen bei der Modernisierung Indonesiens traurig stimmt, ist das rasende Tempo, in dem die Eigenarten der Völker einem indonesischen Einheitsstil weichen. Das wird durch die Regierung , die ein Auseinanderbrechen des riesigen Landes fürchten muß, noch nach Kräften gefördert. Je weniger sich die Völker unterscheiden, je mehr sie sich durch Wanderungen innerhalb Indonesiens assimilieren, desto geringer wird die Gefahr von Konfrontationen, und desto weniger können sich die einzelnen Stämme auf ihre Stammesidentität berufen. Vergessen und Verwischen der Unterschiede dienen dem friedlichen Miteinander der Völker, aber der Preis dafür ist hoch.

Friedliches Miteinander in diesem Riesenreich war einst durchaus nicht an der Taggesordnung. Die Minangkabau leiten gar ihren Namen aus einer Konfrontation mit einer javanischen Streitmacht ab. Der Legende nach wurde vereinbart, daß anstelle eines Krieges der Kampf zweier Büffel entscheiden solle. Durch einen Trick gelang es den Minangkabau, mit Hilfe eines ausgehungerten Kalbes das riesige javanische Büffelweibchen der Gegner zu töten. Das hungrige Kalb stürzte zur Büffelkuh, um zu saugen. Aber die Minangkabau hatten dem Kalb eine Klinge auf der Schnauze befestigt, die das Kalb der arglosen Kuh in die Weichteile rammte, so daß diese verendete. Die Minangkabau leiten ihren Namen daher von *minang* und *kerbau* her, was bedeutet: siegreicher Büffel. Auch wenn es sich dabei nur um eine Legende handelt und Wissenschaftler den Ursprung eher in *pinang kabhu* sehen, was urspüngliche Heimat heißt, so zeugt diese Legende doch vom langandauernden Konflikt zwischen Java und Sumatra.

Bukittinggi, die Hauptstadt des Gebietes, ist trotz den seit zwanzig Jahren andauernden Touristenströmen erstaunlich entspannt geblieben. Hotels jeder Kategorie bieten unaufdringlich ihren Service an. Was so oft in Indonesien so schwerfällt: die Grenze zu ziehen zwischen Freundlichkeit und Aufdringlichkeit, wo all die freudigen, lauthals ausgestoßenen *hello mister!* zur Belästigung werden können, das ist hier kein Problem. Auch auf Bitten folgt nicht postwendend ein „Wieviel bezahlst du?" Freundlich, offen, hilfsbereit wirken die Menschen im Hochland Westsumatras. Im Zentrum der Stadt, oben auf dem Hügel, auf dem auch Fort de Kock zu finden ist, steht das Wahrzeichen von Bukittinggi, ein architektonisch nicht sonderlich aufregender Uhrturm, der *jam gadang*, was übersetzt schlicht „Große Uhr"

Der Gewürzhandel hat nicht mehr die Bedeutung von einst. Viele der Gewürze, die früher von den Molukken kamen, werden heute auf großen Plantagen auf Sumatra angebaut. Hier feilschen Händler um Zimtstangen.

**Sumatra**

Neugierige Blicke aus einem Haus in den Gassen von Bukittinggi.

bedeutet. Auch dem kleinen Minangkabau-Haus auf seiner Spitze gelingt es nicht, den Turm weniger deplaziert erscheinen zu lassen. Ihm gegenüber klotzt der neue Markt seine Betonfassade auf den Platz. Das Prinzip des Shopping-Centers, das bei uns noch immer den Durchbruch sucht, hier ist es verwirklicht. Hunderte kleiner Geschäfte bieten ihre Waren dicht an dicht an, quellen in die schmalen Gänge, die rechtwinklig und sauber – zwei Attribute, die für die traditionellen Märkte mit ihren vom Regen aufgeweichten Gassen nicht unbedingt gelten – das Gebäude in mehreren Stockwerken durchziehen. Stoffe, Sarongs, Kissen, Decken, schrill bunt oder in Damast, mit Spitze oder ohne, Jeans, T-Shirts oder moslemisch strenge Kleidung. Alles findet sich hier unter einem Dach. Nur eben der typische Geruch und die unter den tropischen Gewürzen ächzenden Regale fehlen hier.

Am entgegengesetzten Ende des V-förmig eingeschnittenen Hügels befindet sich das Fort de Kock. Erst spät faßten die Holländer auf Sumatra Fuß. In der Tat beschränkten sie sich mangels

# Westsumatra

Bukittinggi ist das Zentrum des Minankabau-Hochlandes. Auf 930 Meter Höhe gelegen, hat es ein angenehmes Klima und ist Ausgangspunkt für Ausflüge in die fruchtbare und abwechslungsreiche Umgebung.

### Unterkunft

In **Bukittinggi** steht eine breite Palette von Unterkünften bereit, von relativ luxuriösen Häuschen mit TV wie in Denai's Hotel für rund 60 DM bis zu preiswerten, aber gepflegten Unterkünften für 10 DM je DZ in der Jalan Benteg, bis hinab zu extrem einfachen, finsteren Unterkünften für unter 5 DM. Rund um das Fort de Kock finden sich die meisten der Unterkünfte, die allerdings oft gut belegt sind.

### Essen

In Bukittinggi gibt es eine Reihe guter Restaurants in der Jl. Ahmad Yani im Zentrum und in der Jl. Benteng am Fort. Das kleine **Mona Lisa** ist ein gemütliches Lokal, das auch chinesisches Essen serviert. Ebenfalls gutes chinesisches Essen unter Neonlicht bietet das **Golden Leaf**, gleich an der Jl, A. Yani, wie auch der bei Travellern beliebte **Coffee Shop**.

### Verbindungen

Bus: Der Busbahnhof liegt wie meistens außerhalb der Stadt. Der reguläre Bus nach **Prapat** am Toba-See benötigt ca. 15 Std., der etwas angenehmere Touristenbus immer noch ca. 13 Std. Die Strecke ist mittlerweile durchgehend geteert, aber extrem kurvenreich.
Nicht viel weniger Kurven weisen die anderen Strecken auf. Nach **Pekanbaru** benötigt der Bus ca. 7 Std., nach **Padang,** das nur etwas mehr als 100 km entfernt liegt, 3 Std. Nach Padang verkehrt auch ein Zug, allerdings nicht für Passagiere.
Zu Mehreren ein **Taxi** zu mieten ist eine gute Möglichkeit, mehr zu sehen und den Fahrplan nach eigenem Gefallen festzulegen. Am Uhrturm befinden sich immer Taxis in Wartestellung.

### Ausflüge

Der **Lake Maninjau** ist der richtige Platz, um einige Tage auszuspannen. Der See lockt zum Schwimmen, Boot- und Wasserskifahren, die Umgebung ist ideal für Wanderungen an den bewaldeten Hängen des Vulkankraters, in dem der See liegt. Es gibt Losmen von ein paar DM aufwärts bis zu teuren Räumen für 100 DM am See.

Der **Lake Singkarak** ist landschaftlich nicht so reizvoll wie der L. Maninjau. Da der Trans Sumatra Highway und die Eisenbahn an seinem Ostufer verlaufen, hat er auch bei weitem nicht die gleiche Ruhe zu bieten. Auch die wenigen Hotels am Seeufer sind außer dem relativ teuren Hotel Sumpur wenig befriedigend.

**Batusankar** ist weniger touristisch erschlossen als Bukittinggi. In seiner Umgebung gibt es einige traditionelle Dörfer (Balimbing) und einen wiedererrichteten Königspalast zu besichtigen. Es gibt einige mehr oder weniger zu empfehlende, preiswerte Unterkünfte.

Der **Gunung Merapi** lockt mit seinem rauchenden Kegel zum Aufstieg, ist allerdings offiziell für Besteigungen gesperrt. Wer dennoch hinauf will, sollte dies nicht ohne Führer tun. Von Sungai Puar aus dauert der nicht ungefährliche Aufstieg ungefähr sieben Stunden.

**Padang** ist ein Zwischenstop auf dem Weg nach Bukittinggi, oder in zunehmendem Maße zu den **Mentawai-Inseln**.
Treks auf **Siberut** können mittlerweile in Bukittinggi oder Padang organisiert werden. In Muara Siberut gibt es bislang das einzige einfaches Hotel der Insel – was sich aber sehr schnell ändern dürfte. Wer sich auf Siberut einen Führer suchen möchte, sollte sich einigermaßen auf Indonesisch verständigen können. Proviant etc. sollte in Padang oder Bukittinggi besorgt werden. Die *surat jalan*, die Reiseerlaubnis für die Inseln, gibt es bei der Polizei in der Jl. Yamin in Padang.

eigener Möglichkeiten bis ins 19. Jahrhundert darauf, andere Mächte auus Sumatra fernzuhalten. Das Minangkanbau-Land war ihre zweite Station auf Sumatra. Wie so oft in der Kolonialgeschichte waren es auch hier Zwistigkeiten, die ihnen die Chance zum Eingreifen auf einer der beiden Seiten boten – und letztendlich zur Machtübernahme. In den Paderi-Kriegen kämpften militante Moslems um die Macht und bekehrten auch Teile des Bataklandes zwangsweise zum Islam (eines der Rätsel der Geschichte ist, warum zwangsweise bekehrte Völker nicht nach dem Ende der Unterdrückung eiligst die aufgezwungene Religion wieder abstreifen).

Von Bonjol aus, das heute nur noch wegen seiner Lage genau auf dem Äquator bekannt ist, versuchte der Führer des Aufstandes, der konvertierte Bataker Tuanko Rao, das Land unter seine Herrschaft zu bekommen. Mit Hilfe der Holländer gelang es, den Aufstand niederzuschlagen. Dafür mußten sie die Oberhoheit der Holländer akzeptieren. Allerdings gelang es ihnen, dieser Lage auch etwas Positives abzugewinnen. Die Holländer mußten, so sah es der Vertrag vor, anders als in Java öffentliche Schulen errichten, die nicht nur der Adelsschicht zugute kamen. Auch die Zwangsabgaben von Kaffee zu festgelegten Preisen strangulierten die Wirtschaft des Landes nicht. Im Gegenteil, das Minangkabau-Land erfuhr einen wirtschaftlichen Aufschwung durch die Anbindung an die restlichen Teile Indonesiens.

Besonders beeindruckend ist das Fort mit seinen Erdwällen nicht. Eine Brücke führt über ein Tal, in dem die Häuser der Hauptstraße Bukittinggis sich entlang derHauptstraße drängen. Jenseits der Brücke befindet sich der Zoo, in dem Affen in kleinen Käfigen herumturnen und Orang Utans genüßlich das ihnen gereichte Eis am Stiel verspeisen. Es verschwindet mit einem Happen in den geräumigen Mäulern. Lange nachdem man das Eis schon abgeschrieben hat, öffnet sich der Mund, und der behäbige Orang Utan-Mann holt die am Stiel klebenden Reste des Eises sorgfältig hervor.

**Trans-Sumatra-Highway**

Highway, dabei denkt man im allgemeinen an eine Autobahn. Hier scheint der Begriff *highway* eine wörtliche Übersetzung zu fordern, denn hoch oben über den gebirgigen Rücken der Insel windet sich die Straße. Kurve um Kurve schlängelt sie sich in Richtung Batakland. Sehr bald ist das relativ flache Tal von Bukittinggi vergessen. Wald, dichtes Grün, Baumriesen, Farne, steile Flanken verwehren den Ausblick. Nur gelegentlich lichtet sich der Wald und gestattet den Blick in ein Tal und auf eine kleine Siedlung im endlosen Auf- und Abwogen der dicht bewachsenen Berge. Was sich da durch die Berge zieht, ist aber heute keine Schlamm- und Staubpiste mehr. Die Reifen surren neuerdings die ganze Länge des Weges, ca. 2500 Kilometer, über mehr oder weniger gepflegten Asphalt. Das Abenteuer Sumatra- Durchquerung, bei der auch die Mitreisenden immer wieder aus den Bussen gebeten wurden, um die steckengebliebenen Fahrzeuge aus dem Schlamm zu befreien, existiert in dieser Form nicht mehr. Die Quelle so mancher abenteuerlich „aufgequollenen" Reiserzählung ist ausgetrocknet. Wer ein solches Abenteuer sucht, kann es anderswo in Indonesien noch finden, bei der Durchquerung von Flores oder Sulawesi etwa – aber auch dort ist es nur eine Frage der Zeit, bis die Effizienz des modernen Straßenbaus die letzten Unwägbarkeiten des Reisens vertrieben und auch die letzten Löcher in den Teerdecken geschlossen hat. Aber wofür dann noch Reisen, wenn selbst das kleinste Abenteuer auf die Frage geschrumpft ist, wann der Bus ankommt? Ob
man lebend ankommt, ist in Zeiten, wo selbst die kleinste Unwägbarkeit des Reisens Versicherungen zu steigenden Umsätzen verhilft, ohnehin keine Frage mehr.
Bei Bonjol überquert die Straße den Äquator. Bis 1994 markierte ihn ein großer Globus auf einer

Auf dem Markt im Zentrum Bukkittinggis ist von der Zwiebel bis zur Plüschdecke alles erhältlich.

## Sumatra

Immer häufiger sieht man im säkularen Indonesien Schülerinnen mit Kopftuch, während gleichzeitig in den Städten der Islam an Boden verliert.

Säule. Jetzt ist diese Linie auf eine Brücke über der Straße verlegt, wo man sie auf zehn Meter Länge entlang einem im Boden eingelassenen Eisen abschreiten kann. Einige fliegende Händler versuchen T-Shirts mit der Aufschrift „Äquator" und der jeweiligen Jahreszahl an den Mann zu bringen. Ein mühsames Geschäft.

Weiter geht die Straße durch endlose Waldgebiete. Immer seltener trifft man auf Siedlungen. Nur wenige Fahrzeuge kommen einem entgegen. Der Fahrer am Steuer des Busses scheint ohnehin davon auszugehen, daß in Kurven grundsätzlich keine Fahrzeuge auftauchen können. Aber trotz allem entnervenden Kurvenschneiden und so sehr der Bus auch in den Kurven schaukelt, mehr als vierzig Kilometer in der Stunde sind auf dieser Straße nicht zu schaffen. Allmählich ändert sich die Landschaft. Heiße Quellen blubbern neben der Straße. Ein Kassenhäuschen verspricht eine Attraktion im Dschungel. Imitierte Baumstümpfe aus Beton führen zehn Meter weit in den Wald. Hat niemand Kartoffeln dabei? Die ließen sich hier kochen. Ansonsten ist diese Attraktion eine

Fehlanzeige. Weiter geht es durch den Dschungel. Stunde um Stunde. Die Straße taucht in ein Flußtal. Häuschen und Reisterrassen begleiten die Fahrbahn, eine lange Hängebrücke an Stahlseilen überquert den Fluß, in dem sich die Dorfbevölkerung vom Schmutz des Tages reinigt. Dann wieder das ewige Grün. Pasarsibuhan ist Haltepunkt. Große Restaurants locken mit indonesischem „Fastfood", Padang-Küche steht bereit, um in kurzer Zeit viele hungrige Münder zu stopfen. Schwarze, eingelegte Eier locken als besondere Delikatesse. Nach dem Gang zu den Toiletten ist das Vertrauen in die Küche nicht mehr sehr groß. Fried vegetable rice und nasi goreng scheinen aber genießbar zu sein. Nach der kurzen Rast verschwindet der Bus wieder schlingernd im Dschungel.

### Islam in Indonesien

In Purba Baru herrscht Hochbetrieb. Hunderte, wenn nicht gar Tausende von Schülern flanieren auf der Straße des kleinen Ortes. Jeweils zwei teilen sich eine kleine Hütte ohne Licht und Wasser. Für die Mädchen am Ort ist die Unterkunft etwas komfortabler. Sie leben in Internaten, die an die Pesantren-Schule angeschlossen sind. Es ist die größte islamische Schule Indonesiens. Schüler aus allen Landesteilen und aus Malaysia lernen hier. Die Pesantren-Bewegung, die eine stärkere Islamisierung Indonesiens fordert, findet raschen Zulauf. Besonders bei den ökonomisch zu kurz Gekommenen und bei Studenten ohne Aussicht auf eine qualifizierte Anstellung hat sie ihr Reservoir. Doch diese Islamisierung wird im nominell größten islamischen Land der Welt nicht gerne gesehen. Zwar gehören in Indonesien, wo jeder Einwohner einer von fünf anerkannten Religionen angehören muß, 85% offiziell zum Islam. Aber die Wirklichkeit sieht anders aus. Zwischen dem Glauben eines Moslems aus Aceh und dem eines Javaners können Welten liegen. Weit mehr als die Hälfte der Javaner hängt einer Glaubensrichtung an, die als *Agama Java*, als „javanischer Glaube", bezeichnet wird. Sie ist aber keine der Religionen, unter denen die Indonesier wählen können. Der Einfluß des Hinduismus konnte auf Java nie völlig unterdrückt werden. Der Glaube der Anhänger der Agama Java schließt die alten heiligen Orte der Buddhisten und Hindus ein und ist im wesentlichen eine mystisch-asiatische Weltanschauung. Aber angesichts der Sprengkraft, die zum Zeitpunkt der erstarkenden Islambewegung in einer Anerkennung als eigenständige Religion liegen würde, hat der Wunsch ihrer Anhänger auf eine solche Anerkennung keine Aussicht auf Erfolg.

In kaum einem Ort Indonesiens hat der Reisende die Möglichkeit, den Lautsprechern der Moscheen zu entgehen. Überall erinnern die Moscheen daran, daß zwar nicht jeder, aber eben doch die Mehrheit dem Islam angehört. Morgens um fünf rufen die Lautsprecher zum Gebet, sei es über der mystischen Hochfläche des Dieng-Plateaus mit ihren uralten hinduistischen „candis", sei es im Bauch eines modernen Pelni-Fährschiffes oder in einem kleinen Ort im Dschungel Borneos: Überall preist der Ruf der Lautsprecher Allah, den einen allmächtigen Gott.

Bislang sind die Anhänger militanter islamischer Organisationen, wie der *darul islam*- Bewegung, stets eine verschwindend kleine Minderheit geblieben. Aber wie in vielen anderen Ländern versteht es auch hier die moslemische Opposition, die Unzufriedenen um sich zu scharen. Die Regierung wehrt sich mit Verboten. Doch die Machtbasis schwankt, und die Nachfolge Suhartos ist ungeklärt. Und Verbote allein waren noch nie ein guter Weg, militante Gruppierungen zum Rückzug zu bewegen.

# Ins Land der Batak

### Der Toba-See

Fünfzehn Stunden dauert die schaukelnde Reise von Bukittinggi bis an den Toba-See, wenn es der Reisende nicht vorzieht, in Padangsidempuan eine Nacht zu verbringen, um am nächsten Morgen die Landschaft genießen zu können. Motorroller mit Beiwagen als Motorrikschas sind eine Besonderheit hier. Ansonsten gibt es nicht allzu viele Attraktionen.

Weiter geht die Fahrt. Die Landschaft wird karger und abweisender. Die Wolken hängen tief, gelegentliche Regengüsse machen die Gegend noch unfreundlicher. Die Dörfer der Batak wirken arm, genau wie die kargen Felder. Der ewige Dschungel ist stoppeligem Alang Alang-Gras gewichen. Im trüben Grau erinnert nichts mehr an die Tropen. Schottland oder das Massiv Central kommen dem Besucher in den Sinn. Die Luft ist frisch in 1200 Meter Höhe bei Regen. Verborgen in der Hochebene liegt der Toba-See, der bei dem größten Vulkanausbruch, dessen Spuren bislang entdeckt wurden, entstanden ist. Auf 100 Kilometer Länge fallen die Wände der größten Kaldera der Welt steil zum See hin ab. Die ersten Weißen, die sich auf der Suche nach dem Toba-Meer in dieses Gebiet vorwagten, hielten den See lange Zeit für eine Legende. Auch einen Kilometer vom Rande des Abbruchs entfernt deutet nichts auf die Gegenwart dieser riesigen Wasserfläche hin. Die Vulkane hinter dem See täuschen

## Batak

eine geschlossene Hochebene vor. Und dann wird doch urplötzlich der Blick ins Tal frei auf die sich scheinbar endlos hinziehende blinkende Oberfläche des Sees. Tief unten im Schoß der Hochebene liegt er verborgen. Glänzend, spiegelnd, verlockend – und doch einsam, kalt, tot. So ist der Eindruck aus vierhundert Meter luftiger Höhe. Hundert Kilometer in der Länge und dreißig in der Breite mißt die Wunde, die eine unvorstellbare Explosion hier in die Erdoberfläche gerissen hat.

Ein Sträßchen windet sich hinab zum Seeufer. Bäume huschen vorbei, Seefetzen leuchten tief unten auf, verschwinden in der Haarnadelkurve aus der Sicht. Alang Alang begleitet jetzt den Weg auf meiner Seite, ein schützender Vorhang auf der wilden Fahrt, begütigendes Grün, bis nach der nächsten Kehre der Blick wieder in den rasend schwankenden Abgrund fällt, hinab zur zwiespältig herben Schönheit des verborgenen Mittelpunktes der batakschen Welt. In seinem Zentrum liegt als Zentrum des Zentrums Samosir, die Beinaheinsel, ein Stück Land im riesigen See auf einer riesigen Insel in der Indischen See.

Von Balige setzen wir mit einem dieselgetriebenen Schiff über. Flackernde Hitze lastet über dem See, der dreimal so groß wie der Bodensee ist. Der Passagierraum ist nicht mehr als eine überdachte Ladefläche. Wer hier Bänke sucht, wird nur auf Schweine, Ziegen, Hühner, Gemüse und säckeweise Reis stoßen.

Wir sitzen auf dem Schiffsbug. Flackernde Stille. Maschinenlärm und heiße Luft mischen sich, legen eine undurchdringliche, watteartige Decke über das Schiff.

Die Aussicht ändert sich. Wolken schieben sich über den Abbruch der Hochebene, die Ufer rücken dicht zusammen. Wir dampfen in einen schmalen Seitenarm zwischen den sich steil aus dem Wasser schiebenden Abhängen und der Fastinsel Samosir, die sich nur wegen einer

Angst oder Neugier – oftmals ist nicht sicher, was gewinnt.

Zum Wochenmarkt spucken die Boote Waren auf den Landungssteg in Harranggaol.

lächerlichen Landbrücke keine Insel nennen darf. Gelegentlich werden Passagiere samt Fensterrahmen und Reisschnaps, Cola, Reis und Krabbenbrot abgesetzt, Ölfässer, verbeulte rote Tonnen, schlicht über Bord gekippt, schlagen spritzend in den See, um dann friedlich vor dem Ufer im Kielwasser des Bootes zu dümpeln.
Das Boot läuft mit unverminderter Kraft auf das Ufer zu. Ich warte auf das Kommando „volle Kraft rückwärts!"– vergebens. Der breite Kiel schiebt sich knirschend auf den flach ansteigenden Strand. In Pangururan wird die verbliebene Fracht des Bootes an Land geschleppt. Bananen, Säcke, Schweine, alles bunt durcheinander.

Pangururan, wo Samosir ans Ufer stößt, die durch eine schmale Landbrücke um ihr Inseldasein gebrachte Halbinsel. Wir laufen durch die Straßen einer scheinbar unerreichbar fernen Welt. Graublaues Zwielicht verschluckt die gesichtslosen Reihen der Holzhäuser. Der einzige massive Bau leuchtet blaßweiß in der Dämmerung. Über der verschlossenen Tür läßt sich noch mühsam „Hotel" entziffern. Nie spürt der Reisende das Fremde stärker als beim Betreten einer fremden Ortschaft. Würde ich mit ausgestreckten Armen an eine unsichtbare Mauer stoßen, ich wäre kaum erstaunt. Jede Nervenfaser ist hellwach, erregt, schwingt in den unhörbaren Obertönen des Städtchens mit. Obertöne, die ich in zwei Tagen schon nicht mehr wahrnehmen werde, was mich zu dem Fehlschluß verleiten wird, ich wäre dieser Welt nähergekommen.
Wir kehren in einer Teestube ein. Die Gaststube ist ein kleiner Holzanbau. Das eigentliche Haus steht, wie das ganze Dörfchen, einige Meter unterhalb der Straße. Den Tischen gegenüber öffnet sich finster der Dachstuhl, daneben schweift der Blick ungehindert über das Ziegelrot der Dächer. Ein alter Mann serviert uns den Tee, setzt ihn uns lächelnd vor. Er staunt nicht über die Fremden. Vergnügt beobachtet er uns, wie wir

unseren Tee trinken und unsererseits beobachten. Eine wirkliche Unterhaltung kann angesichts unserer mangelhaften Beherrschung der Bahasa Indonesia nicht aufkommen. Aber trotz des fehlenden Vokabulars ergibt sich erstaunlicherweise doch ein Austausch mit Hilfe von allen Völkern der Erde gemeinsamen Zeichen. Wie alt wir seien, will er wissen. Er sei über achtzig! Das verblüfft uns, hätten wir ihn doch wesentlich jünger geschätzt. In einem anderen Dorf war die Rede von einem Dutzend über Hundertjähriger gewesen. Liegt es am Klima oder vielleicht an der Gelassenheit, mit der hier das Leben angegangen wird? Die Zeit ist gleichgültig, nichts ist eilig, nichts wichtig. Aber wenn die Südostasiaten einmal die Möglichkeit bekommen, hektisch zu sein, dann sind sie es auch im Extrem. Europa ist hektisch und verbissen. Hier jedoch ist die Hektik laut, lärmend und stinkend, und dennoch hat man immer den Eindruck, das Ergebnis wäre unwichtig.

Prapat, das Zentrum des Tourismus, will so gar nicht ins Bild passen. Die Stadt ist in den letzten Jahren im Tourismusboom explodiert. Bei meinem ersten Besuch 1983 verbanden nur kleine Fährboote die Lodges auf Samosir mit dem gegenüberliegenden Ufer. Erinnerungen werden wach, z.B. an Reisende, deren erste Frage angesichts einiger Bananen in meiner Hand stets inquisitorisch lautete: „Was hast du dafür bezahlt?" Und schon folgte der Schreckensruf: „Was! Du ruinierst die Preise!", ausgelöst durch eine Differenz zum Normalpreis von umgerechnet drei, fünf oder zehn Pfennigen. Es sind Reisende, die ich immer wieder und überall verwundert antreffe, die in allererster Linie an einer billigen Unterkunft interessiert sind, an billigem Leben fernab der Heimat, die sich für die bereisten Länder aber im Grunde ihres Herzens überhaupt nicht interessieren. Reisende, die um zwölf aus den Betten kriechen, überlegen, wo sie billig und gut essen können, um dann wiederum in

## Batak

Ruhestellung zu verfallen. In allen Ländern trifft man auf Orte, die solche Reisende anziehen.

Heute, mehr als ein Jahrzehnt später, hat sich die Szenerie geändert. Die Autofähre pendelt regelmäßig zwischen Prapat und Samosir. Neben Touristenfahrzeugen, Minibussen und Motorrädern setzen auch Trucks über, leer auf dem Weg nach Samosir, vollgeladen mit Baumstämmen auf dem Rückweg. Ein erstaunlicher Anblick in dieser waldarmen Gegend. Die LKWs kommen alle vom Dach der Insel, wo die letzten Waldreste der Gegend der Holzindustrie zum Opfer fallen. Der Sohn eines Mächtigen hat hier die Finger im Spiel, ist zu hören. Der Holzindustrie dient auch in erster Linie die Fähre.

Auf Samosir drängt sich ein Hotel an das andere. Vor zehn Jahren standen hier nur einige Häuschen im traditionellen Stil. Irgendwie ist dann das Gerücht entstanden, am Toba-See gäbe es eine besonders schöne Landschaft zu besichtigen. Und so kamen sie denn in Scharen, Touristen aus aller Herren Länder, aber auch Ausflügler aus Singapur, Malaysia und Medan, die am Wochenende und in den Ferien die Hotels bevölkern. Und wo vor zehn Jahren die steinernen Figuren von Ambarita noch versteckt zwischen den Häusern lagen, wird mittlerweile Eintritt verlangt. Davor drängt sich auf einem Markt eine Andenkenbude an die andere. Die Batak sind ihrem seit jeher schlechten Ruf treu geblieben. Zwar wird hier niemand mehr verspeist, aber dafür liegen die Preise ungefähr um das Zehnfache höher als auf vergleichbaren Märkten anderweitig in Indonesien.

Menschenfresser, Kannibalismus. In diesen Worten schwingt das Grauen vor dem unvorstellbar Schlechten, vor der Perversion an sich, mit. Dem Grauen vor diesem Unbegreiflichen, der Angst vor dem offensichtlich Bösen verdankten die Batak eine vergleichsweise ungestörte, eigenständige Entwicklung. Dabei stimmte dieses finstere Bild keineswegs. Die als Primitive verschrienen Batak kannten eine eigene Schrift, besaßen eine vor langer Zeit aus Indien beeinflußte Kultur, brachten eigenständige Kunstwerke hervor und hatten feste Gesetze. Aber diese Gesetze sahen eben für bestimmte Vergehen den Tod durch Verzehrtwerden vor. Kannibalismus als eine Form gesetzlicher Todesstrafe war und ist nun aber mit der weitverbreiteten Vorstellung allgemeingültiger Moralgesetze – die Menschenfresserei ausschließen – nicht in Einklang zu bringen. Ein solchermaßen unmoralisches Volk mußte im höchsten Maße unzivilisiert und barbarisch sein.

Ganz unbesorgt durften die ersten Besucher im Land der Batak aber nicht sein, auch wenn es keine Ehebrecher waren. Ehebrecher nämlich waren der Todesstrafe verfallen. Dabei hatten diese sogar noch den Vorteil, sich durch Bezahlung eines Büffels von ihrem Los freikaufen zu können – es sei denn, sie waren so unvorsichtig gewesen, sich mit der Ehefrau des Häuptlings einzulassen. Dann gab es kein Handeln und keinen Ablaß mehr. Doch vor allem auch jeder Spion war unausweichlich der Todesstrafe verfallen. Und ein Fremder galt unausweichlich als Spion ... Ein weiterer Faktor, der das Batakland schützte, war seine Lage auf einer Hochebene, die von zwei Vulkanketten eingeschlossen wird. Und wer wollte sich schon wochenlang durch tropischen, unwegsamen Regenwald kämpfen, um das Risiko auf sich nehmen, verspeist zu werden?

Harranggaol liegt in einer Bucht am nordöstlichen Ende des Sees. Vor über zehn Jahren waren wir hier mit einem Boot gelandet. Boote laufen heute wie damals den Ort nur am Montag zum wöchentlichen Markt an. Diesmal komme ich von Land her. Die Straße windet sich die verbrannten Flanken der Berge hinab, Rauch kräuselt noch über verkohltem Gras, und Flammen züngeln da und dort an den Pinien. Hier hat sich das Bild, im Vergleich zu vor zehn Jahren, noch kaum geän-

**Am Nordende des Toba-Sees stürzt der Sipispiso-Wasserfall über die Abbruchkante.**

Toba-See Info

# Toba-See

Der Toba-See ist einer der touristischen Höhepunkte einer Sumatrareise. Der See füllt den größten Teil des Grundes des größten Kraters der Welt. Das Hochland um den See ist, anders als man das vielleicht erwartet, nicht von tropischem Dschungel bedeckt. Alang Alang-Gras und Pinien bestimmen das Bild und geben dem See ein nordeuropäisches Aussehen. Das Hochlandklima kann zwischen frischen Temperaturen nachts und bei Regen bis hin zu tropisch heißem Sonnenschein schwanken.

### Verbindungen

Die meisten Besucher des Toba-Sees kommen entweder von der Ostküste aus Medan oder aus dem Süden aus Bukittinggi nach Prapat. Für die Strecke von Medan bis zum Toba-See benötigt der Bus ca. 6 Std. Die Busverbindung von Brastagi nach Prapat ist schlecht, so daß es sich fast lohnt, diese kurze Strecke mit dem Taxi zurückzulegen. Nach Bukittinggi benötigt der Bus ca. 15 Std.

### Unterkünfte

**Prapat** hat sich in den letzten Jahren vom verlassenen Nest zu einem Touristenort mit luxuriösen Unterkünften entwickelt. Der Ort selbst bietet wenig Interessantes und dient als Basis, um die Umgebung zu erkunden. Vom Hafen verkehrt eine Autofähre nach Samosir. Im Ort gibt es Möglichkeiten zum Wasserskilauf, Segeln und Windsurfen.

Gegenüber von Prapat befindet sich auf **Samosir Tomok**. Hier reiht sich entlang dem Seeufer auf Kilometern ein Hotel an das andere. An Tomok schließen sich die Orte **Tuk Tuk** und

Die variationsreiche Padang-Küche findet sich überall auf Sumatra.

**Toba-See Info**

**Ambarita** an. Praktisch jeder Besucher übernachtet in einem der drei Orte, so daß der Rest der Insel trotz zwanzig Jahren Tourismus noch relativ ruhig ist. Von diesen Orten schwärmen unternehmungslustigere Touristen auf Rädern oder Mopeds aus, um die Insel zu erkunden, während andere es vorziehen, sich nur zwischen See, Hotel und Restaurant zu bewegen.

Die Händler in den Dörfern verlangen bemerkenswert hohe Preise für die Souvenirs, bis zu dem Zehnfachen, das man anderweitig für vergleichbare Gegenstände bezahlt.

Die Unterkünfte sind im Gegensatz dazu größtenteils preiswert. Luxuriöse Unterkünfte sind bislang die Ausnahme. Die normalen Unterkünfte sind einfach, aber angenehm. Die ehemals gängigen Holzhäuser im Stil der Batak-Häuser weichen allerdings zunehmend einfachen Zweckbauten.

### Ausflüge am Toba-See

Fährboote fahren an den Markttagen in die Orte, in denen am jeweiligen Tag Markt ist. Diese Boote bieten noch viel von der ruhigen Atmosphäre, die einst überall am See herrschte. Übernachtungsmöglichkeiten, wenn auch zum Teil sehr einfache, gibt es in verschiedenen Orten am See, u.a. in Harrangaol, Tongging, Pangururan und Balige.

Die Verbindungen auf Samosir sind schlecht. Ein Fußmarsch auf den Bergrücken bringt spektakuläre Aussichten. Das Zentrum der Insel ist bewaldet, aber die Holzindustrie frißt bereits Schneisen und Straßen in das Innere, so daß Laufen nicht mehr die einzige Möglichkeit ist, dorthin zu gelangen. Die Durchquerung der Insel von Tomok nach Pangururan oder umgekehrt nimmt etwa zwei Tage in Anspruch. Ganz Sportliche können die Wanderung auch in einem Tag in acht Stunden hinter sich bringen.

---

dert. Überall werden Zwiebeln gezogen und getrocknet, um dann bis Java verschickt zu werden. Nelken liegen auf dem verwaist wirkenden Platz im Zentrum des Ortes. Es gibt mittlerweile ein Restaurant mit Padang-Food – eine wichtige Voraussetzung für moslemische Besucher. Nur hier können sie sicher sein, daß der Topf, in dem ihr Essen zubereitet wurde, nicht vorher mit Schweinefleisch in Berührung gekommen ist. Einige kleinere Hotels gibt es mittlerweile auch. Ich bin nicht mehr gezwungen, auf einer Bastmatte beim Lehrer zu übernachten. Im hintersten Winkel der Bucht steht eine hübsche Bungalowanlage, die ein Holländer mit seiner Toba-Batakfrau betreibt.

Beinahe jeder Fleck am See ist mittlerweile schnell und problemlos zu erreichen. Vor allem das ist es, was diesen Orten ihren Zauber raubt. Unsichtbare Mauern wachsen immer seltener aus dem Boden, unsere Welt wird täglich ärmer an geheimnisvollen Orten, die ihre eigene Aura haben, ein unverwechselbares Fluidum, das nicht weltweit austauschbar ist. Es muß einen Fluch geben über all den Reisenden, die das Unbekannte, Andersartige, Fremde suchen und es gerade durch ihr Auftauchen zerstören. Und schließlich folgen die Massen ihren Spuren, um zu suchen, was es nur ohne sie geben kann.

Heute wie damals führt ein versteckter Pfad vom Marktplatz in die „Oberstadt", zu kleinen Pfahlhäusern, zwischen denen sich Schweine und Kinder quieckend und rennend vor Fremden in Sicherheit bringen. Ferkel, schwarz und borstig, so gar nicht rosig, schielen neugierig aus finsteren Verstecken unter den Häusern hervor. Hunde schlafen tief, ohne die Eindringlinge zu bemerken.

Am Ende des Sees lockt ein anderes Schauspiel: der je nach Jahreszeit dünne oder kräftige Schleier des Sipispiso-Wasserfalles. Von der Aussichtsplattform, nur wenige Meter vom Parkplatz entfernt, schweift der Blick weithin über den See. Zur Rechten trifft er auf den eher mageren Wasserfall, der über eine Felskante stürzt. Kaum jemand nimmt sich die Zeit hinabzusteigen,

## Batak

zwanzig Minuten steil hinunter zum Grund des U-förmigen Tales. Die zwanzig Minuten machen mindestens eine halbe Stunde Aufstieg nötig, unter einer Sonne, die hier ganz gemein vom Himmel brennen kann, wenn der Wind die Wolken vertrieben hat. So bleibt der kühle, grüne Talgrund mit seinen Wasserfahnen und -schleiern den meisten Besuchern verborgen und wird dadurch so lange seine ruhige Kraft bewahren, bis eines Tages ein Parkplatz auch hier errichtet sein wird.

### Das Hochland der Karo Batak

Lingga, nahe bei Kabanjahe, der Distriktshauptstadt, gelegen, ist seit zwanzig Jahren Ziel von Besuchern von jenseits des großen Meeres. Seit zwanzig Jahren wälzen sich täglich Besuchermassen durch das Dorf. Und dennoch hat sich nichts geändert, bewahrt das Dorf seinen alten Charme. Einige Häuser sind seit meinem letzten Besuch zusammengestürzt, schöne, unwiederbringliche Batakhäuser. Gut, jedes Kind bettelt jetzt, niemand läßt sich mehr freiwillig fotografieren, es gibt zwei neue, moderne Häuser. Ein bißchen Geld muß ja auch hängengeblieben sein von zwanzig Jahren Tourismus. Aber das ist auch alles, was der Tourismus den Menschen gebracht hat. Täglich fotografierende Horden. Eine italienische Gruppe demonstriert ihr Verständnis für die Kultur der Batak besonders eindringlich. Die Kameras gezückt und entsichert, wirft eine Frau eine Handvoll Bonbons auf die Veranda eines traditionellen Hauses. Sofort stürzen die Kinder, die sich versteckt gehalten hatten, hervor, während unten die Auslöser klicken und die Videokamera leise surrt. Eine gelungene Aufnahme. Aber welchen Unterschied macht es schon, wo man Bonbons wirft. Zoo bleibt Zoo. Deprimierend, wie wenig Ausgleich die Menschen hier für die permanente Belästigung durch Fremde haben. Das ist nicht überall so. Aber die Einwohner Linggas haben Pech, daß die Besucher nur zu kurzen Tagesausflügen kommen und nicht lange genug bleiben, um genug Geld als Schadenersatz dazulassen.

Ich stehe im Dorf, zwischen gestrandeten „Schiffen". Ein exotisch fremder „Kiel" neben dem anderen ragt in den Himmel: Antiken Schiffsschnäbeln gleich stechen die Dachgiebel vor, bewehrt mit den Hörnern der Karabauen. Ich schließe die Augen und lasse mich von den vertrauten Tönen eines aus einem Radio schallenden Chorals nach Europa tragen. Es drängt sich mir die Erinnerung an eine Totenfeier auf. Dann ertönen wieder Überbleibsel der Vergangenheit, schrillen schräge Klänge zum monotonen Rhythmus, kreischt der Gesang einheimischer Instrumente. Geige und Klarinette lehnen sich an und beschreiten mystische Pfade. Dumpfer, eintöniger Gesang dröhnt über die primitive Lautsprecheranlage, zu dessen Takt die Tanzenden, die jetzt vors geistige Auge treten, die gleichen gemessenen Bewegungen vollziehen, sich langsam drehend vorwärts bewegen, die Hände mit nach außen gewandten Handflächen auf Kopfhöhe kreisend, wie es schon die ersten hier eingedrungenen Weißen beschrieben haben. Die Zeit scheint außer Kraft gesetzt im Klang der Trommeln. Sie begleiten die langsamen Tanzbe-

Batak

Entwicklung durch Tourismus? Zumindest in Lingga ist davon nichts zu entdecken.

wegungen im Schatten der archaischen Häuser, die vor hundert und zweihundert Jahren Zeugen blutiger Bestrafungen waren und das Geschrei jener hörten, die zusehen mußten, wie das Fleisch ihrer Glieder nach und nach gebraten und Stück für Stück vor ihren brechenden Augen verzehrt wurde. So beschrieb es Junghuh von seiner Reise 1840.

Brastagi ist nach zehn Jahren nicht mehr wiederzuerkennen. Hotels wuchern an jeder Ecke. Von der verschlafenen Kleinstadtatmosphäre ist nicht viel geblieben. Eine breite Straße mit hochgemauerten, bepflanzten und durch einen Zaun gesicherten Mittelstreifen durchzieht die breite Hauptstraße. Die alten Chevrolets, die damals noch als Taxis dienten, sind verschwunden und japanischen Kleinwagen gewichen. Vor zehn Jahren hätte ich nicht mit der Wimper gezuckt, hätte ein Batak sein Pferd vor einem Lokal angebunden. Ohnehin wirken die Batak – mit ihren breiten, grobknochigen und deutlich dunkleren, mongolischeren Gesichtern als ihre Nachbarn – wie verirrte Indianer. Aus dem Himalaya sollen sie zugewandert sein. Die Gesichter könnten von jenseits des Himalaya stammen.

### Sibayak

Hinter Brastagi erhebt sich der Gunung Sibayak, einer der vielen Vulkane, die prägenden Einfluß auf das Landschaftsbild und auch auf das Weltbild der Batak ausüben. Mächtig, drohend, unberechenbar. Das Leben unter ihren grauen Zinnen ist zwangsläufig vom Bewußtsein ständiger Bedrohung gefärbt, bestimmt durch das Gefühl, stärkeren Mächten ausgeliefert zu sein. Anmarsch durch die Reisfelder. Der Berg stemmt sich breitschultrig aus dem Boden. Vor elf Jahren bin ich diesen Weg schon einmal gegangen. Meine Notizen von damals scheinen einen anderen Berg zu beschreiben: „Der Dschungel läßt sich gut an. Trockener Pfad, Affen kreischen in den Baumwipfeln, Bilderbuchdschungel. Nur einige Minuten, dann kommt der Baatz, Matsch,

## Batak Info

# Brastagi

Brastagi, ein übersichtliches Städtchen, ist neben dem Toba-See das zweite touristische Zentrum im Batak-Gebiet. Mit seiner schönen Umgebung, traditionellen Dörfern und dem angenehmen Hochlandklima ist der entspannte Ort ein Fleck, an dem man es einige Tage aushalten kann. Auf 1300 Meter Höhe gelegen, kann es hier mitunter sogar frisch werden.

### Verbindungen

Von Medan fahren ständig Busse für ca. 1 DM nach Brastagi. Es besteht auch eine direkte Busverbindung nach Bukit Lawang, das auch über Medan zu erreichen ist.

Prapat ist von Brastagi aus nur umständlich zu erreichen: mit dem Bus zuerst nach Kabanjahe, von dort nach Pematang Siantar und von dort mit dem nächsten Bus nach Prapat. Abenteuerlustige können versuchen, vom ca. 30 km entfernten Nordende des Toba-Sees von Tongging eine Fähre nach Harranggaol oder nach Samosir zu bekommen. Fährverbindungen zu den verschiedenen Orten bestehen jeweils an den Markttagen, die der Reihe nach in den Orten stattfinden.

### Unterkunft

Am Rande der Ortschaft liegen in schöner Umgebung in großzügigen Gartenanlagen neue Hotels mit Zimmern von 50 DM aufwärts. Das **Danau Toba** (Tel. 20946) besitzt einen Swimmingpool, ebenso das **International Sibayak**, (Tel. 20928), das neueste und größte Haus am Ort, das außerdem Tennisplätze und Disco bietet.

Es gibt auch mehrere angenehme Mittelklassehotels. Das **Bukit Kubu** hat alten Kolonialcharme zu bieten und liegt mitten im 9-Loch-Golfplatz (Tel. 20832).

In der Stadt und am Fuß des Gudaling Hill gibt es eine ganze Reihe billiger Hotels, die zwischen finster oder angestaubt, aber freundlich rangieren. In letztere Kategorie fällt die **Wisma Ikut**, eine alte, etwas angestaubte Kolonialvilla mit großem Garten, freundlichem Aufenthaltsraum und nettem Personal.

### Ausflüge

Zu Ausflügen locken insbesondere die beiden hinter Brastagi aufragenden Vulkane.

Der **Sibayak** läßt sich von Brastagi aus an einem Tag besteigen. Ein Weg durch dichten Wald startet hinter dem Gudaling Hill über einen Höhenzug. Dann hinab in eine alte Caldera, wo das Dorf Semangat Gunung liegt, und von dort hinauf auf den 2094 m hohen Sibayak. Über Daulu an der Straße nach Medan führt auch eine Straße nach Semangat Gunung, was den Aufstieg um ein paar Stunden verkürzt. Am Wochenende besteigen viele Ausflügler aus Medan den Berg, was sich unschwer an den allgegenwärtigen Abfällen ablesen läßt.

In der Umgebung liegen einige traditionelle **Karo Batak-Dörfer.** Das bekannteste ist **Lingga**, das sich von Kabanjahe aus mit dem Bus erreichen läßt; schöne Häuser, aber unfreundliche Atmosphäre. Ebenfalls umständlich über Kabanjahe zu erreichen sind die Dörfer **Barusjahe** und **Cingkes**. Mit dem Bus ist jedes für sich beinahe ein Tagesausflug.

Die Ornamente an den Häusern der Toba Batak, wie hier auf Samosir, unterscheiden sich deutlich von denen der Karo Batak.

Gunung Leuser-Nationalpark

Auch wenn die Schwefeldämpfe am Sibayak ätzend sind, so bieten die Fumarolen mit ihrem fast reinen Schwefel doch ein Einkommen.

Morast, mal glitschig, der Fuß rutscht ab, bis er in einem Schlammloch steckenbleibt, mal bodenlos, nur überbrückt durch schmierigen Bambus. Der Schweiß perlt auf der Stirn, tröpfelt aus den Augenbrauen. Steil, immer steiler windet sich der Pfad durch den Schlamm. Nur nicht ausrutschen, ich möchte keinesfalls einige Meter durch den Dreck rutschen." Da besteht heute keine Gefahr mehr. Der gesamte Weg ist durch Betonstufen auf Ausflügler vorbereitet. Ihr Zustand läßt vermuten, daß sie schon mindestens zehn Jahre den Weg zieren. Dementsprechend sieht mittlerweile auch der Dschungel aus. Überall sind Löcher in den Wald geschlagen, die Affen haben sich eine andere Bleibe gesucht. Der Weg wirkt phasenweise wie eine Müllkippe. Überall am Wegrand Keks- und Zigarettenschachteln, Take-away-Verpackungen. Am Wochenende stürmen Ausflügler aus Medan den Berg.
Dafür ist das Wetter diesmal besser, der Krater nicht in einer weißen, feuchtkalten Nebelwand versteckt. Laut fauchend fährt Schwefeldampf aus Ritzen und Löchern und erinnert an einen überdimensionalen Schweißbrenner oder an ein startendes Flugzeug. Männer kratzen den reinen Schwefel trotz der ätzenden, beißenden Luft rund um die Fumarolen in Säcke, um ihn ins Tal zu transportieren. Dort wird der Schwefel für industrielle Zwecke aufbereitet. Jenseits des Kraterrandes schweift der Blick zum nächsten Vulkan. Der perfekte Kegel des Gunung Sinabung ragt nur einige Kilometer weiter westlich in den Himmel.

**Gunung Leuser-Nationalpark – zu Besuch bei den Waldmenschen**

Über kleine Sträßchen ist von Brastagi aus die Orang Utan-Aufzuchtstation in Bukit Lawang zu erreichen. Nur wenige Fahrstunden vom geschäf-

**Gunung Leuser-Nationalpark**

Die inzwischen stark bedrängten Orang Utans sind in Bukit Lawang, am Rande des Gunung Leuser-Nationalparks, leicht zu beobachten.

tigen Medan entfernt, zieht Bukit Lawang am Wochenende wahre Ausflüglermassen an. Entlang dem Fluß, am Rande des Dschungels, stehen kleine Unterkünfte und Essensstände, die sich nur am Wochenende beleben. Gruppen Jugendlicher mit Gitarren und Gettoblaster richten sich für ein heißes Wochenende in Zelten am Flußufer ein. Es herrscht Aufbruchstimmung unter den Jugendlichen, wie vielleicht in den fünfziger Jahren in Europa. Moralvorstellungen und Religion werden in den großen Städten als erstes über Bord gekippt. Wie raten Reiseführer immer so

schön: keine Zärtlichkeiten in der Öffentlichkeit, nicht Händchen halten! Zumindest in den Zentren Indonesiens gelten diese Regeln schon länger nicht mehr. Überall in den öffentlichen Parks lassen sich Liebespaare Hand in Hand oder eng umschlungen beobachten.

Eine der Lieblingsbeschäftigungen der Wochenendgäste ist es, sich in Lastwagenschläuchen den Fluß hinabtragen zu lassen. Vorzugsweise Pärchen trudeln über die sanften Strudel.

Anders, als man erwarten würde, zieht der Lärm

# Malaysia

In ganz Malaysia, nicht nur auf Penang, trifft man überall auf starke chinesische Einflüsse. Im August, im Monat der hungrigen Geister, sind überall in Geor

Enten als Opfergaben stapeln, brennen drei Meter große „Räucherbalken". Wohlgeruch verbreiten diese überdimensionierten Räucherstäbchen nicht. Sie bestehen nur aus Sägemehl, sind dafür aber aufwendig verziert und bemalt. In den engen Gassen fahren die Schaulustigen auf ihren Mopeds so nah wie möglich an die Bühnen heran und betrachten die Darbietungen von ihren Gefährten aus wie in einem Open Air-Kino.

**Auf dem Festland**

Zwischen Georgetown und Butterworth auf dem Festland verkehrt in kurzen Abständen die Autofähre. Vom Busterminal in Butterworth verbinden reguläre Busse die Stadt mit allen wichtigen Orten. Busfahren in Malaysia ist ein Vergnügen. Und mutet gar nicht asiatisch an. Anders als in den meisten asiatischen Ländern gibt es überreichlich Platz in den Sitzreihen. Mit ihren verstellbaren Rückenlehnen und den Hochklapp-Fußstützen, Video und Aircondition sind die Busse luxuriös ausgestattet. Und sie fahren nach Fahrplan. Kein Kreisen durch die Stadt, bis der Bus endlich voll genug ist, wie sonst vielerorts in Indonesien! Und wem die Busse nicht schnell genug sind, für den gibt es in der Regel in der Nähe der Busstationen einen Share Taxi-Stand. Von dort verkehren Taxis auf festen Routen von Stadt zu Stadt. Jeweils vier Fahrgäste teilen sich den festgelegten Fahrpreis, der zwar doppelt so hoch ist wie im Bus, aber nach europäischen Maßstäben traumhaft billig .

Wie immer ist es interessant hier am Busbahnhof, die vielen nebeneinander existierenden Kleiderordnungen zu beobachten. Fast alle Malaiinnen tragen ein Kopftuch, selbst wenn sie modisch in Jeans gekleidet sind. Viele der Frauen an den Ständen dagegen, die am Busbahnhof Getränke oder Speisen anbieten, sind in die lange, weite moslemische Tracht gekleidet, während am Nachbarstand eine Chinesin in knappen Tops und noch knapperen Shorts bedient.

hen die gleichen Ventilatoren sich über den einfachen, aber extrem breiten Betten.

In Penang durch die Gassen zu laufen und die Auslagen der chinesischen Geschäfte zu begutachten ist ein unendliches Vergnügen. Arkaden schützen vor der glutheißen Sonne – oder den dicken Tropfen eines tropischen Regengusses. So ähnlich muß sich jemand fühlen, der aus dem Dschungel plötzlich in eine Einkaufspassage versetzt wird. Wohin das Auge fällt, blickt es auf unerklärliche Gegenstände. Da Chinesen bekanntlich alles essen, dürfte der größte Teil dieser bizarren, getrockneten Auslagen für den Kochtopf bestimmt sein.

Abgesehen davon ist es ein Erlebnis, über den Nachtmarkt zu bummeln. Ganze Familien kommen und gehen auf Mopeds, es wird gelärmt, gerufen, gedrängelt. In den Gassen hinter dem Nachtmarkt sind Bühnen errichtet. Es ist der chinesische Monat der „Hungrigen Geister". Jeden Abend gibt es Vorführungen auf den Bühnen, von chinesischer Oper bis modernen Showdarbietungen aufreizend knapp bekleideter Chinesinnen. Vor Zelten, in denen sich gebratene

# Penang

Mit seiner interessanten kulturellen Mischung aus chinesischen, malaiischen, europäischen und indischen Einflüssen sowie tropischen Stränden ist Penang schon ein Ort, um einige Tage zu bleiben. Von Mai bis August ist Nebensaison. Dann haben die großen Hotels günstigere Angebote – nachfragen und aushandeln! In dieser Zeit ist das Meer wegen des Südwestmonsuns trübe und unruhig. Die billigen Unterkünfte sind in dieser Zeit dennoch bestens belegt. Aber ein Zimmer findet sich immer.

### Einreise
Die Einreise von Sumatra aus ist unproblematisch. Ein gültiger Reisepaß genügt, um bei der Einreise ein Visum zu bekommen.

### Verbindungen
**Flug:** Penang hat einen internationalen Flughafen mit Verbindungen nach Medan, Singapur, Thailand, Hongkong und Madras in Indien und vielen Inlandsflügen. Penang ist ein guter Platz, um günstig internationale Tickets zu erwerben. Allerdings ist Vorsicht geboten. Man halte nach seriösen Agenten Ausschau.

**Schiff:** Zwischen Belawan, dem Hafen von Medan, und Penang verkehren an fünf Tagen in der Woche Schnellboote, die die schaukelnde Überfahrt mit Videos verkürzen und die 120 Kilometer in ca. 4 Std. zurücklegen. Ebenfalls fünfmal in der Woche fährt ein Schnellboot nach Langkawi. Zwischen Penang und Butterworth pendelt alle 20 min die Autofähre. Von Penang verkehrt auch wieder die Fähre nach Madras/Indien.

**Bus:** Von Butterworth, Penang gegenüber auf dem Festland, verkehren regelmäßig klimatisierte Busse in alle Richtungen. In Penang werden auch Touristen-Direktbusse zu allen wichtigen Zielen angeboten.

**Zug:** In Butterworth hält der Zug von Singapur über Kuala Lumpur nach Bangkok. Buchungen am Bahnhof in Butterworth (Tel. 04/347962) oder im Buchungsbüro an der Fährstation in Georgetown (Tel. 04/610290).

### Unterkunft
In Georgetown gibt es eine große Auswahl an Unterkünften jeder Preisklasse. Die meisten der Luxushotels liegen im Strandort Batu Ferringhi. An der Hauptstraße in Georgetown, der Lebuh Chulia, liegen die meisten der billigen Unterkünfte in höchst interessanter Umgebung, Restaurants und Nachtmarkt gerade um die Ecke.

### Fahrzeuge
Das Eng Aun-Hotel in Georgetown vermietet Fahrräder. Fahrräder, Motorräder und Autos findet man in Batu Ferringhi, Autos an allen großen Hotels. Anders als in Indonesien sind die Fahrer in Malaysia sehr gesittet, so daß Malaysia ein Land zum Selberfahren ist.

# Malaysia

Chinesischer Uhrmacher in Georgetown auf Penang.

bestimmt wird. Joachim Freiherr von Brenner beschreibt die Landschaft bei seiner Ankunft im Oktober 1886 in Deli, dem damaligen Sultanssitz vor den Toren des heutigen Medan, folgendermaßen: „Langsam fuhren wir den ziemlich breiten, aber seichten, vom dicht bewaldeten Sumpflande eingesäumten Fluß hinauf, dessen Ufer Krokodile, Leguane, sowie Reiher und allerlei andere Vögel belebten ... Die Gegend machte den Eindruck einer unerschlossenen Wildnis. Den Wasserlauf begleitete zu beiden Seiten dichter Wald, und keine Spur einer menschlichen Siedlung war zu sehen." Anstelle des unberührten Waldes findet sich heute mehr als eine Million Menschen am Ufer des Flusses.

# Malaysia

### Penang – die (leicht angestaubte) Perle des Orients

Vom Hafen von Belawan, eine Stunde von Medan entfernt, legen die Fähren nach Penang ab: Schnellboote, die fast täglich in wenigen Stunden die weit über einhundert Kilometer über die Straße von Malakka zurücklegen. In kühlen, klimatisierten Räumen lenken Videos vom Schaukeln des mitunter doch beträchtlichen Wellengangs ab. Auch hier hat sich einiges seit der Reise des Freiherrn von Brenner geändert. „Es war ein übelriechendes, schmutziges chinesisches Fahrzeug, von nur 98 Tonnen Gehalt, dessen Deck mit träge herumlungernden teils rauchenden, teils spielenden oder schwatzenden Chinesen-Kulis vollgepfropft war, welche bestimmt schienen, auf den Tabakfeldern Delis zu arbeiten."

Vor Penang kommt die Gesundheitskontrolle an Bord. Sorgfältig wird jeder befragt, ob er nicht zufällig in den letzten Tagen in Afrika und Südamerika gewesen sei und ob er dann auch die vorgeschriebene Gelbfieberimpfung habe.

In der Dämmerung dürfen wir den Boden Penangs betreten. Im Hafen werden noch Fische in die Kühlhäuser gekarrt. Ich laufe hinein nach Georgetown, gespannt, ob sich der Ort seine spezielle, unverwechselbare Atmosphäre von vor Jahren bewahren konnte. Nach wenigen Metern befinde ich mich in der Stadt, schlage aufs Geratewohl eine Richtung ein, von der ich annehme, daß sie mich ins Zentrum führt. An den Mauern des alten Forts, die, obwohl sie einst die Insel beherrschten, nicht sehr eindrucksvoll wirken, drehe ich links bei. Sehr schnell verändert sich das Bild. Ich sauge gierig die Luft ein. Dieser Duft. Das ist Indien! Lila, Rosa, Türkis, Hellblau, die Farben eines indischen Tempels, unverwechselbar in ihrer naiven Intensität. Indische Restaurants, indische Straßenstände. Aber so geht es nur einige hundert Meter lang, dann befinde ich mich in Chinatown. Dieses Nebeneinander der Kulturen, chinesisch, indisch, malaiisch auf engstem Raum, ist es, was Penang so reizvoll macht. Und glücklicherweise hatten die Stadtplaner hier ein Einsehen, erbarmten sich der Stadt und setzten ihre unentrinnbaren Hoteltürme und sonstigen Unansehnlichkeiten nicht ins Zentrum der Stadt. Ich finde sogar dasselbe Zimmer wieder wie ein Dutzend Jahre zuvor. In den hohen, luftigen Zimmern des Eng Aun-Hotels scheint die Zeit stehengeblieben zu sein. Immer noch dre-

## Gunung Leuser-Nationalpark

der Wochenendausflügler Orang Utans an den Fluß, der hier die Grenze des Parks markiert. Vereinzelt kommen die Menschenaffen aus dem Wald und hängen in den Ästen, um sich mit Bananen oder Erdnüssen füttern zu lassen. Nur mit Badehose bekleidet, beobachte ich die Szene mit der Kamera. Sicherheitshalber sitze ich auf der Tasche. Ich habe keine Lust, sie in den Bäumen verschwinden zu sehen. Ein Orang Utan bleibt im Vorbeigehen bei mir stehen und umfaßt spielerisch mit seinen langen Fingern meinen Oberarm. Sanft massiert er meine Oberarmmuskeln. So richtig wohl ist mir nicht dabei. In seinen Händen steckt einige Kraft. Was tun, wenn er sich entschließt, etwas fester zu drücken? Allmählich beginnt er zu kneifen, aber noch sanft. Dann, nach einer langen Minute, habe ich die Prüfung bestanden. Er setzt seinen Weg fort, hebt dabei eine achtlos weggeworfene Zahnbürste auf, mit der er sich genüßlich den Rücken kratzt, wobei sie sich unter dem Druck fast kreisförmig verbiegt. Dann verschwindet er in einem Baum, steigt auf einen Ast, wo er verweilt, bis ihm eine Besucherin eine Banane reicht. Sorgfältig schält er die Banane – und reicht die Schale der völlig verdutzten Frau zurück, die vor lauter Staunen gar nicht weiß, wohin mit ihr. Fast meine ich ihn lachen zu sehen angesichts ihrer Verblüffung. Zweimal täglich werden die Orang Utans auf einer Plattform im Wald gefüttert, während neugierige Zuschauer sich einige Meter entfernt am Hang drängeln. Pünktlich zur Fütterung hangeln sich die Tiere aus den Bäumen hinab zur Plattform. Ein älteres Tier führt ein Junges und zeigt ihm wie einem kleinen Kind jeden Griff. Der Baum, über den sie kommen, steht inmitten der am Sonntag besonders großen Zuschauerschar. Das Kleine müßte hier herab, auf den Zaun überwechseln, aber es traut sich nicht an den Zuschauern vorbei. Behutsam und geduldig bugsiert das ältere Tier das Kleine in die gewünschte Richtung, nimmt es sorgfältig bei der Hand, zeigt ihm jede Bewegung, bis es schließlich jenseits des Zaunes die Plattform erreicht. All die Jungen, die hier auf ein Leben im Wald vorbereitet werden, sind bei illegalen Tierexporten oder in Privathaushalten beschlagnahmt worden. Immer noch ist der Export der Jungtiere ein lukratives Geschäft. Um an sie heranzukommen, erschießen die Wilderer gnadenlos die Muttertiere.

Wer tiefer in den Dschungel eindringen und die Atmosphäre eines Urwaldes atmen will, durch den auch noch Tiger streifen, findet in Bukit Lawang Führer für diese Touren. Die Chance, im dichten Urwald auf einen Tiger oder ein Nashorn zu stoßen, ist allerdings mehr als gering. Dafür durchbricht das spitze Kreischen der Gibbons immer wieder das Blätterdach. Mit etwas Glück kann man einen Blick auf die Mitglieder einer Weißhandgibbon-Familie erhaschen, die von Ast zu Ast turnen und beinahe schwerelos durch die Bäume zu gleiten scheinen.

Beinahe jeden Abend rollen schwere Gewitter vom Meer herein, toben sich über dem Fluß und den aus der Ebene aufsteigenden Bergen aus. Krachend entladen sich die Explosionen der Blitze, und für kurze Momente wird der Fluß mit seinen unter dem Trommeln der Tropfen aufspritzenden Wasser sichtbar. Der Regen trommelt ungeduldig auf die Wellblechdächer der offenen Restaurants am Fluß, trommelt sein Stakkato auf Dächer und Bäume, trommelt die Gewalt des tropischen Unwetters laut in unser Bewußtsein. Eine Stunde später herrscht wieder Ruhe über dem Fluß. Die drückend-schwüle Hitze kehrt zurück.

Medan ist nicht mehr als Durchgangsstation. Schlechte Luft, heiß, stickig, mit Abgasen verunreinigt, lastet auf der schnell expandierenden Metopole im Norden Sumatras. Die Geschichte der Stadt begann erst in den sechziger Jahren des 19. Jahrhunderts, als der Holländer Jacob Nienhuys die Eignung der fruchtbaren vulkanischen Böden zur Tabakzucht erkannte. Schon bald wurden die Zigarren-Deckblätter aus Sumatra weltberühmt, und der Aufschwung der Stadt begann, verbunden mit dem Ende des tierreichen Regenwaldes in der Ebene, die heute durch endlose Reihen von Gummibäumen und Palmölplantagen

vn Zelte für Opfergaben und Bühnen errichtet.

Die Ostküste mit ihren Traumstränden lockt. Aber vorher habe ich einen Umweg über Kuala Kangsar eingeplant. Der Bus startet pünktlich mit nur wenigen Passagieren an Bord. Die traditionelle Bauweise mit Holzhäusern auf Pfählen unter Palmen ist vor Butterworth weitgehend Industriebauten und Reihenhaussiedlungen gewichen. Der Fahrer hat die Wahl zwischen einer gut ausgebauten Straße und einer Autobahn. Die Landschaft bleibt monoton, so daß ich mich dem Video widmen kann, das auf dem Bildschirm flimmert. Erst kurz vor Kuala Kangsar wird die Landschaft abwechslungsreicher. Steile, rote Kalkfelsen ragen aus den Gummibaumplantagen hervor. Ungeniert fressen sich Maschinen in die Felsen und nagen an den Wahrzeichen der Gegend.

Kuala Kangsars „malerische" goldene Kuppeln auf Moschee und Königspalast machen den Ort auch nicht viel interessanter. Mädchen mit Kopftüchern gehen ihrem Schulsport nach, einige Angler stehen am Ufer des Perak, wo gepflegter Rasen auch den letzten Hauch Dschungelatmosphäre vertrieben hat.

Bei soviel Langeweile zieht es mich so schnell wie möglich an die Ostküste. Der *Ekspresbus* bringt mich nach Gerik, auf einer Straße, die sich kurvig durch die waldige Hügellandschaft zieht. Was bei oberflächlichem Hinsehen wie ausgedehnter Dschungel wirkt, sind allerdings nicht enden wollende Gummibaum-Plantagen. Um zwölf erreiche ich Gerik. Wie ausgestorben liegt der Ort in der prallen Mittagssonne. High-Noon Stimmung lastet über den Sträßchen. Aus einem Lautsprecher neben der Busstation dröhnt eine Stimme: „Dua lagi Tanah Mera", zwei Personen noch nach Tanah Mera, meinem nächsten Ziel. Share Taxis sind eine angenehme Einrichtung in Malaysia. Wenn ich für zwei bezahle, sagt der Fahrer, kann die Fahrt gleich losgehen. Nein danke, schließlich fährt ja auch bald der Bus. Aber es findet sich noch ein Mitreisender. Zu fünft drängen wir uns in den japanischen Mittelklassewagen. Der Komfort im Bus ist auf alle

Fälle größer. Egal, ich will nur an die Küste, etwas frische Seeluft atmen. 15 Ringgit, ca. 13 DM, kostet die Taxifahrt über 200 Kilometer, über einen gut ausgebauten Highway, der mit erheblichem Aufwand durch das gebirgige Zentrum der Halbinsel gegraben wurde. Trotz aller Befestigungen sackt die Straße an vielen Orten an den steilen Hängen nach unten. Der mit Sonnenbrille ausstaffierte Fahrer scheint es seinem Ehrgeiz zum Ziel gesetzt zu haben, auch in den langgezogenen Kurven die Tachonadel nicht unter 120 sinken zu lassen. Zu steil und zerklüftet ist hier das Gebirge, als daß es sich problemlos erschließen ließe. So ist der Urwald noch intakt. Am Straßenrand warnt ein Schild vor wechselnden Elefanten, und eine plattgefahrene Elefantenkotkugel unterstreicht den Wahrheitsgehalt des Schildes. Von Tanah Mera nach Kuala Besut, von wo die Fähre nach Perhentian ablegt, gibt es nur eine entnervend umständliche Verbindung mit vielen Stops und Buswechseln, so daß ich mich schließlich von einem Taxi auf direktem Weg dorthin chauffieren lasse. Der Taxifahrer versichert mir noch, es gäbe keine Unterkunft dort. Aber die Dinge ändern sich schnell an Orten, wo der Tourismus erstmal Fuß gefaßt hat. Und tatsächlich gibt es eine ganze Reihe kleiner Unterkünfte in dem verschlafenen Ort. Vom Hotel geht der Blick über Fischerhütten zum gelben Sand des Strandes und hinaus aufs Meer, wo einige Inseln am Horizont zu erkennen sind. Fischerboote laufen in den von einer Lagune geschützten Hafen ein. So habe ich mir die Küste erhofft.

### Inselleben

Am nächsten Morgen bringt ein kleiner Kutter mich und eine Gruppe Chinesen auf Kurzurlaub aus Kuala Lumpur hinüber nach Perhentian. Ich sitze auf dem Deck und beobachte die vorbeiziehenden Inseln, während die Küste allmählich am Horizont verschwindet. Ein perfekter Tag in der kühlenden Brise. Erst recht, als die zwei Perhentians, die große und die kleine Insel, als tropische Perlen aus dem Meer wachsen. Strahlend weißer Sandstrand und türkis leuchtendes Wasser! Irgendetwas kann hier nicht stimmen. Allzusehr erinnert die Kulisse an die Werbeaufnahmen unerreichbarer Trauminseln. Aber die Insel verschwindet auch nicht, als ich an den Strand wate. Kleine Hütten und Restaurants unter Kokospalmen empfangen mich. *That´s sweet live*. Doch einen Haken hat die Geschichte. Ich laufe mit meinem schweren Rucksack schwitzend den Strand auf und ab. Alles besetzt. Einige Reisende, die gestern angekommen sind, haben am Sandstrand genächtigt. Die Bettenzahl verdoppelt sich wohl jedes Jahr, aber die Besucherzahlen auch. Dennoch, für eine Weile hat die malaiische Ostküste noch völlig unberührte Inselchen zu bieten, auch wenn jedes Jahr auf einer weiteren Insel ein neues Resort eröffnet wird. Als ich das dritte Mal bei *Cozy* nachfrage, ist plötzlich doch ein Raum frei. Nicht ganz billig, aber die Auswahl ist zu klein, als daß Zögern erlaubt wäre. Und dann kann ich mich ins Vergnügen stürzen. Das bedeutet auf Perhentian, die Beine hochlegen, aufs klare Wasser hinausschauen und gelegentlich vor der Küste auf- und abschnorcheln und nach dem Schnorcheln wieder in eines der kleinen Lokale schauen, um *nasi goreng* oder frischen Fisch zu speisen.

Gegenüber auf Perhentian Kecil, der kleinen Insel, gibt es ein Fischerdorf. Dürre Schafe trotten am Strand entlang und durch die im Sand errichteten Warungs. Vor dem Steg liegen schaukelnd Fischerboote vor Anker. Neben dem Fischen hat der Tourismus auf der Insel gegenüber eine neue Einkommensquelle eröffnet. Der größte Teil der Belegschaft der Hotels der großen Insel kommt aus diesem Dorf morgens mit von Außenbordern getriebenen Booten zur Arbeit.
Mittlerweile gibt es in der Lagune auf Perhentian Kecil auch einige kleine Strandhotels. Dort sind auch die schönsten Schnorchelplätze zu finden. Mit etwas Glück folgt man einer Seeschildkröte, kann beobachten, wie sie elegant und schwerelos durch das Wasser gleitet, kann an den Felsen der Küste Trompetenfische und Barracudas, Korallen und Seeanemonen beobachten. Und

Perhentian Info

# Perhentian

Inseln wie aus dem Bilderbuch. Dementsprechend sind die Verbindungen noch nicht restlos erschlossen. Noch befindet sich auf den Inseln Platz für Hunderte zusätzlicher Unterkünfte. Daß die Bundesstaaten an der Ostküste besonders stark islamisch geprägt sind, wird daran deutlich, daß die meisten der Restaurants keinen Alkohol ausschenken. In der Regenzeit von Oktober bis Dezember sind die Inseln praktisch ausgestorben, und die rauhe See macht eine Verbindung schwer bis unmöglich.

### Verbindungen

Von Kuala Besut verkehren jeden Morgen Boote nach Perhentian. Das erste Boot fährt gegen neun Uhr, die nächsten – und oft letzten – zwischen zwölf und zwei. Nach Kuala Besut gelangt man von Terengganu mit dem Bus über Jerteh oder dem Share Taxi (ca. 40 Ringgit, 120 km) oder von Kota Bharu über Pasir Puteh und Jertih mit Bussen.

### Unterkünfte

In **Kuala Besut** gibt es einige kleine, aber saubere Hotels direkt im Ort, sowie ein kleines Resort mit Strandhütten südlich der Brücke und das teure, aber reizlose Primula Beach Resort in der gleichen Richtung.

Auf **Perhentian Besar** liegt das teure **Perhentian Island Resort** (Tel. 333910) mit klimatisierten Bungalows (ab 80 DM ohne aircon). Das **Coral View** liegt schön auf einer Landzunge und hat gute Schnorchelgelegenheiten direkt vor der Tür (ab 25 DM).

Das **Cozy** bietet unter den einfachen Hotels noch die komfortabelsten Hütten. Wesentlich günstiger sind die benachbarten Hütten im stimmungsvollen **Coco Hut´s** für ca. 10 DM. An diesem Teil der Insel gibt es die meisten der günstigen Unterkünfte.

Zwischen Cozy und dem Isabella Coffee Shop gibt es eine gute Auswahl an preiswerten Restaurants.

Unterkünfte auch in der Lagune auf Perhentian Kecil.

**Tauchgelegenheiten** siehe Kapitel Tauchen in Westmalaysia.

**Achtung:** in den Ostküstenstaaten Kelantan und Terengganu ist Freitag der wöchentliche Feiertag. Banken schließen am Donnerstag um 11 Uhr 30 und öffnen erst am Samstag wieder.

---

wem das nicht reicht, der hat in mehreren Tauchschulen die Möglichkeit, einen Tauchkurs zu machen und zahlreiche Tauchplätze rund um die Inseln zu besuchen.

Ein Bootsausflug mit der chinesischen Gruppe bringt mich nach Pulau Rendang, knapp zwei Stunden Fahrzeit entfernt. Wie um Perhentian ist auch um Rendang das Meer Meeresschutzgebiet. Billige Unterkünfte gibt es noch nicht, und auch die Resorts auf dieser und den Nachbarinseln sind neu bzw. noch im Entstehen. Aber es ist nur eine Frage weniger Jahre, bis die Nachfrage nach unberührten Inseln auch hier neue Strandhütten entstehen läßt. Auf Redang leben ebenfalls Fischer, die ihrem Lebensunterhalt r weiterhin auf dem Meer nachgehen, ungeachtet des Schutzgebietes, das sie sicherlich nicht gefordert haben. Am Hauptquartier der Naturschutzbehörde tummeln sich Tausende kleiner Fische im Wasser, bunte Wolken, die das Wasser aufquirlen, sobald ein Schwimmer Kekskrümel ins Wasser streut. Wir schwimmen die Küste entlang. Harmlose, kaum mehr als einen Meter lange Blacktip-Haie tauchen unter uns blitzschnell in die Tiefe an der abfallenden Küste ab und verlieren sich erst nach zwanzig bis dreißig Metern im blauen Dunst des Wassers. Unter den Überhängen einer drei bis vier Meter vom Boden aufragenden Korallenknolle sitzen einige fette, mißmutige Grouper, gar nicht erfreut über die Taucher, die da in ihr Wohnzimmer eindringen.

# Die Ostküste hinab

**Terangganu**

Irgendwann muß ich aber doch weiter. Mein Geld ist auch zu Ende. Terangganu erreiche ich an einem Donnerstagmittag. Auf direktem Weg mache ich mich auf zur nächsten Bank. Viertel vor zwölf stehe ich vor der Tür. Pech gehabt, ab elf Uhr dreißig ist Wochenende, wird mir bedeutet. Am Samstag gibt es wieder Geld. Ich probiere die nächste Bank. Die hat noch ein paar Minuten offen – aber das Limit an Geldwechselgeschäften für diese Woche sei schon erreicht. Leider nichts zu machen. Die nächste Bank um die Ecke hat auch schon geschlossen. Eine Kleinigkeit, die man leicht vergißt, ist, daß das Wochenende in den beiden Bundesstaaten Kelantan und Terangganu anders als in den restlichen malaiischen Staaten auf Donnerstag und Freitag liegt. Außer seinem modernen Viertel, in dem die Banken und Fastfood-Restaurants liegen, hat Terangganu auch noch einige verschlafene Seitenstraßen zu bieten, sowie Pulau Duyong, eine Insel gegenüber der Stadt, auf der bis heute Boote in traditioneller Weise gebaut werden.

Nur 15 Kilometer weiter südlich lockt der nächste Badeort an der mit endlosen Sandstränden gesegneten Küste. Noch ist Marang ein kleines Fischerdorf mit wunderschönem Naturhafen. Etwas südlich außerhalb des Örtchens mit seinen bunten Fischerbooten und Gestellen, auf denen Fische und Tintenfische in der Sonne trocknen, liegen die kleinen Häuschen der Hotels.
Vor der Küste lockt die Silhouette von Pulau Kapas im sonnenglänzenden Meer. Ein weiteres kleines Paradies für Taucher und Schwimmer.

Ein Stückchen landeinwärts befindet sich der größte Stausee Südostasiens, der Tasek Kenyir, ein Anziehungspunkt für Angler. Nur per Boot läßt sich der See erkunden, der ein weitläufiges Netz von Tälern überflutet hat.
40 Kilometer südlich von Merang liegt Rantau Abang, ein 19 Kilometer langer Küstenabschnitt, den jährlich zwischen Februar und Oktober Lederschildkröten besuchen, um ihre Eier im Sand zu vergraben. Vor allem im Juli und August gehen die Riesenschildkröten hier an Land. Um die Schildkröten zu schützen, werden die Eier eingesammelt und künstlich ausgebrütet. Die Schildkröten gehen nachts an Land. Der Schaulustige muß unter Umständen einige durchwachte Nächte durchmachen, bis er in den Genuß des Schauspiels kommt, wie sich eine riesige Schildkröte mühsam den Strand hinaufschleppt. Einige der Hotels vor Ort ersparen den weniger abenteuerlustigen Gästen das Warten und wecken sie, sobald eine Schildkröte gesichtet wird.
Die Küste entlang nach Süden folgt ein verschlafener Fischerort dem anderen. Überall das gleiche Bild: Fische, die auf Gestellen in der Sonne trocknen, kleine Marktflecken, bunte Fischerboote, die bei Ebbe auf dem Kiel liegen. Hin und wieder trifft man auf neue Hotels, die man bald überall entlang der Küste finden wird.
Dann ab Kerteh ein plötzlicher Wechsel im gewohnten Bild. Industrieanlagen verdrängen die Fischerdörfer. Überall werden neue Anlagen vorbereitet. Die Ölindustrie hat einen ca. 40 Kilometer langen Küstenabschnitt in Beschlag genommen. Danach wieder das gewohnte Bild, bis die Straße die Grenze zum Nachbarbundesstaat überschreitet.

**Pahang**

Pahang ist der größte Bundesstaat in Westmalaysia – und touristisch der vielleicht interessanteste. Ohne Zweifel jedenfalls, was die Landschaft angeht. Neben der Küste sind es hier vor allem die Berge und hoch gelegenen Gebiete, wie die Cameroon Highlands, sowie die endlosen, von dichtem Regenwald bedeckten Gebiete.

Erster Badeort in Pahang ist Cherating. Entlang der „Hauptstraße" reiht sich ein Hotel an das andere. Zumeist werden kleine Holzhäuschen auf Stelzen angeboten. Entlang einer langgestreckten Bucht zieht sich ein langer, breiter

Fischerjungen in
Kuala Besut.

Ostküste Info

# Terangganu

### Unterkünfte

**Kuala Terangganu:** Es gibt ein Luxushotel, das **Primula Beach Resort** (Tel. 622100) mit Swimmingpool und Tennisplatz (ab ca. DM 150) am Stadtrand, sowie einige mittlere und billige Unterkünfte in der Stadtmitte. Ein beliebtes Hotel der billigen Kategorie ist das **Pink Anchorage** (Tel. 620851).

**Marang und Kapas:** Neben dem Mittelklasse-Resort Beach House (Tel. 682403) gibt es einige billige Unterkünfte in Marang.
Auf Kapas gibt es ein **Primula Island Beach Resort** (Tel. 633360) mit Tauchstation (Häuschen ab ca. DM 80) sowie billige Palmdachhütten.

**Rantau Abang:** Das **Rantau Abang Visitor Center** (Tel. 842653) liegt an einer Lagune mit Häusern im malaiischen Stil (ab DM 60 in der Saison); ebenfalls schön das Tanjung Jara Beach Hotel (Tel. 841801, ab ca. DM 120). Preiswerte Unterkünte in der Nähe des Informations Centers.

**Kenyir Stausee:** Kenyir Lake Resort (Tel. 09/950609) bietet Hausboote auf dem See (ab ca. DM 70). Außerdem einfache Unterkünfte auf der Terenggan-Insel.

**Merang:** 25 km nördlich von Terengganu liegt Merang, nicht zu verwechseln mit dem südlich gelegenen Marang. In Merang gibt es einfache und mittlere Unterkünfte.

**Pulau Rendang** liegt mehr als zwei Stunden mit dem Boot vor Merang. Die Insel ist von Merang, von K. Terengganu oder auch von P. Perhentian aus zu erreichen. Einige Resorts auf Rendang und den benachbarten Inseln sind im Entstehen und wahrscheinlich ab 1995 in Betrieb. Billige Unterkünfte werden sehr schnell nachziehen.

# Pahang

### Unterkünfte

**Cherating:** Viele bunt gemischte, zumeist einfache kleine Hotels mit Palmdach-Hütten. **Green-Leaves** liegt am Fluß mit zwischen Bäumen versteckten einfachen Hütten. Das Kampung Inn und Oni Motel bieten etwas komfortablere Hütten bzw Räume. Nördlich von Cherating liegt an einem Privatstrand ein **Club Mediterranee** (09/513133). Ebenfalls gepflegt die malaiischen Bungalows des **Cherating Holiday Villa** (Tel. 09/508900).

**Kuantan:** Die günstigsten Unterkünfte bietet das **Hotel On Heng** mit angestaubtem Charme. Mittelklasse bieten das **Samudra Hotel River View** (09/522707) und das **Classic Hotel** (Tel. 09/554599). Luxus bieten das **Hyatt** (Tel.09/522388) und das **Merlin Inn Resort** (Tel. 09/522388) mit Chalets am Meer.

**Pulau Tioman** siehe S. 102.

---

Sandstrand. Und wer nicht den ganzen Tag am Strand verbringen will, kann hier Unterricht im Batikmalen nehmen. Fünf Kilometer weiter nördlich kommen Schildkröten von Mai bis September an den Strand. Allerdings sind es nicht die riesigen Lederschildkröten, sondern eine kleinere Spezies.

Kuantan ist ein lebhafter Ort, die Hauptstadt des Bundesstaates Pahang. Die Stadt hat nicht viel zu bieten, ist aber ein Verkehrsknotenpunkt, an dem man die Wahl hat, der Küste weiter in Richtung Johor zu folgen, um die Inseln um Tioman anzusteuern, oder aber landeinwärts zum Taman Negara zu fahren bzw. auf die Westseite hinüberzuwechseln, um Kuala Lumpur oder Malakka zu erreichen.

### Der älteste Regenwald der Erde

Trotz jahrzehntelangen Raubbaus an den Regenwäldern bedecken sie immer noch ungefähr 60 Prozent der Halbinsel. Die Flachlandregenwälder

**Taman Negara Info**

sind endlosen Gummi-Plantagen und in neuerer Zeit Palmölpflanzungen gewichen. An anderen Stellen sorgte die Holzgewinnung für empfindliche Kahlschläge am Regenwald. Erst in letzter Zeit stellt sich eine verstärkte Sorge über das Naturerbe ein, und große Nationalparks mit unberührtem Dschungel wurden geschaffen.

Der *Taman Negara* (Garten des Landes) bietet noch Flachlanddschungel mit seiner unvergleichlichen Artenvielfalt. In diesem Urwaldgebiet findet man neben Tausenden von Pflanzenspezies auch Elefanten, Tapire, Wildschweine und Hirscharten.
Oberhalb des Flachlanddschungels findet sich der weniger dichte Hügelwald, bevor dieser dann ab ungefähr 800 Meter Höhe in den nebelverhangenen und geheimnisvoll wirkenden Bergregenwald übergeht.

Der Taman Negara ist nur mit dem Boot über den Sungai Tembling zu erreichen. Beinahe sechzig Kilometer sind auf dem Fluß zurückzulegen, bis in Kuala Tahan das Hauptquartier erreicht ist. Schon 1937 wurde der Park errichtet, so daß das Gebiet bis heute von störenden Einflüssen verschont geblieben ist. Da das Zentrum des Parks der höchste Gebirgszug Westmalaysias ist, sind auch die Flüsse, die sämtlich aus dem Park herausfließen, noch völlig unverschmutzt. Wer durch den Dschungel laufen will, muß sich bewußt darüber sein, daß Tierbeobachtung im dichten Regenwald ein äußerst schwieriges Unterfangen ist. Man kann Tage durch den Urwald laufen, ohne mehr als einen Vogel zu sehen. Dafür ist der Regenwald mit seinen Pflanzen schon ein Erlebnis für sich. Riesige Bambusstauden und Baumfarne, Hunderte verschiedener Baumarten, die bis zu achtzig Meter hoch aufragen, Kannenpflanzen, die davon leben, daß sie Insekten in ihrem kannenförmigen Bauch verdauen, Pilze, die am Boden des Waldes leben und im Dunkeln glühen, Hunderte von Orchideenarten und das Kreischen von Affenfamilien in den Baumwipfeln sind auch ohne Tierbegegnungen eindringlich genug.

---

# Taman Negara

Im Park sind Wanderungen von wenigen Stunden bis zu vielen Tagen möglich. In der Regenzeit ist der Park vom 15. November bis 15. Januar geschlossen. Unterwegs gibt es Schutzhütten, allerdings keine Verpflegung oder Kochmöglichkeiten, so daß man seine Tour im voraus sorgfältig planen muß. Im Hauptquartier kann Campingausrüstung gemietet werden. Schutzhütten im Park, Unterkünfte für Angler und Bootsfahrten im Park sind ebenfalls dort zu buchen. Informationen und Buchungen über das Department of Wildlife and Nationalparks, Kuala Lumpur (Tel. 03/905287, Fax 03/9052873), oder im Tourist Information Complex, Park Booking Officer (Tel. 03/2610393), Jalan Sultan Ismail, Kuala Lumpur. Buchungen sind auch vor Ort im Hauptquartier möglich, in der Hauptreisesaison aber weniger zu empfehlen.

### Anreise
Jerantut ist der Ausgangspunkt, um nach Kuala Tembling und von dort in den Park zu gelangen. Es besteht täglich Busverbindung von Kuala Lumpur, Kuantan und Kota Bahru. Jerantut ist außerdem per Zug zu erreichen. Von Kota Bharu benötigt der Zug 8 Stunden, von Singapur knapp 12 Stunden. Er hält auch in Tembling (wenn man den Stop anmeldet), eine halbe Stunde zu Fuß von der Bootsablegestelle. Das Boot fährt um 9 Uhr und um 14 Uhr von Kuala Tembeling (Anmeldung Tel. 09/262284).

### Endau Rompin
Dieses Gebiet im Süden von Pahang an der Grenze zu Johor ist als Nationalpark erst im Entstehen. Touren können in KL gebucht werden, preiswertere Trips findet man auch von Cherating aus.
Im Reservat lebt die größte Population des vom Aussterben bedrohten Sumatra-Nashorns.

Begegnungen mit Schildkröten sind in malaiischen Gewässern keine Seltenheit.

# Tauchen an den Küsten Malaysias

Die Ostküste Malaysias bietet Tauchern, solchen, die es werden wollen, und Schnorchlern vielfältige Angebote. Selbst den Schnorchlern und Tauchanfängern eröffnen sich grandiose Einblicke in eine farbenprächtige Unterwasserwelt, die oft schon am Strand beginnt. Ein Tauchkurs, der fast überall angeboten wird (meistens PADI-OPEN-WATER in 4–5 Tagen), kann so, neben der Lernerei, auch zum Erlebnis ganz besonderer Art werden: Man sieht bizarre Korallen, exotische Fische in allen vorstellbaren und unvorstellbaren Farben und Mustern, mächtige Napoleonfische mit ihrem charakteristischen Horn an der Stirn, Zackenbarsche, Grouper, Papageienfische, Schwärme von Barrakudas und kleine Tintenfische. Natürlich gibt es auch Haie, aber keine Bange, es sind meist kleine, scheue Riffhaie, die selber mehr Angst haben als die Taucher. Noch interessanter sind die Schildkröten, die man während ihrer Laichzeit zwischen Mai und Oktober häufig antreffen kann (Kleiner Tip : Nie von hinten antauchen, sonst sind sie schneller weg, als du denkst). Aber auch der Blick ins Detail lohnt sich. Phantastisch kolorierte Nacktschnecken, bizarre Spiralröhrenwürmer, Meister der Tarnung wie den Octopus und den Stachelrochen oder versteckt unter Felsen lebende Hummer kann man mit etwas Übung entdecken.

Tauchen an der Ostküste ist von Mai bis September empfehlenswert. Wenn im Oktober der Nordostmonsun einsetzt, wird die Sicht extrem schlecht und die See sehr ungemütlich. An der Westküste sieht es anders aus. Prinzipiell ist dort

Tauchen das ganze Jahr über möglich, während in der Zeit des Südwestmonsuns von März bis September gelegentliche Niederschläge die See unruhig werden lassen.
Weitere Gefahrenquellen stellen die Gezeiten, Strömungen und schnelle Wetterwechsel dar, die ohne genaue Kenntnis der örtlichen Gegebenheiten lebensgefährlich werden können. Deshalb halte man sich an die ausgebildeten Tauchlehrer, die auch über giftige und gefährliche Meeresbewohner aufklären.

Steinfische (ich habe einen sogar mal an der Oberfläche schwimmen sehen) und *marine stingers* (eine Quallenart) übertragen bei Berührung Nervengifte. Also Vorsicht! Doch das hört sich alles schlimmer an, als es in Wirklichkeit ist. Steinfische sieht man selten, weil sie Meister der Tarnung sind, und Quallen haben wir nur einmal erlebt.
Leider ist Malaysias Küste schon lange nicht mehr der Geheimtip für Taucher. Das bietet allerdings den nicht unerheblichen Vorteil einer großen Auswahl an Tauchbasen und Tauchtrips. Auch über die Preise läßt sich reden, besonders wenn man außerhalb der Saison kommt oder mehrere Tage bleibt. Zwei Tauchgänge kosten zwischen 80 und 120 Ringgit.
Es ist üblich, nur in Shorties zu tauchen. Falls einem kalt werden sollte, bestehe man auf einem Long John, auch wenn die Tauchschulen vorgeben, sie hätten keinen. Denn frierend zu tauchen macht keinen Spaß. Die Tauchlehrer selbst haben auch alle lange Anzüge. Warum wohl? Für Schnorchler sind Sonnencreme und ein T-Shirt ein Muß!

Malaysia Unterwasser Info

# Tauchen und Schnorcheln

Malaysia hat die Gewässer um einige wichtige Inselgruppen zu Marineparks erklärt. Dort ist verboten:
Ankern an und über Korallenbänken (machen trotzdem fast alle!);
Wasserski laufen und Speedboote; Fischen, Harpunieren und das Mitbringen von Waffen; das Sammeln von Korallen und Meerestieren! Abfälle zu hinterlassen!

Leider hält man sich nicht allzu streng an diese Verbote. Touristen und Einheimische gleichermaßen haben die Einzigartigkeit dieser Unterwasserwelt noch nicht richtig schätzen gelernt. Es bleibt nur zu hoffen, daß sich das in Zukunft ändern wird.

Im folgenden werden die Inselgruppen kurz vorgestellt.

Westküste :
KEDAH: Payar, Segantang, Kala, Lembu, Singa Besar, Beras Besar.
Ostküste :
TERENGGANU: Perhentian, Redang, Kapas, Tenggal, Lang Tengah, (Ekor, Tebu, Ling, Pinang, Lima).
JOHOR: Sibu, Tengah, Tinggi, Besar, Rawa, Hujung.
PAHANG: Tioman, Chebeh, Tulai, Sembilang, Seri Buat.

# Kedah

**Payar** ist die wichtigste Insel der kleinen Gruppe 40 km südlich von Langkawi. Deren Inseln sind alle unbewohnt und die Gewässer bereits seit 1985 Marinepark.
Am Südteil von Payar liegt ein großartiger Korallengarten, der weit in die Tiefe reicht. Die Sicht kann bis zu 30 Metern betragen. Die vielfältige Unterwasserfauna bezieht die unterschiedlichsten Riffbewohner mit ein. Seesterne, Schnecken, die farbenprächtigen Fischschwärme und die mannigfaltigen Korallenbänke bieten einen atemberaubenden Anblick. Selbst Schnorchler kommen hier auf ihre Kosten. Auch Trips zu den anderen Inseln lohnen sich – verhandeln!
**Singa Besar** und **Beras Besar** liegen direkt vor Langkawi und bieten sich zu Schnorchel- oder Tauchtrips an.

### Unterkünfte und Anreise
Auf Payar befinden sich lediglich Quartiere der Mitarbeiter des Fischerei-Departments, ansonsten ist die Insel, wie auch die anderen, unbewohnt. Zelten ist erlaubt, ein Permit des Fischerei- Departments ist erforderlich. Ein Informationskiosk, Picknickplätze und Toiletten sind vorhanden. Wasser ist knapp. Inzwischen kann aber auch schon ein Resort oder ein kleines Hotel gebaut worden sein. Vorher erkundigen lohnt sich. Auch Kreuzfahrten über mehrere Tage sind möglich.

### Verbindungen
Von Penang im Süden (4–5 Std Bootsfahrt); von Langkawi im Norden (ca. 1 Std); vom Festland (Kuala Kedah 1 Std ca.10 DM, oder Kuala Perlis 45 min ca. 8 DM).

# Terangganu

**Perhentian** ist schon lange nicht mehr der Geheimtip für Urlauber und Taucher. Aber es hat sich trotz der Enge noch das Flair eines Tropenparadieses bewahrt. Üppige Vegetation, lange Strände und klares Wasser laden zum Träumen ein.
Zur Zeit gibt es dort drei Tauchbasen, die die vielfältigen Tauchplätze rund um die beiden Inseln anfahren. Je nach Wetterlage und Gezeiten hat man hier bis zu 25 Meter Sicht. Die Tauchgänge gehen selten tiefer als 20 Meter und bieten die volle Palette der tropischen Unterwasserwelt. Von den Stränden aus sind die Reste ehemals

# BORNEO BOOTSFAHRTEN

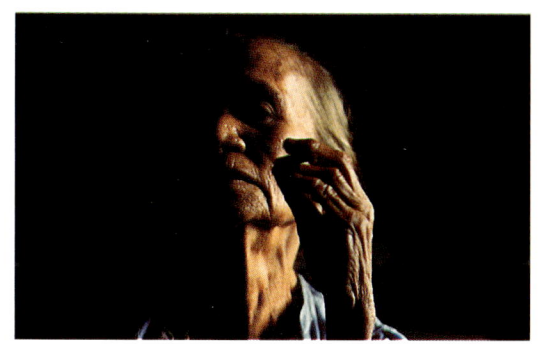

Borneo liegt abseits der Rennbahnen des Tourismus. Die Insel gilt immer noch als schwer zu bereisen. Dabei ist kaum bekannt, daß Sabah eine ausgezeichnete Infrastruktur besitzt, dazu schöne Strände und wunderbare Landschaft – nicht nur rund um den Kinabalu. Und auch in Kalimantan muß der Reisende nicht unbedingt durch dampfenden Dschungel laufen – aber immerhin besteht hier noch die Möglichkeit, in wochenlangen Wanderungen die eigenen Grenzen zu finden. Reisen in Borneo ist heute weniger eine Frage des Abenteuers als vielmehr der Geduld und Zeit, die der Besucher mitbringt.

**Malaysia Unterwasser Info**

man problemlos schnorcheln kann und atemberaubende Einblicke in die Unterwasserwelt erhält.

Tioman ist touristisch sehr gut erschlossen. Jedes Jahr schießen neue Bungalows und Hotelanlagen wie Pilze aus der Erde. Auch die Nähe zu Singapur macht es zum bequemen Ausflugsziel am Wochenende und an Feiertagen. Wer die Einsamkeit sucht, ist hier fehl am Platz. Doch es gibt sie noch, die einsamen Buchten, zu Fuß oder mit dem Boot erreichbar oder bei einem der Tauchtrips in der Mittagspause anzulaufen. Tauchbasen sind im Tioman Island Resort und im Kampung Salang (Ben's Diving Center nahe der Jetty oder Dive Asia hinter den Salang Indah Bungalows Richtung Ella's Place). Durch Verhandlungsgeschick lassen sich sehr günstige Angebote erzielen. Auch Tauchtrips zu den etwas weiter entfernten Inseln Sembilang und Seri Buat lohnen sich.

### Verbindung/Unterkunft

Tioman ist einfach zu erreichen. Mit der Fähre von Mersing (1,5 Std für 30 MYR hin und zurück) oder von Singapore (4,5 Std für 120 MYR hin u. zurück). Tioman besitzt einen kleinen Flughafen in Tekek (Fluglärm!), der täglich von Kuala Lumpur, Kuantan und Singapur angeflogen wird.

Auf der Insel gibt es Unterkünfte für jeden Geldbeutel. Kleine Boote, sogenannte Water Taxis, bringen die Gäste für ein paar Ringgit zu den einzelnen Kampungs.

## Johor

Die Inseln vor der Küste Mersings laden alle gleichermaßen zum Tauchen und Schnorcheln ein. Über wie unter Wasser breitet sich die tropische Fülle in all ihrer Farbenpracht und Üppigkeit aus. Aufgrund der Küstennähe liegt die Sicht zwischen Mai und Oktober (beste Tauchzeit) bei ca. 15 Metern. Wegen der Nähe zu Singapur sollte man an Wochenden und Feiertagen rechtzeitig buchen.

### Unterkunft und Anreise

Außer Metinggi und Hujung verfügen alle Inseln über Unterkünfte, wenn auch nicht immer sehr komfortabel.

In ca. 3 Stunden ist man von Johor Bahru in Mersing. Von Mersing aus operieren praktisch alle Boote zu den vorgelagerten Inseln. Der Preis für die Hin- und Rückfahrt mit dem Boot beträgt ca. 10–20 MYR.

---

Vorangegangene Seiten:
S. 99: Ein Fischerboot läuft im Naturhafen von Kuala Besut ein. Ein großer Teil der Bevölkerung an der Küste lebt nach wie vor vom Fischreichtum des Meeres.
S. 100/101: Ein Schwarm Glasbarsche. Die Vielfalt der Fischarten in den Gewässern Malaysias ist immer wieder verblüffend.

blühender Korallenriffe beim Schnorcheln zu bewundern.

Ausflüge zu den kleineren Inseln (Ekor, Tebu, Ling, Pinang, Lang Tengah und Lima besonders für Schnorchler) und Redang lohnen sich.

Auf Perhentian Kecil befindet sich die Tauchbasis **Turtle Bay Divers** (Tel.010/336647) neben der D' Laggoon Lodge. Man wird auch morgens von Perhentian Besar abgeholt. Auf Perhentian Besar gibt es die **ABC-Divers** am Hauptstrand und im Island Resort eine weitere Basis, die etwas teurer ist.

Die Nachbarinsel **Redang** beherbergte ursprünglich nur ein Fischerdorf auf Stelzen – sehenswert. Inzwischen hat auf der Insel rege Bautätigkeit eingesetzt. Das hat seinen Grund in den kristallklaren Gewässern rund um die Insel. Die Tauchplätze bieten Felsen und Korallenbänke mit atemberaubendem Fischreichtum. Die Sicht beträgt gut 30 Meter. An einer kleinen Marineparkinsel, gegenüber dem Fischerdorf, werden für die faulen Schnorchler auch Fische angefüttert. Das Gedränge und Geschnappe im brodelnden Wasser kann ganz spaßig sein, doch wesentlich interessanter war es nur wenige 100 Meter weiter, wo wir beim Schnorcheln träge Riffhaie, Schildkröten und riesige Grouper beobachten konnten. Etwas abseits der Massen lohnt sich immer!

Inzwischen wird es in den neugebauten Hotels und Resorts auch einige Tauchbasen geben.

**Pulau Kapas** ist sehr klein und gedrängt, aber immer noch schön. Die Tauchbasen sind bis auf eine alle auf die Insel gezogen. Nur **Zali's Boating und Marine Sports** ist noch in Marang, direkt neben dem Bootsanleger. Die Tauchgründe sind sehr vielseitig und einfach zu betauchen. Bei Wetterumschwüngen und geänderten Strömungen kann die Sicht nahe der Insel extrem schlecht werden. Auch die unangenehmen Feuerqallen (jelly fish) treten dann auf. Vorher erkundigen.

Die Felseninsel **Tenggol** vor Kuala Dungun bietet absteigende Riffe, die interessante Tauchtörns ermöglichen. Auf der Westseite kann man sich an den weißen Stränden auf der unbewohnten Insel ausruhen.

### Verbindung/Unterkunft

Zwischen Kota Bahru und Kuala Terengganu liegt der Fischerort **Kuala Besut** mit regelmäßigem Fährverkehr nach **Perhentian** (siehe S. 91). Nach **Redang** kommt man von Kuala Terengganu (MYR 50, Dauer 3 Std), von Kuala Besut (MYR 40, 1 Std 45min) und von Marang (MYR 30, 1 Std). Auf der Insel gibt es inzwischen ein Resort und mehrere Hotelanlagen.

**Pulau Kapas** liegt direkt vor der Küste Marangs und ist von dort aus für MYR 15 in 30 min zu erreichen. Auf der Insel gibt es Unterkünfte aller Preisklassen von A-förmigen Hütten bis zu Bungalows (incl. des neuen Kapas Island Resort).

Tenggol ist von Kuala Dungun aus zu erreichen. Dort gibt es einfache Unterkünfte und erstklassige Strandhotels, die auch Bootsfahrten nach Tenggol arrangieren. Preise müssen erfragt werden. Auch längere Bootstouren sind möglich.

# Pahang

Ein wunderschöner Marinepark im Seegewässer um die Insel **Tioman** ist der Küste Pahangs vorgelagert. Die tropische Trauminsel mit ihrem über 1000 m hohen Wahrzeichen, der Doppelbergspitze, an der sich schon im 7. Jahrhundert die Seefahrer orientiert haben, bietet über und unter Wasser eine Vielzahl an Attraktionen. Sie war auch Drehort für das Hollywood-Musical „South Pacific". Die Unterkünfte des Drehteams bildeten den Anfang des heute luxuriösen Tioman Island Resort.

Die vielen kleinen Inseln und das kristallklare Wasser locken mit ihren Riffen und ihrer Farbenpracht. Die Sicht kann durchaus bis zu 30 m betragen. Die vielen Tauchplätze bieten eine schier endlose Auswahl an unterschiedlichen Tauchtrips. Besonders hervorzuheben ist das strandnahe Riff in der Bucht von Salang, an dem

# Borneo

Borneo ist die drittgrößte Insel der Erde nach Grönland und Neuguinea. Eine Insel, die weitgehend außerhalb unserer Vorstellungswelt liegt: ein riesiger, undurchdringlicher Dschungel, fern allen modernen Einflüssen. Kopfjäger, halbnackte Wilde die mit ihren Giftpfeilen jeden Eindringling töten, der es wagen sollte, in ihre finsteren Waldgebiete vorzudringen, deren Boden die Sonnenstrahlen kaum je erreichen. Vielleicht haben auch die Romane Joseph Conrads zu dieser Vorstellung von Borneo in unseren Köpfen beigetragen.

Borneo „ist überschwenglich reich an Naturschätzen wie an seltsamen Offenbarungen des Menschenlebens, ein naturfrisches Tropenland und gleichwohl längst nicht mehr ein 'unerschlossenes Gebiet', wie man es bei uns in Deutschland hie und da noch zu glauben pflegt." Dieser Satz ist nicht mehr ganz taufrisch. Er stammt aus der Einleitung von „Unter den Kannibalen" auf Borneo. Der Titel verrät es, das Buch ist etwas älter, ist über 110 Jahre alt. Und dennoch, an unseren Vorstellungen von Borneo hat sich seit dieser Zeit kaum etwas geändert. Die Entwicklung, die gerade in diesem Teil der Erde rasend schnell vonstatten geht, wird nicht zur Kenntnis genommen. Schon die Tatsache, daß sich drei Staaten Borneo teilen, ist den wenigsten bekannt. Neben Indonesien, das zwei Drittel seiner Fläche beansprucht, gehören Teile Borneos auch noch zu Malaysia und dem Sultanat Brunei.

Auf knapp 750 000 qkm leben um die 10 Millionen Einwohner, davon die meisten an der Küste. Damit ist Borneo sehr dünn besiedelt. Alfred Russel Wallace, einer der bekanntesten Naturforscher, wunderte sich Mitte letzten Jahrhunderts über die Bevölkerungsentwicklung auf Borneo – damals allerdings unter umgekehrtem Vorzeichen. „Wieso sind die Dayak-Dörfer so klein und liegen so weit auseinander, während noch 9/10 des Landes mit Wald bedeckt sind? Von allen Ursachen der Bevölkerungsabnahme unter wilden Nationen, die Malthus nennt – Hungersnot, Krankheit, Krieg, Kindermord, Unsittlichkeit und Unfruchtbarkeit der Frauen – scheint er die letztgenannte als die wenigst wichtige anzusehen ...; und doch scheint sie mir die einzige zu sein, die den Stand der Bevölkerung unter den Sarawak-Dayaks erklären kann. Die Bevölkerung Großbritanniens wächst derart, daß sie sich in etwa 50 Jahren verdoppelt. ... wir wissen ja, daß Familien mit sieben oder acht Kindern gewöhnlich und mit zehn und zwölf durchaus nicht selten sind. Aber ich erfuhr durch meine Nachforschungen bei fast jedem Dajak-Stamm, den ich besuchte, daß die Frauen selten mehr als drei oder vier Kinder bekommen." Vielleicht täten wir gut daran, beim ratlosen Blick auf das Bevölkerungswachstum anderweitig gelegentlich daran zu denken, daß wir unseren Stand der Überbevölkerung schon längst erreicht haben. Ein Gedanke, der damals noch nicht aufgetaucht war. Wallace kommt auch zu einer Lösung des Problems der Unterbevölkerung: „Wenn seine (des männlichen Dajak) Bedürfnisse wachsen und sein Geschmack sich verfeinert, so werden die Frauen mehr Haushaltspflichten zu erfüllen haben und aufhören, Feldarbeit zu machen ... Dann wird die Bevölkerung sich sicher rascher vermehren."

**Brunei**

Das ehemals britische Nordborneo gehört bis auf eine kleine Enklave zu Malaysia. Eingeschlossen von der Südchinesischen See und Sarawak liegen an der Nordküste Borneos die zwei durch ein schmales Stück Malaysia voneinander getrennten Teile des Sultanats Brunei, kaum mehr als zwei verschwindend kleine Flecken auf der Weltkarte – und einer der reichsten Staaten der Erde. Erst vor einigen Jahren entließen die Briten Brunei in die Unabhängigkeit – die bei den Einwohnern gar nicht unbedingt erwünscht war. Die eigentlich logische Union mit Malaysia wurde vermieden, denn sonst hätte Brunei die reichlich sprudelnden Ölquellen mit den malaiischen Brüdern teilen müssen. Die Bürger Bruneis können so ihren Wohlstand genießen. Es herrscht Steuerfrei-

# Borneo

heit, die Gesundheitsversorgung ist umsonst, und die Arbeit wird in der Hauptsache von Gastarbeitern erledigt. Allerdings können sich die zahlreichen Chinesen und Inder nicht dieser Vorteile erfreuen. Ihnen ist der Zugang zur Staatsbürgerschaft verwehrt – was zu begreiflichem Unmut führt.

Der Sultan sorgt für einen tadellosen Lebenswandel seiner Untertanen. Alkohol, Glücksspiel und Prostitution sind verboten. Aber auch für sich selbst sorgt der Sultan. Er gilt als der reichste Mann der Welt und ist eines der wenigen Staatsoberhäupter, die einen Jumbo-Jet zu ihrer persönlichen Verfügung haben. Zudem lebt er im größten bewohnten Palast der Welt mit 2500 Zimmern. In den klimatisierten und mit Mosaiken ausgelegten Ställen stehen dreihundert Pferde, für deren Bewegung ausländische Bewegungstherapeuten sorgen müssen. Kein Wunder bei nur zwei Reitern.

In Brunei beginnt unsere Reise. Wir nehmen unsere Fahrräder in Empfang, zwei große Kartons, die bereits am Flughafen in Frankfurt die Bemerkung provoziert hatten, daß wir wohl Fertighäuser mit uns führten. Außerdem stapeln sich acht Fahrradtaschen und das Handgepäck rings um uns. Der Flughafen ist klein, ordentlich und modern. Ein Bus oder Taxi wäre angenehm. Aber ersterer ist nicht in Sicht, und von letzterem bräuchten wir gleich mehrere. Da die Taxis im Wohlstandsstaat Brunei zudem teuer sind, beschließen wir, unsere Fahrräder vor Ort zu montieren, was vor dem Flughafen auch völlig ungestört vor sich geht. Keine staunende Menge umsteht uns, kein Händler versucht, uns seine Waren aufzudrängen. Brunei scheint „out of Asia" zu sein. Schließlich radeln wir – weit und breit die einzigen Fahrradfahrer – auf einer breiten Ausfallstraße an gepflegten Bungalowsiedlungen entlang in Richtung Zentrum der Hauptstadt Bruneis, Bandar Seri Begawan. Die Hotelsituation in Brunei ist dramatisch, Zimmer ohne Aircondition und Fernseher scheinen nicht gefragt zu sein, Doppelzimmer unter 90 Mark sind nicht verfügbar. Einzige Ausnahme ist – falls geöffnet – die Jugendherberge mit nach Geschlechtern getrennten Schlafräumen. Zuviel für uns nach dem anstrengenden Flug.

Touristisch gehört Brunei nicht zu den Höhepunkten der Welt. Die Hauptstadt ist größtenteils modern. Lediglich der *Campung Ayer* am Fluß, der auf Stelzen erbaute alte Stadtteil, lockt zu einem Besuch. Aber auch dieser Rest der alten Stadt und Kultur in Darussalam ist dem Sultan ein Dorn im Auge.

Große Teile sind bereits abgerissen, um modernen Gebäuden Platz zu machen. Hinter den Resten des Campungs glänzen die goldene Kuppel der neuen Moschee und ein Stück flußab die ebenfalls vergoldeten Kuppeln des größten bewohnten Palastes der Welt. Neben Kentucky Fried Chicken finden sich auch indische und chinesische Restaurants. Dennoch ist das zuwenig, um uns zum Bleiben zu verlocken. So steigen wir auf eines der Schnellboote nach Malaysia. Zähneklappernd – nichts geht ohne aircon – beobachten wir den unumgänglichen Kungfu-Film auf dem Bildschirm, während das Boot über die Wellen holpert und rüttelt. Statt durch die Wellen zu gleiten, bricht es brutal mit harten Schlägen durch die Wellenkämme. Romantik kommt da nicht im entferntesten auf. Wir können uns, sooft wir wollen, sagen, daß wir uns vor der Küste Borneos, mitten in den Tropen befinden.

## Sabah

Kota Kinabalu, die Hauptstadt von Sabah, empfängt uns kaum weniger modern als Brunei. Aber immerhin ist die Stadt etwas lebhafter und geschäftiger. Wir haben nicht mehr den Eindruck, in einem Spielzeugland zu sein. Hinter Kota Kinabalu oder KK, wie es hier genannt wird, ragt die imposante Figur des Gunung Kinabalu in die Höhe. Seinetwegen – er ist der höchste Berg zwischen Himalaya und Neuguinea – haben wir die Route über Nordborneo gewählt. Moderne Betonbauten bestimmen das Gesicht von KK. Es ist kaum zu glauben, aber auch hier hat der Zweite Weltkrieg gewütet, KK war nicht die einzige Stadt Borneos, die vollständig in Schutt und

Brunei – Info

# Brunei

## Einreise

Bei der Einreise bekommt man am Flughafen für 14 Tage ein Visum (Österreicher brauchen vorab ein Visum). Kommt man von Sabah oder Sarawak, bekommt man problemlos ein 7-Tage-Visum.

## Verbindungen

**Flug:** Brunei hat Verbindungen nach Europa, Bangkok, Singapur, West-Malaysia, Sabah, Sarawak, Kalimantan, Bali und Australien.
**Fähre:** Um nach Sabah zu gelangen, nimmt man am besten die Fähre nach Labuan vor der Küste Sabahs und von dort die Fähre nach Kota Kinabalu. Eine andere Möglichkeit ist die Fähre nach Lawas und dann weiter mit dem Bus nach Sabah.
**Bus:** Es gibt keine Straßenverbindung nach Sabah. Zahlreiche Busse verkehren nach Seria vor der Grenze nach Sarawak. Von dort weiter zur Grenze und nach Miri mit mehrmaligem Buswechsel an der Grenze und den Fähren über zwei Flüsse.

## Unterkünfte

Billige Unterkünfte gibt es in Brunei praktisch nicht. Einzige Möglichkeit ist die Jugendherberge, die Pusat Belia (Tel. 02/229423), mit nach Geschlechtern getrennten Schlafsälen. Einziger Vorteil ist das Schwimmbad direkt an der Jugendherberge.
Das billigste Hotel ist das **Capital Hostel** (Tel. 02/223561) mit Zimmern ab DM 90 (wirklich das billigste, daher umgehen viele Reisende auf dem Weg von Sabah nach Sarawak oder umgekehrt Brunei durch einen Flug von Lawas nach Miri für ca. DM 50). Selbst das billigste Zimmer ist mit Fernseher und AC ausgestattet. Unter Umständen bietet das **Ang´s Hotel** (Tel. 02/243553) special rates. Etwas Luxus mit Swimmingpool tut in Brunei ganz gut (normalerweise ab DM 140, ev. Sonderpreise ab DM 90 für gute DZ, nachfragen).

## Essen

In Brunei gibt es neben Kentucky Fried Chicken etc. auch einen Nachtmarkt und chinesische oder indische Restaurants mit gutem und erstaunlich preiswertem Essen.

Der Kampong Ayer, das Wasserdorf auf Stelzen, stört nach Meinung der Stadtplaner das Bild von Bandar Seri Begawan, der Hauptstadt des Zwergstaates Brunei.

**Borneo**

Zeit ist Geld. Dieser Eindruck entsteht jedenfalls, wenn man die hektisch den Brunei-Fluß entlangjagenden Boote beobachtet.

Asche gelegt wurde. Lediglich der Hafen bietet buntes asiatisches Leben. Aber selbst der Fischhändler auf dem Markt, säckeweise Trockenfisch neben sich und auf dem Tisch, hat schon sein Funktelefon bei sich. Vom Hafen aus verkehren auch Boote zu den vor der Stadt gelegenen Inseln des Rahman Tunku-Nationalparks, einem Fleckchen zum Entspannen, Schwimmen, Schnorcheln, Tauchen und Abtauchen. Trotz der landschaftlichen Schönheit Sabahs, des Dschungels, der Berge und des Gunung Kinabalu mit seinem Nationalpark im Innern sowie der schönen Strände und Tauchplätze an der Küste ist Sabah bislang nur Tauchern ein Begriff. Dabei ist dieser Teil Borneos auch noch der am besten erschlossene – allerdings für südostasiatische Verhältnisse insgesamt sehr teuer.

Bevor wir zum Kinabalu aufbrechen, unternehmen wir einen Einkaufsbummel im Supermarkt, um unser Gepäck durch Lebensmittel und Kochtopf zu ergänzen. Bis hin zur Nutella ist alles erhältlich, aber größtenteils extrem teuer. Vollgepackt starten wir auf der breiten, erst mal flach an der Küste verlaufenden Straße. Etwas zuviel Gepäck belastet unser Bike und macht eine gewisse Gewöhnung notwendig. Dafür können wir uns der vollen Aufmerksamkeit aller Verkehrsteilnehmer gewiß sein. Alles hupt, blinkt, jeder beugt sich aus dem Fenster, um uns zuzuwinken. Der Fahrtwind mildert etwas die drückende, schwüle Hitze. Wir strampeln auf der breiten Küstenstraße so vor uns hin. Glücklicherweise herrscht relativ wenig Verkehr. Solange nicht Steigungen den Vorwärtsdrang bremsen, ist das Fahren noch relativ angenehm. Aber wehe, es geht bergan, sofort brechen wahre Schweißsturzfluten über unsere Körper. Notgedrungen nutzen wir jede Rastmöglichkeit, um unseren Flüssigkeitshaushalt mit Softdrinks und Tee auf Vordermann zu bringen. Nach 40 Kilometern ziehen immer bedrohlichere Wolken auf, dunkel hängen sie im steilen Aufstieg zum Kinabalu, immer steiler windet sich die Straße hinauf. Und weit und breit keine Unterkunft. Also entschließen wir uns,

**Borneo**

unser Glück mit Autostop zu versuchen. Kaum haben wir glücklich die Räder auf dem Dach eines Kleinbusses verladen, als der Himmel auch schon seine Schleusen öffnet und wahre Sturzfluten die Straße in ein Flußbett verwandeln.

Der nächste Tag soll uns nicht wieder mit den Rädern auf einem Motorfahrzeug sehen. So lassen wir einen Teil des Gepäcks im – im Verhältnis zum Preis äußerst mäßigen – Ranau Hotel zurück. 1000 Meter Höhenunterschied auf 16 Kilometern harren unser – was einer durchschnittlichen Steigung von über 6% entspricht. Schon vor dem Start sind wir schweißgebadet, bereits nach zwei Kilometern fühle ich mich in der prallen Sonne dem Hitzschlag nahe. Die schwere Fototasche auf dem Rücken trägt auch nicht unbedingt zum Wohlbefinden bei. Wir quälen uns Stunde um Stunde hoch. Für alle, die in Motorfahrzeugen an uns vorbeihuschen, sind wir eine seltsame Erscheinung. Kein Auto passiert uns, ohne zu hupen. Die meisten Insassen winken uns zu oder schauen uns entgeistert nach. Glücklicherweise weicht die Sonne gelegentlich Regenschauern. Erschöpfung, Gegenwind und Steigung quälen uns, ich denke nur noch darüber nach, welche Gepäckteile für die weitere Reise entbehrlich sind. Allein die tropische Pracht am Wegesrand, Riesenfarne, Blüten, wenig schüchterne blühende Mimosensträucher, die auch bei einer Annäherung nicht zurückzucken, und federleichte, rotviolette Gräser machen den Anstieg erträglich. Kurz vor Kudungsang, als die Beine schon bleischwer in den Pedalen kleben, erwischt uns ein tropischer Regenguß. Wir flüchten in leerstehende Bretterbuden am Straßenrand, froh um jede Unterbrechung. Die Landschaft rund um Kudungsang wirkt fruchtbar wie der Garten Eden. Wir entdecken zu unserem Ärger Hotels, an denen wir am Tag zuvor in der Finsternis vorbeigefahren sind. Die Gegend kurz unterhalb des Nationalparks lädt zum Bleiben ein. Es ist welliges Gebirgsland, Gemüsefelder sind in den dunkelgrünen Dschungel geschnitten,

# Borneo

Innerhalb weniger Minuten entstehen in den tropischen Regengüssen auf den Felsflanken des Kinabalu reißende Bäche, die genauso schnell wieder versiegen, wie sie entstanden sind.

riesige Baumfarne und ziehende Nebelfetzen sorgen für eine mystische Aura. Im Dämmerlicht erreichen wir den Parkeingang und bekommen dort unser in Kota Kinabalu gebuchtes Bett in einem Schlafsaal zugewiesen.

Endlich der Eingang zum Park. Sabah versucht sich gegen die aus Kuala Lumpur verordnete Ausbeutung seiner Ressourcen mit der Schaffung ausgedehnter Parks zur Wehr zu setzen, in der weisen Einsicht, daß die Gewinne ohnehin zur Zentralregierung abfließen, Einnahmen aus dem Tourismus dagegen im Land bleiben. Der malaiische Nachbarbundesstaat Sarawak im Nordwesten Borneos ist bekannt und berüchtigt für seine rigorose Abholzungspolitik. Naturschützer und Ureinwohner protestieren seit langem vergeblich gegen den radikalen Kahlschlag. Jeder, der hier auffallend viel fotografiert, läuft Gefahr, als Journalist verdächtigt zu werden und vorbeugend in Polizeigewahrsam genommen zu werden.

Sabah ist der wohlhabendste Teil Malaysias und der am weitesten erschlossene Teil Borneos. Auf weiten Flächen des Landes sind Palmölplantagen an die Stelle der Urwälder getreten. Für Palmöl wird ein boomender Markt erwartet. Und die Plantagen tragen auf den fruchtbaren Böden im Norden Borneos reiche Ernte. Außerdem ist Sabah reich an Bodenschätzen. Gold, Platin, Kohle und Öl lagern hier im Boden. Ob die ausgedehnten Nationalparks Sabahs gegen die massiven wirtschaftlichen Interessen eine Chance haben, bleibt abzuwarten. So wird auch am Mount Kinabalu schon längst Gold abgebaut. Noch aber ist der Kinabalu-Park rund um den mit 4100 Metern höchsten Berg Südostasiens ein weitgehend unzerstörtes und einzigartiges Juwel.

**Im Regenwald des Gunung Kinabalu**

Der Aufstieg beginnt bei knapp 1600 Meter in traumhaft schönem, dichtem Regenwald auf einem einfach zu verfolgenden Weg – aber keinesfalls ohne Führer. Ein Führer ist, wenn auch völlig überflüssig, Vorschrift. 50 Ringitt, ca. 45 DM, sind für Auf- und Abstieg zu entrichten. Für 5 Ringitt je Kilo trägt der Führer auch einen Rucksack. Zugeteilt werden die Führer am Morgen im Büro der Parkverwaltung, wo man mit Glück auch noch eine Unterkunft bekommt. Besser ist es allerdings, die Unterkunft sowohl am Fuß des Aufstiegs als auch in den Hütten in Kota Kinabalu zu buchen. Speziell am Wochenende sind oft selbst die Schlafsäle ausgebucht.
Den Weg braucht uns der Führer nicht zu zeigen. Am Fuß des Berges weist eine Tafel auf den letzten gültigen Rekord für den Aufstieg zum Kinabalu hin. Weniger als drei Stunden hat der Rekordhalter, ein Nepali, benötigt. Wir sind froh, wenn wir in vier Stunden die Hütte auf 3300 Meter Höhe erreichen. Von den restlichen achthundert Höhenmetern wollen wir für heute nichts wissen.

Vor uns stapfen einige Träger mit Tragen voller Cola-Dosen auf dem Rücken den Berg hinauf. Erste Zweifel, ob wir uns wirklich mit Proviant abschleppen sollten, werden wach. Unbarmherzig steil, über hohe Wurzelstufen, Steine, Morast und glitschigen Lehmboden führt der Weg nach oben. Gruppen von Malaien mit laut aufgedrehtem Rekorder kommen uns entgegen. Weiße Gesichter sind hier die Ausnahme. Die meisten Besucher kommen aus Malaysia oder Singapur. Die wenigsten haben mithin ausreichend Training beim Besteigen von Bergen. Aber das einzige, was man am Kinabalu benötigt, ist ohnehin Ausdauer. Stundenlang klettern wir unter Baumfarnen und hoch aufschießendem Bambus bergan. Die Kronen der Bäume stehen in dichtem Nebel, der dem ganzen Wald eine geheimnisvolle Stimmung verleiht. Allmählich werden die Bäume kleiner, die Moosbärte und Flechten länger. Stunde um Stunde zieht sich der Weg weiterhin steil, feucht und glitschig nach oben. Immer wieder setzt Regen ein, prasselt auf das undichte Dach des Regenwaldes. Schließlich schrumpfen die Bäume auf das Format dürrer Apfelbäume, ihre Äste stechen stumm in den Nebel.
Dann das komfortable Laban Rata Guesthouse auf 3300 Meter Höhe. Außer der großen bewirtschafteten Hütte mit ausgezeichnetem Essen gibt es noch mehrere kleine Selbstversorger-Unterkünfte. Wir sind eigentlich in der höchsten Hütte auf 3900 Meter Höhe gebucht. Aber die Gewalttour vom Vortag fordert ihren Kräftezoll. Zudem ist der weitere Aufstieg wegen des mittlerweile heftig herabstürzenden Regens praktisch unmöglich, was auch unser Führer bekräftigt, „because of the flood, very dangerous!" Von einem auf den anderen Moment bilden sich reißende Bäche. Vor allem auf dem blanken Fels oberhalb der Hütte rauscht das Wasser ungebremst in Kaskaden zu Tal. Kurz vor Sonnenuntergang reißen die Wolken auf, die Sonne bescheint ein phantastisches Panorama aus Regenwald, steilen Felswänden und tiefhängenden, quellenden Regenwolken.
Um zwei Uhr morgens wird es in der Hütte wieder lebendig. Alles drängelt zum Frühstück (das von derselben Mannschaft bereitet wird wie das

Sabah Info

# Sabah

### Beste Reisezeit
Borneo ist das ganze Jahr heiß (ca. 28°–32°C) und feucht, auch in der Trockenzeit kann es zu heftigen Regengüssen kommen. Grundsätzlich ist Borneo das ganze Jahr zu bereisen. Der Nordwestmonsun fällt in Sabah in der Regel vergleichsweise mäßig aus. Die günstigsten Monate, Sabah zu bereisen, sind Februar bis April.

### Einreise
Sabah hat eigene Einreisekontrollen, auch wenn man aus Malaysia kommt. Das Ganze wird aber nicht so eng gesehen, und wer über Land kommt und die Kontrollpunkte verpaßt, kann das woanders nachholen. Einreisende bekommen ein Dreimonatsvisum.

### Anreise
Sabah ist auf dem Luftweg über Westmalaysia (Flüge von Kuala Lumpur und Johor Bahru nach Kota Kinabalu), Singapur und Brunei zu erreichen. Außerdem Flugverbindung nach Hongkong und Manila, manchmal auch zu anderen Orten auf den Philippinen.

### Sprache
In Sabah wird Englisch fast überall verstanden.

### Unterkunft/Essen
Sabah ist, speziell was Unterkünfte angeht, alles andere als ein billiges Reiseland. Oftmals ist es unmöglich, billigere Zimmer als für DM 40-50/DZ zu bekommen, wobei der Standard nicht unbedingt den Preisen angepaßt ist. Anders das Essen. Für zwei bis drei DM gibt es sehr gute Mahlzeiten.

# Kota Kinabalu

### Unterkünfte
In Sabah ist es weit schwieriger, für weniger als 50 DM ein Zimmer zu bekommen, als eine Luxusunterkunft zu finden. Das **Hyatt** (Tel. 088/221234) und das **Shangri La** (Tel. 088/212800) sind Quartiere für verwöhnte Reisende. Wenig erfreuliche Zimmer sind ab 20 DM zu haben. Im **Mutiara** (Tel. 088/54544) gibt es saubere und ruhige Zimmer ab DM 20 ohne AC, 30 DM mit AC. **Ang's Hotel** (Tel.088/55433) bietet ganz angenehme Zimmer für ca. 50 DM mit AC.

Vor der Küste liegt der kleine **Meeresnationalpark Tunku Abdul Rahman** mit Übernachtungsmöglichkeiten, die über das Sabah National Park Office gebucht werden. Außerhalb der Regenzeit lädt das klare Wasser zum Schnorcheln ein.

# Mount Kinabalu

Wer in den Nationalpark will, muß sich vorher eine Besuchserlaubnis beim Sabah National Park Office gegenüber dem Markt holen (10 M$, ca. 8 DM). Dort werden auch die Unterkünfte gebucht. Außerhalb der Hauptsaison kann unter der Woche aber auch mit etwas Glück alles vor Ort erledigt werden.

Die Park Headquarters am Fuß des Aufstiegs liegen in einer wunderschönen Umgebung. Es lohnt sich, hier mindestens einen Tag für Wanderungen im dichten Bergregenwald auf 1600 Meter Höhe einzuplanen. Der Besuch lohnt sich auch, wenn man nicht plant, auf den Kinabalu zu steigen.

Es gibt verschiedene Übernachtungsmöglichkeiten in Gebäuden der **Park Headquarters** (die billigste in Schlafsälen für ca. 8 DM – oder bessere in Bungalow-Zimmern).

Von der Power Station beginnt der mühsame Aufstieg durch phantastischen Primärurwald. Ein Führer ist vorgeschrieben (50 Ringgit bzw. 40 DM für zwei Tage). Über schlüpfrige Wurzeln und steile Stufen erreicht man nach 4-6 Stunden die komfortable Hütte **Laban Rata**, wo es gutes und preiswertes Essen gibt (Übernachtung je Bett im 4er Zimmer ca. DM 25). Außerdem gibt es **Selbstversorgerhütten** mit Gaskocher und Töpfen.

Von der Hütte frühmorgens um 3 Uhr, bevor die Wolken aufziehen, in ca. 3 Std Aufstieg zum Gipfel. Der Aufstieg ist leicht, aber dennoch mit Seilen gesichert.

### Unterkünfte

entstehen zur Zeit auch außerhalb des Parks. Die Hotels in **Ranau** sind eindeutig zu schlecht für den Preis (ab DM 30). In **Kudungsang** unterhalb des Hauptquartiers entstehen kleine Hotels in wunderschöner Lage.

In Poring, ebenfalls im Kinabalu Nationalpark gelegen, aber nur über Ranau zu erreichen, gibt es heiße Quellen und Unterkunft in Bungalows oder Schlafsälen der Nationalparkverwaltung. Besondere Attraktion: Hängebrücken durch den Dschungel in 30–40 Meter Höhe.

# Sandakan

### Orang Utan-Auswilderungsstation Sepilok

Das Ganze ist etwas enttäuschend. Sepilok liegt am Waldrand und hat keine Urwaldatmosphäre. Die Orangs hangeln sich an Seilen durch den Wald. Besonders sehenswert sind die kleinen Orang Utans.

Anreise von Kota Kinabalu nach Sandakan per Bus (etwa 8 Std). Vom Zentralen Minibusbahnhof fährt stündlich die Nummer 14 in diese Richtung. Bei der Abzweigung nach ca. 25 km aussteigen und zwei Kilometer zu Fuß zum Eingang. 8 DM Eintritt.

Ca. 10 km vom Park gibt es an der Hauptstraße bei Mile 17 eine Übernachtungsmöglichkeit bei Uncle Tan (kennt jeder Busfahrer) in kleinen Holzhütten mit reichlicher Vollpension für ca.16 DM. Uncle Tan organisiert auch Dschungeltrips in sein Dschungelcamp, in dem man mit etwas Glück Elefanten beobachten kann.

### Turtle Island Park

Vor der Küste bei Sandakan in der Sulu-See (die als piratenverseuchtestes Gewässer der Welt gilt), gerade noch in malaiischen Gewässern, liegt der Turtle Park. Auf die Inseln kommen das ganze Jahr Schildkröten, um ihre Eier im Sand zu vergraben. Der Besuch der Insel sollte bei der Nationalparkverwaltung in Kota Kinabalu gebucht werden, kann aber auch vom Sabah Park Office in Sandakan erlaubt werden. Übernachtung auf der Insel ca. DM 25.

# Sipadan

### Tauchen in Sabah

Die Insel Sipadan ist eines der spektakulärsten Tauchziele in den südostasiatischen Gewässern. Sipadan liegt im Osten Sabahs vor Semporna im Meer. Es ist die Spitze eines pilzförmigen Kalksteinfelsens, der rund um die Insel 600 Meter tief senkrecht ins Meer abfällt. Die Insel ist allerdings schwer zu erreichen und hat wenige Unterkünfte, die nur in KK gebucht werden können. Ein 5- Tage-Trip mit den Borneo Divers, der alles beinhaltet, ist nicht unter 1000 DM zu haben (Borneo Divers, Tel. 088/421371). Tauchsaison von Mitte Februar bis Mitte Dezember. Rund um die Insel sind häufig Schildkröten, Haie und gelegentlich die riesigen, aber harmlosen Walhaie zu beobachten. An den „Hängenden Gärten" eine Vielzahl von Korallen.

zweite Frühstück um sieben, das Mittagessen, die Abendmahlzeit bis neun ...). Sonnenaufgang auf dem Kinabalu, für alle ein unumgängliches Muß. Mir war noch nie so recht kar, wieso der Sonnenaufgang der einzig mögliche Zeitpunkt für einen Besuch auf Gipfeln sein soll. Nach einem kurzen, kitschigen Moment stürzt doch alles wieder zu Tal, um im kollektiven Wahnsinn zum nächsten Ziel zu rasen. Hier gibt es zumindest einen einleuchtenden Grund: Nur früh morgens kann man mit klarer Sicht rechnen, spätestens um zehn verschwindet der Berg wieder in Wolken. Wir sind um halb vier so ziemlich die letzten, die die Hütte verlassen. Vor uns zieht sich schon ein langer Wurm leuchtender Punkte den Berg hinauf. Der Weg ist keineswegs flacher geworden. Alles stapft schweigend und schnaufend den Berg hinauf. Ich frage mich, wie die vielen Malaien und Chinesen den Weg überhaupt bewältigen. Für die meisten dürfte dies der erste Aufstieg auf einen Berg, zumal dieser Größe, sein. Glitschige Leitern aus Ästen dienen jetzt oft als Kletterhilfen. Schließlich erreicht der Weg den nackten Fels, dunkel und nackt wölbt er sich hinauf, bestens gesichert durch Seile. Das erste Licht am Horizont legt eine geheimnisvolle Stimmung um das Massiv bzw macht es „wahnsinnig mystisch", wie unser Reiseführer vermerkt. Der Neumond steht als blasse Scheibe über rötlichen Wolken, lediglich eine hauchdünne Sichel glänzt hell an seiner unteren Hälfte. Davor stehen schwarz einige Felstürme. Fast pünktlich zum Sonnenaufgang stehen wir auf dem Lows Peak, benannt nach dem Erstbesteiger des 4101m hohen Berges. 1851 schon hat sich Sir Hugh Low mit einer ganzen Karawane von Helfern den Weg durch den schier undurchdringlichen Dschungel gebahnt. Neben dem Dschungel mußte er auch noch den Geisterglauben seiner Dusunführer überwinden, die glaubten, auf dem Gipfel wache ein Drache über einen riesigen Edelstein. Zudem sei der Gipfel mit riesigen Perlen übersät, deren Berührung eine Sintflut auslösen müsse. Noch bis vor nicht allzu langer Zeit mußten Besteiger am Fuß des Gipfels Opfer für die Geister darbringen.

Während wir ankommen, stürzen sich die ersten schon wieder entgegen. Nach einer Stunde haben wir den Gipfel und den weiten Himmel beinahe für uns allein. Die Sorge um die im Laufe des Tages zu erwartenden Regengüsse treibt uns aber doch relativ bald nach unten – wir haben keine Lust, von den glatten Flanken gespült zu werden.

Die nächste Nacht verbringen wir in einer der Selbstversorger-Hütten. Die kleine Hütte besitzt zwei mit jeweils vier Betten versehene Räume und zwei Küchen. Sogar klebrige Kochtöpfe und Gaskocher sind vorhanden. Die Romantik des Abendessens – mit Blick auf schnell ziehende Nebelfetzen, in denen immer wieder Teile des Regenwaldes zu unseren Füßen verschwinden, und rotleuchtende Wolkenberge – verliert sich, als wir uns zur Ruhe begeben. Die Schlafkammer ist voller summender Mücken, und undefinierbare Geräusche kommen aus der Küche. Die zutrauliche Mount Kinabalu-Ratte scheint sich an unseren Essensvorräten zu sättigen. Welcher der sechs am Kinabalu vorkommenden Rattenarten dieses Exemplar zuzuordnen ist, vermag ich anhand des Geräusches nicht zu entscheiden. Auch nachdem ich die Vorräte in einem Kochtopf nagersicher verstaut habe, sind immer wieder merkwürdige Geräusche zu vernehmen – die besonders Doris um den Schlaf bringen. Irgendwelche Tiere versuchen die Blechwand direkt neben unseren Betten unter lautem Kratzen und Fiepen zu erklimmen. Abstieg zum Hauptquartier ist angesagt. Dort erhalten wir unsere Fahrräder und unser Gepäck wohlbehalten zurück. Was folgt, ist ein Genuß: Die 16 Kilometer Abfahrt fliegen viel zu schnell an uns vorbei. In Ranau wird der Rest des Gepäcks aufs Rad geschnallt, und wir rollen wesentlich bedächtiger zu den heißen Quellen von Poring weiter. Kurz bevor wir das Ziel erreichen, erwischt uns der unumgängliche Wolkenbruch. In der großen staatlichen Anlage sind wir die einzigen Gäste.

**Lange vor Sonnenaufgang keuchen schon mit Taschenlampen bewehrte Wanderer hinauf zum Gipfel des Kinabalu.**

## Borneo

Besondere Attraktion von Poring ist neben den heißen Quellen ein Canopy-Walkway, der von Wissenschaftlern zur Tierbeobachtung im Bereich der Baumkronen eingerichtet wurde und jetzt Teil eines Dschungel-Rundweges ist. Ganz unscheinbar beginnen die ersten Meter von einem kleinen Turm aus. Konstruiert ist der Weg aus Aluminiumleitern, auf denen ca. 30 cm breite Bretter liegen. Das Ganze ist an Stahlseilen aufgehängt und durch ein Netz gesichert. Wahrhaft kein Grund zur Beunruhigung also. Aber da der Boden unter der schwankenden Konstruktion steil abfällt, gewinnt der Steg beängstigend schnell an Höhe. Und je weiter man auf die erste Plattform zugeht, die rund um einen Baumriesen errichtet ist, desto weiter laufen die Halteseile auseinander, so daß es unmöglich wird, beide zugleich zu berühren. Ein flaues Gefühl schleicht sich ein, und ich versuche nicht mehr nach unten zu schauen. Doris, die mir folgt, kommt erst gut voran, sackt dann aber bleich auf die Knie. Mit etwas Mühe gelingt es mir noch, sie bis zur Plattform zu manövrieren. Dort ist Schluß. Der Weg verliert sich vor unseren Augen zwischen den Bäumen und überquert auch noch eine Schlucht. Zuviel für Doris. Ich erweise mich als Kavalier und begleite sie zurück zum Eingang des Parks. Die Wächter begrüßen uns freundlich grinsend mit einem herzlichen „never mind". Vermutlich schließen sie jedesmal Wetten ab, ob die Besucher tatsächlich die Runde vollenden.

Am nächsen Morgen klingelt der Wecker um halb sechs. Wir wollen noch vor der großen Hitze auf den Rädern sitzen und die Hauptstraße erreichen; bevor alle Busse durch sind. Am frühen Morgen sind die Steigungen nicht so strapaziös. Wir rollen in einen wundervollen Sonnenaufgang. Wolkenfetzen hängen in den Hügeln. Neugierige Blicke folgen uns von den Häusern am Straßenrand.
An einem Warung an der Hauptstraße gibt es spätes Frühstück – Coke und Kekse. Ein vorbeikommender, fast leerer Bus nimmt uns mit. Daß wir fast den ganzen Bus mit den Rädern und unseren Taschen belegen, stört nicht weiter. Unser nächstes Ziel ist Sepilok, ein Orang Utan- Auswilderungs-Camp. Uncle Tan an Mile 17 vor Sandakan wurde uns empfohlen. Also fragen wir nach dem „Onkel", gespannt, ob uns der Name alleine an unser Ziel bringt. Tatsächlich kennt jeder Uncle Tan und seine Unterkunft. Außer Quartier in kleinen Hütten mit Vollpension bietet Tan auch ein Dschungel-Camp und Flußfahrten an, wobei sich gute Möglichkeiten der Tierbeobachtung bieten. U.a. sind regelmäßig Elefanten in dem Gebiet zu sehen.

Sepilok ist eher enttäuschend. Von einer Orang Utan-Auswilderungsstation erwartet man, daß man sich dort tief im Dschungel wiederfindet. Uncel Tan´s Unterkunft aber ist nur zehn Kilometer entfernt. Wir setzen uns auf unsere Bikes. Nach neun Kilometern haben wir immer noch keinen Wald erreicht. Felder, Häuser, eine belebte Straße deuten keineswegs auf ein Gebiet hin, in dem man „Waldmenschen" auswildern könnte. Es geht rechts ab. Diese Straße ist kaum befahren. Aber sonst ändert sich nichts Wesentliches. Tatsächlich beginnt der Wald erst am Eingang der Station. Holzstege führen zu den verschiedenen Futterplätzen. Kleine Orang Utans, die bei illegalen Tierexporten konfisziert wurden, werden hier auf eine Rückkehr in den Dschungel vorbereitet. Zweimal täglich ist Fütterung. Pünktlich zur Bananenausgabe erscheinen die Menschenaffen und hangeln sich an Seilen, die extra als Straßen für sie angelegt wurden, zur Plattform, auf der schon ein Wächter mit einem Eimer voll Bananen wartet.

Wären wir Taucher, würden wir uns sicher nicht Semporna entgehen lassen. Von dort aus fährt das Boot nach Sipadan, einem der aufregendsten Tauchplätze dieser Welt. 600 Meter fällt das Meer rund um die kleine Insel und ihr überragendes Korallenriff ab. Große Meeresschildkröten und Haie zählen zu den regelmäßigen Besuchern der Insel. Bis zu sechzehn Meter lange harmlose Walhaie umrunden gelegentlich das Eiland. Aber auch Semporna hat einige Berühmtheit erlangt. Dreimal überfielen schwerbewaffnete Piraten die Bank in der Stadt, bis die Besatzung der Polizei-

# Borneo

station drastisch erhöht wurde. Die Zulu-See zwischen Borneo und den Philippinen genießt den zweifelhaften Ruhm, das am stärksten von Piraten verseuchte Gewässer der Welt zu sein, Piraten zudem, denen es auf ein Menschenleben nicht ankommt. Die Verfolgung der Piraten wird durch den Grenzverlauf erheblich erschwert. Schon Inseln, die nur wenige Kilometer vor Sabah liegen, gehören zum Hoheitsgebiet der Philippinen.

Da wir nicht tauchen, entschließen wir uns, in den indonesischen Teil Borneos zu wechseln. Mittlerweile ist der Grenzübertritt von Tawau aus ziemlich problemlos. Seit Mitte 94 ist kein besonderes Visum mehr nötig, um nach Indonesien einzureisen.

Tawau ist eine weitere der gesichtslosen Städte Sabahs. Betonzweckbauten, breite Straßen. Nur der Markt strahlt auch hier noch etwas Leben und Atmosphäre aus. Insbesondere die Essensnachtmärkte mit ihren vielen Köstlichkeiten ziehen uns immer wieder an.

Im Orang Utan-Rehabilitationszentrum Sepilok werden junge, beschlagnahmte Orang Utans auf ein selbständiges Leben in Freiheit vorbereitet. Immer wieder fallen Orang Utans Wilderern zum Opfer, die die Eltern der Kleinen erschießen, um an die Jungtiere heranzukommen.
Nächste Seite: Sonnenuntergang nach Gewitter am Gunung Kinabalu.

*High speed.* Auch in Kalimantan ist der Weg nicht mehr das Ziel, ist Ankommen wichtiger als Reisen. Drei Außenbordmotoren benötigt ein Flußtaxi mindest

# Kalimantan

Fast jeden Tag fährt ein Boot von Tawau zur indonesischen Insel Nunukan. Die Ausreiseformalitäten verlaufen problemlos. Wir hieven unsere Räder und unser Gepäck auf das Dach des Bootes, setzen uns dazu und beobachten bei Sonnenuntergang die entschwindende Küste. Dennoch, wo der Blick auf die Karte das Ende der Welt vermuten läßt, will immer noch keine entsprechende Stimmung aufkommen. Am Ufer rauchen Schlote, wo sich endloser Dschungel erstrecken sollte. Aber – so hoffen wir – das wird sich in Indonesien alles ändern. Das klapprige Boot, Meer und Sonnenuntergang sind schon recht verheißungsvoll.

Die Einreise nach Indonesien verläuft ebenfalls völlig problemlos. Daß wir in Indonesien sind, ist nicht zu überhören. Der bekannte Ruf, der Reisenden in Indonesien auf Tritt und Schritt folgt, erklingt sofort: „Hello Mister! How are you!", wobei das Geschlecht des Angesprochenen keine Rolle spielt. Damit haben sich die Englischkenntnisse in der Regel aber auch erschöpft. Ganz ohne einige Kenntnisse des Indonesischen zu reisen ist in Kalimantan mitunter anstrengend.

### Tarakan

Am nächsten Morgen nehmen wir das Schnellboot nach Tarakan, von wo aus wir mit dem Schiff nach Samarinda weiterwollen. Tarakan fällt erst mal durch seine Trostlosigkeit auf. Und als wir uns nach dem nächsten Schiff nach Balikpapan oder Samarinda erkundigen, fühlen wir uns schließlich doch ans Ende der Welt versetzt. Nur alle zwei Wochen gibt es eine Verbindung nach Süden, wir müssen über eine Woche warten. Kein Problem auf einer tropischen Insel, sollte man annehmen. Aber es gibt auf der ganzen

konkurrenztüchtig zu sein.

Insel keinen brauchbaren Badestrand. An der einzigen schönen Stelle der Küste steht man nach zweihundert Metern immer noch kaum mehr als knöcheltief im badewannenwarmen, undurchdringlich braunen Wasser. Der Kayanstrom spült in der Regenzeit so viele Schlammpartikel in den Ozean, daß dieser erst weit draußen wieder klar wird. Schwimmen entfällt somit als Zeitvertreib. Fahrradtouren auf der Insel, vorbei an den ewig nickenden Ölpumpen, sind auch nur wenig reizvoll.

Tarakan ist wirtschaftlich bedeutend wegen seiner Ölproduktion, neuerdings aber vor allem wegen der Holzindustrie, die mittlerweile auch den Kayan erreicht hat. Dank dessen gibt es hier eine Reihe luxuriöser, teurer Hotels, Bars und Discotheken. Eine Besonderheit dieser Discos ist, daß nur Frauen Eintritt bezahlen müssen. Gleich 50 000 Rps, das sind immerhin mehr als 40 DM, soll Doris für das Betreten eines großen, leeren, beinahe stockfinsteren und bitterkalten Tanzsaales in einem Hotel bezahlen. Des Rätsels Lösung ist, daß hier sonst ausschließlich gewerbliche Tänzerinnen die Geschäftsreisenden verwöhnen.

**Auf dem Kayan**

Unser ursprünglicher Plan sah vor, von Tarakan oder Samarinda ins Innere Borneos zu fliegen, um dort noch mehr oder weniger ursprüngliche Dajak-Dörfer zu besuchen. Aber während der Regenzeit können die kleinen Airstrips nicht angeflogen werden. So wollen wir versuchen, soweit wie möglich mit dem Boot die Flüsse hinaufzufahren. Dazu nehmen wir eines der zahlreichen Boote in die Distrikthauptstadt Tanjung Selor am Kayan. Auch dieses Verwaltungsstädtchen hat keinerlei Urwaldatmosphäre. Ordentlich reihen sich die Häuschen am Ufer des sich breit und schlammigbraun dahinwälzenden Kayan auf. Das Aufregendste im Ort befindet sich im Erdgeschoß unseres Hotels. Über 10 000 DM

hat der Besitzer in seine neue Karaoke-Anlage investiert. Und jetzt wird eifrig gesungen. Gleichgültig, wie es mit der jeweiligen Sangeskunst bestellt ist, greifen die Gäste ungeniert zum Mikrofon, derweil sich auf dem Bildschirm japanische Liebespaare durch die Schweizer Bergwelt bewegen. Immer noch scheinen wir nicht das Ende der Welt erreicht zu haben. Dafür ist es in unserem nicht klimatisierten Raum brütend heiß. Dies scheint der heißeste Fleck in weitem Umkreis zu sein. Der Ventilator surrt uns Trost zu. Aber alles, was er schafft, ist, die heiße Luft ein wenig zu verquirlen.

In einem Ort wie diesem, allerdings hundert Jahre früher, lebte Joseph Conrads Almayer aus „Almayers Wahn" am Nachbarfluß des Kayan, dem Berau. In seinem Roman nennt Conrad den Fluß Pantai. Gemeint war aber der Berau, an dessen Ufer sich auch das Grab des historischen Vorbildes, Charles Olmeijer, findet. Der Holländer Olmeijer baute sich am Ufer des Flusses ein großes Haus, in der spekulativen Hoffnung, daß das Gebiet unter britischen Einfluß käme. Eine Rechnung, die nicht aufging. Das Haus bekam den Spitznamen „Olmeijers Wahn", Vorbild für den Titel zu Joseph Conrads Roman.

Am Weihnachtsmorgen besteigen wir ein Langboot, um unser Glück flußauf zu probieren. Auch hier ist Zeit mittlerweile Geld – manchmal jedenfalls. Kein Ruder taucht mehr ins Wasser, um das Boot leise über das Wasser gleiten zu lassen. Vielmehr schießt das Boot über den Fluß, getrieben von drei röhrenden 30-PS-Außenbordmotoren, mit 40 Passagieren auf harten, blau gestrichenen Holzbänken. Alles will Weihnachten zu Hause sein. Tatsächlich sind die Einwohner im Inneren Borneos mittlerweile größtenteils von ihren animistischen Glaubensvorstellungen zum Christentum bekehrt. Überall in den entlegenen Gebieten Indonesiens hat das Christentum gegenüber dem Islam den Vorteil, nicht die Religion der Staatsmacht zu sein. Angesichts der rücksichtslosen Ausbeutungspolitik, die sich immer nur an den Interessen Jakartas orientiert, ist jede Möglichkeit zur Opposition recht.

Unter den Passagieren befinden sich ein Soldat mit verspiegelter Brille und „California Police" auf seiner Jacke, schräge Händler, die ausgezogen sind, Potenzmittel unter die Dorfbevölkerung zu bringen, und modisch gekleidete Mädchen, die dann und wann an glitschigen Stegen ans Ufer gelassen werden, wo hinter Bäumen ein paar Hütten ein kleines Dorf bilden.

Wir sitzen auf dem Dach beim Gepäck, d.h. wir müssen liegen, um dem Kapitän, der sich unter einer Skimütze versteckt, nicht die Sicht zu nehmen. Bis uns der Regen in die Kabine treibt, wobei er uns auch hierher folgt. Über unseren Köpfen leckt die Decke ganz erheblich, Platz zum Ausweichen gibt es nicht.

In den Pausen zwischen den Regenschauern nehmen wir immer wieder Platz auf dem Dach, beobachten, wie die drei Motoren, die das ca. 15m lange Boot mühelos die Windungen des Kayan hinauftreiben. Es zieht eine Wellenschleppe hinter sich her, auf der ab und an kleine Boote ins Tanzen kommen. Kleine, aber steile Hügel säumen den sich schlängelnden Flußlauf, gelegentlich fallen ihre Flanken steil direkt ins Wasser ab. Das Flußufer ist von Urwald bestanden, manchmal zeigen sich kleinere Lichtungen mit Feldern und Dörfern. Noch sind Kahlschlagflächen am Kayan die Ausnahme, aber auch hier sind schon holzverarbeitende Betriebe zu sehen.

Nach sechs Stunden erreichen wir Long Bia, eine Ansammlung kleiner, ordentlich aufgereiher Häuser. Am höchsten Punkt steht eine kleine Kirche. Auch dies schaut nicht sehr nach einer Siedlung von Dajak aus, die ihre Sitte der Menschenjagd gerade erst aufgegeben haben. Pak Moming, der reichste Mann am Ort, hat neben seinem Laden auch einige schöne Zimmer für Gäste. Mit einem freundlich-freudigen „Tuan, apa kabar?"–"Tuan, wie geht´s"– werden wir empfangen. Leider

*Die Flüsse Borneos sind ein großes Badezimmer, an dessen Ufer sich immer jemand wäscht und schrubbt.*

## Kalimantan

Baumstämme werden den Mahakam hinabgeflößt. Die Holzindustrie schlägt immer größere Lücken in den Regenwald Borneos.

spricht hier niemand Englisch, was die Kommunikationsmöglichkeiten denn doch erheblich einschränkt. Aber es gibt wider Erwarten kaltes Bier und Cola zum Weihnachtsessen.

In Pak Momings Wohnzimmer wird zwischen Fernseher, in dem Weihnachtszeichentrickfilme laufen, und Plastikweihnachtsbaum auch an Weihnachten gehandelt. Sein Wohlstand dürfte auf den Gütern beruhen, die hier vor ihm auf dem Boden ausgebreitet sind. Schwalbennester für den Export nach Hongkong und sorgfältig sortiertes, knorriges Holz. 1000 $ soll das Kilogramm in Saudi-Arabien bringen. Wir verbringen ein ruhiges Weihnachten. Weiter geht im Moment nichts. Erst zwei Tage später fährt das wöchentliche Boot nach Long Punjungan. Aber dann müssen wir eine Woche in Punjungan bleiben, verpassen das Schiff nach Balikpapan und sitzen wieder in Tarakan fest. Eine unerfreuliche Situation.

Dafür werden wir zum Weihnachtsmahl eingeladen. Am Nachmittag lockt uns das Quieken eines Schweins auf die Veranda. Unter unserm Zimmer liegt ein gefesseltes Schwein auf den Dielen. Es wird schnell klar, daß hier die „Weihnachtsgans" auf ihren Tod wartet. Blitzschnell ist dem Schwein die Kehle durchtrennt, das Tier zerlegt und verarbeitet. Schädel und Schwarte bruzzeln kurze Zeit später über dem Feuer. Doris ist wenig begeistert bei dem Gedanken, zum Abendmahl fette Schweineschwarte gereicht zu bekommen, und sinnt nach einem Weg, sich vor der Einladung zu drücken.

Aber es hilft nichts, die Einladung abzulehnen wäre grob unhöflich. Und der Blick auf die lange Speisetafel zeigt, daß auch vegetarische Kost bereitsteht.

Die ganze Belegschaft von Pak Moming ist versammelt. Da er auch Boote den Fluß hinauf und hinabfahren läßt, haben sich eine ganze Reihe Angestellter versammelt. Reichlich Getränke stehen ebenfalls bereit. Der Abend wird feuchtfröhlich. Mit Hilfe meines Wörterbuches entspinnt sich eine angeregte Unterhaltung mit einem schon reichlich angetrunkenen Bootsführer - bis der reichlich genossene Whiskey jede Unterhaltung erstickt.

Am nächsten Morgen entschließen wir uns zur Rückkehr nach Tarakan. Eines von Pak Momings Booten fährt mit leeren Fässern beladen nach Tanjung Selor. Die Crew ist uns vom Vorabend bekannt. Erstaunlich ist, daß selbst die hartnäckig-

**Kayan Info**

# Kayan

## Flußfahrten

Von Tarakan verkehren täglich Fährschiffe und Taxiboote nach Tanjung Selor, das die Distrikthauptstadt des Bulungan-Distriktes ist. Von dort fährt täglich (6 Std, ca. 10 DM) ein Boot nach Long Bia weiter. Dort ist Endstation, jedenfalls was regelmäßige Bootsverbindungen den Kayan hinauf betrifft. Bis Naha Kamang kann noch ein Langboot gechartert werden (10 Std, ca. 200 DM), danach machen Stromschnellen Fahrten mit Langbooten unmöglich.

Pak Moming betreibt von Long Bia eine Bootstour nach Long Punjungan am Bahau, einem Nebenfluß des Kayan (5 Std – 2 Tage, ca. 30 DM). Vom vierhundert Einwohner-Dorf Long Punjungan können Ausflüge zu Dörfern der Punan unternommen werden. Die Punan waren Waldnomaden, die mittlerweile seßhaft geworden sind.

## Unterkünfte

**Tarakan** hatte früher einige Bedeutung durch die Ölförderung auf der Insel, heute wieder durch die aufstrebende Holzindustrie am Kayan. Es gibt einige teure Hotels für Geschäftsreisende mit Disco und Service durch Hostessen. Außerdem schmuddelige, aber für indonesische Verhältnisse teure Hotels. Die finstersten und feuchtesten Löcher sind ab 10 DM zu haben, Mittelklasse-Hotels, die eine Spur weniger muffig sind und womöglich sogar ein Fensterchen haben, ab 20 DM. Einziges Highlight im Ort sind die Karaokebars, wo in zwielichtiger Atmosphäre fröhlich gesungen wird.

**Tanjung Selor** (früher Bulungan): Kleines Städtchen, in dem nicht viel zu sehen ist. Die Hotels **Gracias** und **Asooy** (Zimmer jeweils ab ca. 10 DM) am Bootssteg sind nach den Hotels in Tarakan aber eine wahre Wohltat.

In **Long Bia** betreibt Pak Moming neben seinem Laden auch ein kleines Hotel mit drei Zimmern.

---

sten Trinker wieder hergestellt zu sein scheinen. Diesmal treiben uns nur zwei Außenborder über den Kayan. Der Fluß ist über Nacht nach heftigen Regenfällen angeschwollen und gleich um mehrere Meter gestiegen. Baumstämme, Wurzeln, Planzen treiben auf dem Wasser. Einer aus der Crew steht am Bug und paßt auf, daß es nicht zu Zusammenstößen mit größeren Holzstücken kommt.

Kaum sind wir außer Sichtweite des Ortes, werden Bier- und Whiskey-Flaschen ausgepackt und eine neue Runde im Wettrinken eingeläutet. Es ist erstaunlich, daß die Jungs noch in der Lage sind, das Boot zu steuern und die gelegentlich auftauchenden Probleme an den Außenbordern zu beheben.

Die Tage verrinnen wie der Schweiß. Fast immer steht Schweiß auf dem ganzen Körper, glänzen die Arme feucht, klebt das T-Shirt am Körper. Wir sitzen wieder in Tarakan und versuchen irgendetwas zu unternehmen – wofür Tarakan ein denkbar ungeeigneter Ort ist. Das Hotel ist muffig und dunkel. Nur das teuerste Zimmer des Hotels hat wenigstens ein kleines Fenster nach draußen. Dafür leben in den Holzdecken und Wänden reichlich Nager. Dabei sind die Hotels, so traurig sie auch sind, nach indonesischen Maßstäben teuer. Aber je weiter man in Indonesien in die Außenbezirke vordringt, sei es in Kalimantan, auf den Molukken oder auf Neuguinea, desto teurer wird alles. Für den Preis dieses Hotels fänden wir auf Bali eine traumhafte Unterkunft.

Endlich liegt unser Schiff im Hafen. Die „Tidar" läuft Tarakan jede Woche an, aber wechselweise nimmt sie Kurs entweder auf Balikpapan oder auf Sulawesi. Wie ein riesiges, luxuriöses Kreuzfahrtschiff liegt sie am Kai. Ein endloser Strom an Passagieren ergießt sich in das Schiff. Unsere Räder finden einen sicheren Platz an Deck, und wir bewegen uns in unsere getrennten Unterkünfte dritter Klasse. Jeweils sechs Kojen gibt es in einem Raum, dazu für jeden einen großen Stahlschrank fürs Gepäck. Zusätzlich ist die Tür ständig verschlossen – Sicherheitsprobleme gibt es da wahr-

# Kalimantan

lich nicht. Doris ist der Verzweiflung nahe, daß sie die Nacht allein mit fünf Indonesierinnen verbringen soll. Aber schlechter als ich mit fünf schnarchenden Indonesiern, die sich ab vier Uhr morgens laut unterhalten, nachdem das unvermeidliche Morgengebet aus dem Lautsprecher das ganze Schiff geweckt hat, ist sie bestimmt nicht dran. Es gibt die billige – und durchaus nicht schlechte – Deckspassage in Schlafsälen oder erste bis dritte Klasse. Den größten Teil der 20 Stunden verbringen wir auf dem Oberdeck, trinken Kaffee und versuchen dem Lärm des unausweichlichen Fernsehers zu entgehen.

Balikpapan ist nur Durchgangsstation. Als modernes Zentrum der Erdölproduktion und -verarbeitung ist es noch langweiliger als die bereits besuchten Städte. Ganz anders das kaum mehr als 100 km enfernte Samarinda. Von modernen Kaufhäusern bis zu auf Stelzen erbauten Ortsteilen am Fluß ist hier alles zu finden. Dazu ein exzellenter Nachtmarkt, auf dem alle erdenklichen Köstlichkeiten serviert werden. Besondere Spezialität sind die riesigen Flußgarnelen. Dazu gib es eine breite Auswahl an Hotels und sogenannten Losmen, preisgünstigen indonesischen Unterkünften.

## Den Mahakam hinauf

Von Samarinda aus besteigen wir eines der vielen Boote, die den Mahakam hinauf verkehren. Wer will, kann auf regulären Booten über 500 km des 800 km langen Mahakam hinauftuckern. Ca. 40 Stunden muß man für den Trip bis Long Bagun einplanen. Von dort hilft nur noch Chartern weiter – freilich ein wegen der hohen Benzinpreise und des Risikos extrem teurer Spaß. Wir besteigen das recht geräumige, doppelstöckige Boot am frühen Morgen. Im oberen Deck, das nur gebücktes Gehen zuläßt, liegen Matratzen auf dem Boden, Fenster erlauben die Aussicht auf den Fluß. Die Fahrt läß sich angenehmer als erwartet an. Die Mehrzahl der Mitreisenden begibt sich beinahe sofort in Schlafstellung, um die dreißig bis vierzig Stunden bis zum jeweiligen Ziel zu verdösen.

Laut tuckernd schiebt sich das Boot gemächlich die braunen, trägen Fluten des Mahakam hinauf, der landschaftlich weit weniger reizvoll als der Kayan ist, dafür aber interessantere Ortschaften an seinen Ufern zu bieten hat. Den ganzen Tag über scheinen sich die Menschen zu waschen. Aber am frühen Morgen ist offenbar die gesamte Bevölkerung gleichzeitig zur Toilette am Flußufer versammelt. Kübelweise wird das Wasser aus dem Fluß gezogen, um die dicken, aufgeschäumten Seifenschichten auf der Haut zu entfernen. Nur gelegentlich zerreißt das Krähen eines der auf dem Schiff mitreisenden Kampfhähne die Monotonie. Wir sitzen Stunde um Stunde auf dem Dach des Bootes und beobachten das endlose Waschritual.

Kurz vor elf Uhr abends erreichen wir Muara

**Kalimantan**

Morgenstimmung am Mahakam.

Muntai. Häuser auf Stelzen stehen entlang einem langen Bohlensteg, kaum jemand ist noch unterwegs, das Städtchen wirkt einsam und verlassen – endlich haben wir das Gefühl, uns dem Ende der Welt zu nähern. An den zwei Losmen brennt noch Licht. Von außen wirken die beiden zweistöckigen Holzhäuser gleich heruntergekommen, an beiden blättert die Farbe ab. Wir entscheiden uns blindlings für eines und bekommen einen kleinen Holzverschlag mit schmalem Doppelbett. Immerhin hängt ein Moskitonetz über dem Bett.

Am nächsten Morgen chartern wir nach zähen Verhandlungen gemeinsam mit zwei anderen Reisenden ein Motorboot, um über den Lake Jempang nach Tanjung Issuy zu fahren. Trotz der Ausdehnung des Sees haben wir nie das Gefühl, über eine weite Wasserfläche zu fahren. Überall bedecken Wasserpflanzen die Oberfläche oder wächst Schilf im flachen See. Gespannt halte ich Ausschau nach den Süßwasserdelphinen, die es hier im See geben soll – vergebens. Tanjung Issuy ist ein netter kleiner Ort. Einige Häuser treiben auf dem See vor der Ortschaft. Je nach Wasserstand können sie an verschiedene Plätze des Sees gebracht werden. Es gibt noch ein traditionelles Langhaus in Tanjung Issuy. Doch die Bewohner des Ortes leben in Einfamilienhäusern, im Langhaus haben sie nur ihre Souvenirstände und ein Losmen untergebracht. Wir erscheinen gerade zum Ende einer Tanzveranstaltung. Eine Gruppe aus Jakarta ist genauso neugierig auf ihre „Wilden" wie ausländische Besucher.

Doch Wilde gibt es auch hier nicht mehr, die Einheimischen sind im Gegenteil freundlich und aufgeschlossen. Statt Menschenjagd bestimmt auch hier das Fernsehprogramm den Tagesablauf. Am nächsten Tag geht es weiter einen Fluß hinauf durch den Dschungel. Auf einer Astgabel über dem schmalen Flußbett döst eine Schlange, Otter spielen im Unterholz. Immer wieder versperrt Treibholz den Weg. Aber unser Kapitän läßt sich nicht beeindrucken, fährt mit Schwung rein, reißt im letzten Moment den Motor aus dem Wasser und rutscht lässig über das Hindernis. So in etwa hatten wir uns Borneo vorgestellt. Endlich sind wir im Dschungel gelandet. Dazu treffen wir auch noch auf Nasenaffen, die in Indone-

# Am Mahakam

**Samarinda** ist das Zentrum der Holzindustrie und eine der wenigen schönen Städte Borneos. Es gibt eine breite Palette an Unterkünften zur Auswahl, von beinahe Luxus bis billig. Einige der billigen Unterkünfte finden sich in der Nähe des Lebensmittelmarktes. Angenehm ist die **Wisma Pirus** (Tel. 21873) in einer ruhigen Seitenstraße, Jl. Pirus, mit Zimmern, die von ganz einfach bis Mittelklasse rangieren. Schräg gegenüber liegt das vergleichbare **Hotel Hayani** (Tel. 22653). Beide Hotels ab ca. 15 DM. Billiger, aber im lauten Zentrum gelegen, sind die Hotels **Hidaya** und **Rahayu** mit Zimmern ab ca. 7 DM.

Das beste Hotel vor Ort ist das **Mesra** (Tel. 21011), jedes Zimmer mit AC und Fernseher. Swimmingpool und Tennisplatz gehören zum Hotel (ab ca. 30 DM – 70 DM).

Auf dem Essensmarkt, dem Citra Niaga, im Zentrum der Stadt gibt es ausgezeichnete Mahlzeiten. Spezialität sind große Flußgarnelen und Obst mit Eis.

## Verbindungen

**Flug:** Von Balikpapan besteht tägliche Verbindung zu allen wichtigen Orten. Täglich von Balikpapan, Tanjung Selor und Tarakan nach Samarinda; außerdem von Samarinda Flüge ins Innere Borneos, ins Gebiet der Apokayan, das anders kaum zu erreichen ist. Diese Flüge hängen jedoch vom Wetter ab und finden während der Regenzeit (Nov.–März) überhaupt nicht statt, während sie zu anderen Zeiten ausgebucht sein können. Außer Merpati fliegt auch die MAF (Missinary Aviation Fellowship) kleine Pisten im Inneren Borneos an. Soweit Plätze verfügbar sind, werden Passagiere mitgenommen.

**Bus:** Den ganzen Tag verkehren Busse nach Balikpapan (2 Std) und Tenggarong (1 Std). Die Straßenverbindung nach Süden wird ausgebaut, so daß immer mehr Orte auch über Land zu erreichen sind.

**Flußschiffe:** Den Mahakam hinauf verkehren bis Long Bagun Flußschiffe. Wer die mehr als 500 km am Stück zurücklegen will, muß sich allerdings auf eine rund 40 stündige Schiffahrt einstellen. Wer das Boot am frühen Morgen in Samarinda verschlafen hat, hat noch die Chance, es mit dem Bus in Tenggarong zu erreichen, von wo die Schiffe zwischen 10 Uhr und 11 Uhr ablegen. Die Boote sind zweistöckig, wobei der obere, niedrigere Stock in der Regel mit Matten ausgelegt ist, auf denen die Fahrgäste die meiste Zeit im Schlaf verbringen. In der unteren Etage befinden sich die Küche (hier dürfen keine besonderen Leckereien erwartet werden), der Maschinenraum, Fracht und Kurzzeitpassagiere, sowie am Heck über dem von den Schrauben aufgewirbelten Wasser eine Toilette.

Wer nach **Tanjung Issuy** am Jempang-See will, muß in Muara Muntai nach ca 14 Std. das Boot verlassen und am nächsten Morgen mit kleinen Taxi-Booten oder einem gecharterten Boot über den See fahren. Chartert man ein Boot, kann man **Macong** auf einem schönen Fluß durch Dschungel erreichen, an dem sich auch immer wieder die seltenen Nasenaffen beobachten lassen. Für zwei Tage bis Macong und zurück nach Muara Muntai muß man mit 60–90 DM für ein kleines Boot mit Außenbordmotor rechnen.

Wer weiter den Mahakam hinauf vordringen will, braucht Zeit, und wenn er dem Fluß auch hinter **Long Bagun** (530 km, 40 Std, ca. 10 DM) und bis über die Stromschnellen folgen will, auch viel Geld. Das Risiko, in den Stromschnellen einen teuren Außenbordmotor zu verlieren, ist hoch, ebenso die Preise für Treibstoff. Dementsprechend hoch sind die Preise, wenn man hier ein Boot chartern will. Viel einfacher ist es, mit dem Flugzeug in das Innere der Insel vorzudringen.

## Unterkünfte

sind entlang dem Mahakam und in Tanjung Issuy preiswert, aber einfach. Für Essen gilt das gleiche.

Neue Funktionen für die alten Götter. Auch im Inneren Borneos sind die animistischen Kulte auf dem Rückzug.

sien wegen ihrer großen Nase als „monyet belanda", als holländische Affen, bezeichnet werden. Sie springen über den Fluß, in der Hoffnung, auf der anderen Seite einen Ast zu erwischen. Diese Technik erfordert allerdings von den Nasenaffen, daß sie gute Schwimmer sind, da der Sprung doch gelegentlich mal daneben geht. Nach zwei Stunden eine kleine Siedlung im Dschungel, dann wieder Bäume, wuchernde Ranken, eine dichte lebendige Wand begleitet die Fahrt. Schließlich Macong. Pfahlbauten ziehen sich entlang dem sich durch den Ort schlängelnden Fluß. Rechts und links des Wassers ziehen sich Stege aus Eisenholz hin, im Fluß treiben auf Flößen an Tauen die Toiletten. Sollte der Fluß über Nacht ein paar Meter steigen, steht auf diese Art das Klo doch nicht unter Wasser. Auf den Plattformen vor den Toilettenverschlägen herrscht den ganzen Tag emsiges Treiben. Ununterbrochen finden sich Menschen am Fluß ein, die sich abschrubben oder ihre Wäsche waschen. Immer wieder steht jemandem weißer Schaum vor dem Mund – vom Zähneputzen, das alle Indonesier mit wahrer Leidenschaft betreiben.

Ein paar Meter vom Ufer entfernt zeigt sich ein doppelstöckiges Langhaus, an dessen Treppenaufgängen immer noch Holzfiguren gegen das Eindringen böser Geister postiert sind. Aber wie fast überall steht das Langhaus auch hier leer, leben die Menschen im kleineren Familienverband. Die Regierung übt heute keinen Druck mehr auf die Bevölkerung aus, die Langhäuser zu verlassen. Aber das ist auch kaum mehr nötig, da das Ziel der früheren Politik, daß die Menschen Borneos im wesentlichen so leben wie in anderen Gebieten, praktisch erreicht ist.

# SULAWESI – ZWISCHEN MODERNE UND STAMMESKULTUREN

Sulawesi ist schon alleine eine Reise nach Indonesien wert. Allem voran lockt die Kultur der Toraja mit ihren wunderlich-schönen Häusern und dem einmaligen Totenkult. Zudem bietet das Torajaland eine der schönsten Landschaften des Archipels. Und in dem Maße, wie die Straßenverbindungen in Sulawesi besser werden, wird auch der Norden der Insel mit seinen Stränden und der wunderbaren Unterwasserwelt mehr und mehr Besucher anziehen.

# Ins Torajaland

**Ujung Pandang**

Auf Sulawesi finden sich noch Reste der „Gummi-Zeit", der Zeit der Unwägbarkeiten, die in vielen Teilen Indonesiens schon der Vergangenheit angehört. Eine Durchquerung der Insel bietet noch kleine Abenteuer, für die man – wenn man schon nicht mit ungewissem Ausgang rechnen muß – doch ein Paar Tage zur Reserve einplanen muß. Noch entzieht sich diese Strecke dem ganz eiligen Reisenden.

Ujung Pandang, das ehemalige Makassar, ist eine teilweise recht modern wirkende, weitläufige Stadt mit dem üblichen chaotischen Verkehrsgewühl aus Bussen, Autos, Lastwägen und Fahrradrikschas, dazu offene, stinkende Kloaken, die bestenfalls in der Regenzeit ihre stinkende Fracht bis zum Meer transportieren. Das Erfreulichste in der lauten und stickigen Stadt ist der „Sunset-Boulevard" mit seinem allabendlichen Essensmarkt. Jeden Nachmittag rollen zahlreiche kleine Garküche mit ihren handgezogenen Wägelchen an, um sie direkt am Meer aufzustellen. Abends flaniert die halbe Stadt auf und ab und genießt die Köstlichkeiten wie „satay", Fleischspießchen mit Erdnußsoße, „ikan bakar", gegrillten Fisch, oder „cumi cumi bakar", gegrillten Tintenfisch beim angeblich unvergleichlichen Sonnenuntergang Ujung Pandangs – der als Attraktion allerdings nur durch das Fehlen anderer Sehenswürdigen Beachtung verdient.

In aller Regel ist Ujung Pandang nur Zwischenstation auf dem Weg in das gebirgige Zentrum der Insel, in das Land der Toraja. Zwar besteht eine Flugverbindung zwischen Ujung Pandang und dem Torajaland, aber die Strecke ist landschaftlich so reizvoll, daß man sie zumindest einmal bei Tage im Bus zurücklegen sollte. Dabei hat man unter Umständen auch gleich Gelegenheit, den etwas anderen Umgang mit der Zeit zu erleben.

Pünktlich um halb sieben stehen wir bereit, um am Hotel abgeholt zu werden. Tatsächlich erscheint auch kurze Zeit später ein klappriger Minibus, der mich aber nicht in Richtung Busbahnhof fährt, sondern erstmal in die entgegengesetzte Richtung, ins Stadtzentrum. Eine halbe Stunde verbringen wir dort in einem wenig vertrauenerweckenden Holzverschlag, der als Büro der Buslinie fungiert. Nach einer halben Stunde geht es dann weiter – das heißt zurück zum Hotel. Ein Check der Unterlagen hat ergeben, daß dort um halb acht zwei weitere Reisende aufzunehmen seien. Dort ist aber weit und breit niemand zu sehen. Also geht es weiter zum Busbahnhof. Von wo der Bus dann tatsächlich um halb neun startet.

Die acht Stunden Fahrt ins Torajaland sind eine Augenweide. Sobald der Bus die endlos scheinende Stadt hinter sich gelassen hat, führt die Straße gesäumt von spiegelnden Reisfeldern durch eine Küstenebene, aus der unvermittelt steile Karstfelsen aufwachsen.

Zwischen ihnen gibt es einen Wasserfall in schöner Lage. Er ist ein beliebtes Ausflugsziel, an dem sich am Wochenende die Ausflügler aus Ujung Pandang drängeln. Gepflegte Wege führen am Fluß in den Wald, kleine Imbißbuden und Restaurants warten ordentlich am Parkeingang aufgereiht auf Gäste. Unter der Woche herrscht Ruhe, nur am Wochenende stürmen die Massen den kleinen Park. Dennoch, auch unter der Woche ist das Gefühl, an einem besonderen Fleck der Erde zu sein, schon abhanden gekommen – ein Schicksal, das viele der Naturschönheiten Indonesiens ereilt hat. All diese Ausflugsziele wirken uniform und so aufregend wie die Loreley. Sie sind zwar schön, aber jeder Zauber ist den Parkplätzen und Anlagen gewichen. Ob es nun dieser Wasserfall auf Sulawesi ist, der Harau-Canyon in Sumatra, der Batur auf Java oder Tanah Lot auf Bali: Überall weicht das Naturerlebnis betonierten Pfaden für Wochenendausflügler und Touristen.

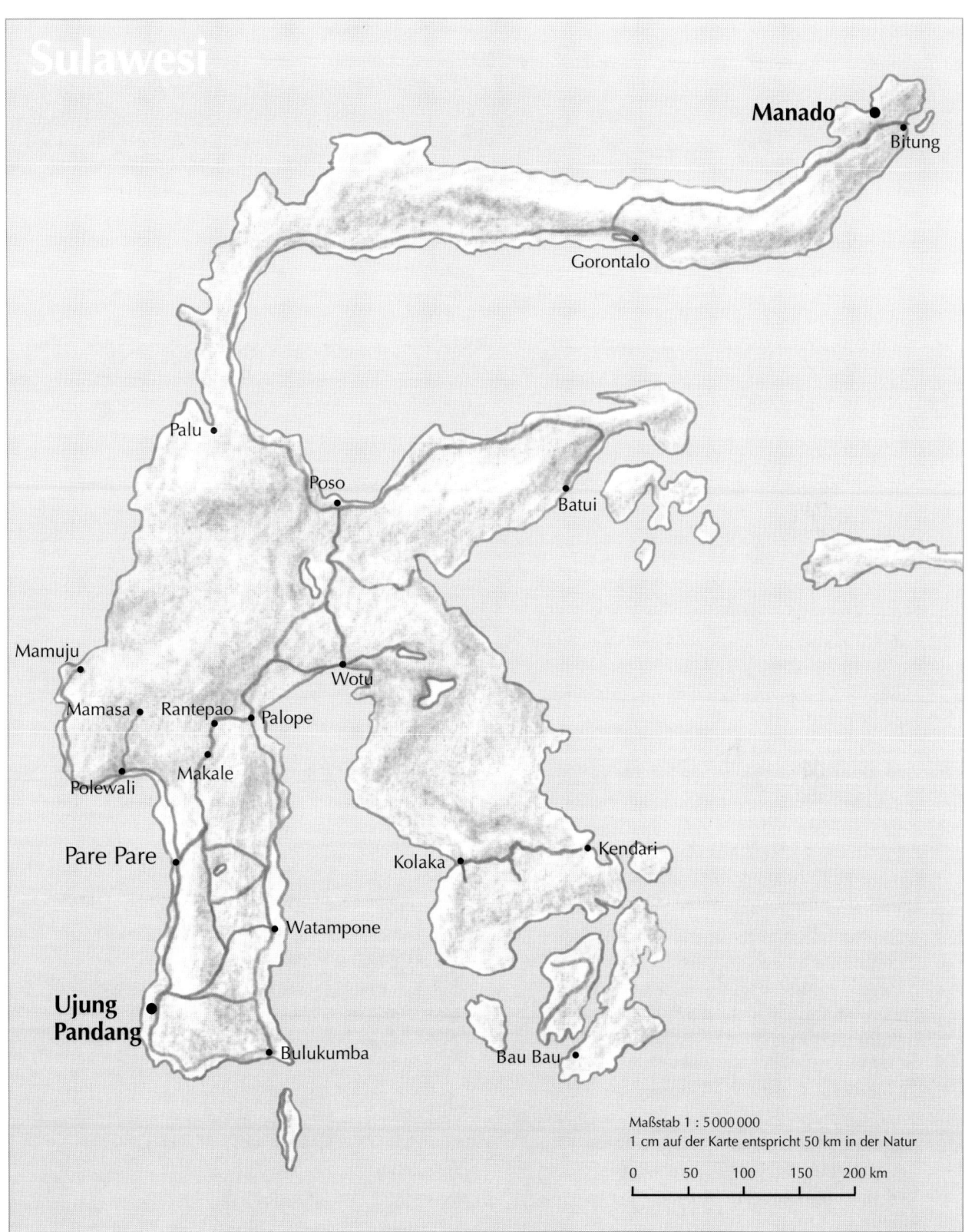

## Tanah Toraja

Pare Pare ist ein kleiner, verschlafener Hafenort. Von hier aus fahren täglich Schiffe kleinerer Reedereien an die Ostküste Borneos, nach Samarinda oder Balikpapan. Der Bus hält an einem trostlosen Platz mit heruntergekommenen Teeständen. Busse, die die Küste hinauffahren, warten auf Reisende. Die Straße ins Torajaland verläßt hier die Küste und windet sich nach zwei Stunden schließlich ein schroffes Gebirge hinauf, das seinen abweisenden Charakter aber mehr und mehr verliert, je weiter man ins eigentliche Torajaland vordringt. Hochtäler schließen sich aneinander an. Pinienwälder, Bambus und Bananenstauden stehen in seltsamem Kontrast am Fuß kleiner Karstfelsen, die wie Spielzeugberge aus den Reisterrassen aufwachsen. Nebelfetzen und Regenschleier umgeben die ohnehin faszinierend schöne Landschaft mit einem fast mystischen, schwer faßbaren Reiz.

Makale ist das Verwaltungszentrum des Torajalandes. Die Stadt ist nicht besonders interessant, bietet aber eine Umgebung, die landschaftlich beinahe reizvoller ist als um Rantepao. Aber das touristische Zentrum des Torajalandes ist Rantepao. Außer Unterkünften hat es selber nicht viel zu bieten. Aber rund um den Ort gibt es eine Reihe von Ausflugszielen, die problemlos mit Minibussen zu erreichen sind – und auch dementsprechend überlaufen sind. Die eleganten Häuser dieser Dörfer mit ihren Schnitzarbeiten und weit vorgestreckten Dachgiebeln, die in einer Reihe den ebenso kunstvollen Reisscheunen gegenüberstehen, sind in Souvenirgeschäfte verwandelt worden. Die Besitzer wohnen in einfachen Holzhäusern dahinter, die zwar weniger schön, aber praktischer sind. Mehr als tröstlich ist es, daß noch weit mehr Dörfer im Torajaland keinen direkten Straßenanschluß haben und sich somit auch noch nicht in Souvenirumschlagplätze verwandeln konnten. Viele dieser Dörfer sind nur auf lehmigen, rutschigen Pfaden auf den schmalen Dämmen zwischen den Reisfeldern zu erreichen.

## Büffelopfer, Matsch und Totenfeier

Anders als in anderen Teilen Indonesiens, werden im Torajaland häufig auch neue Häuser im traditionellen Stil errichtet. Weit mehr als anderswo stehen die alten Häuser noch im Mittelpunkt des Geschehens. Verläßt man die per Minibus zu erreichenden Wege, so trifft man auf lebendige Dörfer mit verwunschen wirkenden Begräbnisstätten. An überhängenden Karstfelsen sind dort Särge aufgehängt, die langsam verwittern und ihren Inhalt freigeben. Überall purzeln Schädel herum oder sind auf den Felsen und Särgen aufgereiht. An einigen Stellen dienen auch feuchte, vom Wasser in den Karst gegrabene Höhlen als Gräber. In den Felswänden finden sich an einigen Orten Galerien mit Holzfiguren, den Tau Taus, die an wichtige Verstorbene erinnern. Andernorts sind in schwindelnder Höhe Gräber in den Fels gehauen.
Der Ahnenkult, den die Toraja betreiben, ist einmalig und gehört mit seinen Totenfeiern zum Faszinierendsten, was man im Archipel zu sehen bekommt.
Zwar sind die Toraja heute zum überwiegenden Teil Christen, aber das hat den traditionellen Totenfeiern keinen Abbruch getan. Tatsächlich sind heute durch die Einnahmen aus dem Tourismus mehr Familien in der Lage, die teuren Totenfeiern, die füher der Adelsschicht vorbehalten waren, auszurichten. Sieben bis vierzehn Tage dauern die Feiern. Die ersten zwei Tage sind den engeren Verwandten vorbehalten. Danach werden auch andere Gäste empfangen. Für den dritten Tag ist die Opferung der Büffel angesetzt. Wir haben Glück, daß unsere Gastgeber in „Pia´s Poppies " weitläufig mit einem kürzlich Verstorbenen verwandt sind und wir über sie eine Einladung zur Feier erhalten. Abi, die Nichte der Wirtsfamilie, begleitet uns. Ein Schwein als Geschenk wurde schon vorausgeschickt. Auch wir brauchen ein angemessenes Geschenk, ohne das niemand auf einer Totenfeier erscheint. Die übliche Währung ist in diesem Fall eine Stange „Kretek"-Zigaretten. Ein schwarzer Sarong ist die angemessene Kleidung. Irgendetwas sollte jeden-

# Ujung Pandang

## Verbindungen

**Flug:** Ujung Pandang ist ein Verkehrsknotenpunkt für den östlichen Teil Indonesiens. Neben Flügen nach verschiedenen Destinationen auf Sulawesi, u.a. Makale im Torajaland und Manado in Nordsulawesi (das weiter von UP entfernt ist als Bali oder Flores), bestehen tägliche Verbindungen nach Borneo, Java, Bali, Flores, Ambon, Irian u.a.

**Schiff:** Die großen Fährschiffe der PELNI verkehren von UP regelmäßig in alle Teile des Archipels. Da die Schiffe je nach Fahrtziel unter Umständen nur jede Woche oder alle vierzehn Tage verkehren, ist eine langfristige Planung angebracht. Tickets gibt es bei PELNI in der Jalan Martadinata oder bei Agenten auch in anderen Orten.

**Bus:** Verbindungen in alle größeren Orte der südlichen Halbinsel. U.a. fährt „Liman Express" nach Rantepao. Eines ihrer Verkaufsbüros befindet sich dem Hotel Ramayana gegenüber.

## Unterkunft

Die Unterkunftssituation, was preiswerte Hotels angeht, ist nicht gerade rosig in Ujung Pandang. Rund um die Festung finden sich einige billige und dementsprechende Unterkünfte. Das angenehmste Hotel mit preiswerten, aber auch klimatisierten Zimmern ist das **Hotel Ramayana** (Tel. 22165) in der Jalan Gunung Bawakaraeng. Die einfachen Zimmer ab ca. DM 10 sind etwas feucht und stickig, aber das Hotel hat einen angenehmen Innenhof und ist ruhig gelegen. Das **Hotel Marlin** gegenüber hat eine ähnliche Preisstruktur. Ebenso das **Hotel Afirat.** Es liegt in der Nähe des Flughafens.

Am Meer befindet sich das schon etwas komfortablere und teurere **Losari Beach Inn**. Zwar gibt es keinen brauchbaren Strand, aber der interessanteste Teil der Stadt liegt vor der Haustür. In der Nähe befindet sich auch das luxuriöse **Makassar Golden Hotel** (Tel.22208) mit Zimmern ab ca. DM 80.

Nichts für zarte Nerven: bei den Totenfeiern der Toraja fließt reichlich Blut.

falls schwarz sein, wenn es auch nur ein T-Shirt ist.

Das Dorf liegt ein Stück entfernt. Wir klettern in einen überdachten Pickup, auf dessen Ladefläche zwei einander gegenüberstehende Sitzbänke weit mehr Menschen Sitzgelegenheit bieten, als man jemals vermuten würde. Anschließend müssen wir noch ein Stück laufen, ein kurzes Stück nur, nach Abis Meinung. Das kurze Stück wird immer länger und länger, der Weg schlechter und schlechter. Die erste halbe Stunde versuche ich noch die Schuhe trocken und sauber zu halten, dann bin ich nur noch bemüht, mit den nassen Schuhen möglichst nicht im Morast zu versinken. Auch das erweist sich als vergebliche Mühe, denn der Weg ist von einer knöcheltiefen Morastschicht bedeckt, ein Ausweichen ist nicht möglich. Links und rechts des schmalen, auf Dämmen in den Reisfeldern verlaufenden Pfades, befinden sich Gräben und Naßreisfelder, in denen wir sicherlich mehr als nur knöcheltief versinken würden. Die Anstrengungen gelten schließlich nicht mehr den Schuhen. Einzig mein Gleichgewicht interessiert mich noch, um nicht gänzlich kopfüber im Schlamm zu landen. Vor uns balancieren vier Träger ein an Bambusstangen aufgehängtes, quiekendes, fettes Schwein über die schmalen Dämme. Um neun sollten die Büffel geopfert werden, um zehn treffen wir schließlich ein. Wir hetzen den letzten glitschigen Hang zur eigens für die Feier errichteten Häusergruppe hinauf, um wenigstens den letzten Büffel fallen zu sehen. Aber wir können aufatmen, unserer Sensationsgier ist nicht viel entgangen. Lediglich ein Büffel liegt schon im Schlamm des Festplatzes, zwölf weitere harren ihres Schicksals. Trotz dieser stattlichen Zahl reicht es für den Toten nicht zu einem Tau Tau, einer hölzernen Gedenkfigur. Diese erhalten nur besonders bedeutende Persönlichkeiten, bei deren Totenfeier mindestens vierundzwanzig Büffel geopfert werden müssen. Dazu kommen dann leicht noch einmal hundert Schweine.

Die Seelen der geopferten Büffel begleiten den Verstorbenen nach „puya", in das jenseitige Reich der Seligen. Möglichst viele Büffel sind eine Gewähr für ewiges Leben – und dafür, daß der Seele nicht der Zutritt zum „puya" verwehrt wird und sie, die Zurückbleibenden störend, umherirrt. Um möglichst viele Büffel mit ins Jenseits nehmen zu können, ist es wichtig, möglichst viele Kinder zu haben, die im Todesfall die Büffel opfern. Dies trägt dazu bei, daß dem Bemühen um Geburtenkontrolle bei den Toraja bislang nur geringer Erfolg beschieden war.

Die Opferung ist in diesem Fall erst mal auf einen unbestimmten Termin verschoben. Dafür finden Büffelkämpfe statt, die von allen Anwesenden begeistert verfolgt und kommentiert werden. Das zweite Kampfpaar bilden zwei besonders wertvolle, schwarzweiß gefleckte Büffel. Die seltenen schwarzweißen oder gar rosigweißen Büffel kosten ein Vielfaches der einfachen Arbeitsbüffel. Sie werden ihr Leben lang gehätschelt und gepflegt und laufen nicht im entferntesten Gefahr, vor einen Pflug gespannt zu werden. Sie werden nur für die Opferung aufgezogen und sind im Vorfeld der Opferung immer zahlreich zu sehen – aber wenn die Opferung beginnt, sind sie in der Regel von der Bildfläche verschwunden und durch gewöhnliche Büffel ersetzt. Vermutlich ist der Verleih der gefleckten Büffel zu Repräsentationszwecken ein einträgliches Geschäft. Da diese Büffel aber immer nur gehätschelt werden, fehlt ihnen zumeist jede Aggressivität. Das Büffelpaar vor uns beschnüffelt sich daher nur ausgiebig, dann ziehen sich die beiden auf ein anderes Reisfeld zurück, um dort unter dem lauten Gelächter der Zuschauer Liebesspiele zu veranstalten. Ein peinlicher Augenblick für die Besitzer, da ihre Männlichkeit mit der ihrer Büffel in Verbindung gebracht wird.

Der Rest des Tages vergeht mit Warten. Jede Familie hat ihr kleines Häuschen aus Bambus. Dort werden dicker Kaffee und Plätzchen gereicht. Ständig werden sorgfältig mit Rotanschnüren verpackte Schweine über den Hof getragen und die Büffel über den Hof geführt.

Auch heute noch werden die Gräber im Torajaland in Felsen gehauen.
Folgende Seiten: Tau Taus, hölzerne Gedenkfiguren für bedeutende Verstorbene.

Ein Schwein als Geschenk auf dem Weg zum Festplatz. Neben Büffeln werden unzählige Schweine geschlachtet.

Alle Neuankommenden werden in Gruppen empfangen, und jedes Geschenk wird sorgfältig in einem Buch vermerkt, da es bei einem Todesfall in der Geberfamilie zurückgeschenkt werden muß. In einer Küche werden regelmäßig Schweine abgestochen und die angeröstete Speckschwarte als besondere Köstlichkeit herumgereicht. Über den Zeitpunkt der Opferung besteht noch Unklarheit. Der nächste Tag ist Sonntag. Die Opferung würde mit dem Kirchgang kollidieren. Also wird schließlich der Montagmorgen als Termin festgesetzt.

Diesmal sind wir pünktlich zur Stelle und erleben das makabre Schauspiel mit, das aber dennoch immer wieder reichlich Schaulustige anlockt. Zwar ist der Todeskampf der Büffel qualvoll, dafür führen sie aber zumindest vorher ein friedliches Leben, dessen Qualen nicht schon unmittelbar nach der Geburt beginnen. Das reichlich anfallende Fleisch wird unter den Besuchern verteilt und versteigert.

### Nach Batutumonga

Das Torajaland bietet Möglichkeiten für schöne Wanderungen. Diese können von einigen Stunden bis zu ausgedehnten Trekkingtouren variieren. Eine schöne Gelegenheit, zu Fuß durch nicht touristisch erschlossene Dörfer zu kommen, bietet die Wanderung nach Batutumonga. Mittlerweile ist es sogar schon möglich, mit dem Bemo auch dorthin zu gelangen, so daß Lauffaule sich mit dem Abstieg begnügen können. In kaum zwei bis drei Stunden ist am Fuß des Berges wieder eine Straße erreicht, an der man nur warten muß, bis sich ein Bemo zeigt – was unter Umständen lange dauern kann.

In Batutumonga, hoch am Hang des Sesean gelegen, hatte man bis vor kurzem noch die Garantie, nicht auf klimatisierte Kleinbusse zu treffen. Mittlerweile ist hier neben den schon länger existierenden Homestays auch eine Reihe von Hotels im Entstehen. Trotz Straße lohnt es sich immer noch, den schweißtreibenden Fußmarsch vom Fuß des Berges aus anzutreten. Beim Marsch durch die Dörfer ertönt ständig der Angriffsschrei der Kinder „orang touris!" (Mensch Tourist) oder „belanda!" (Holländer – gilt für jeden Europäer). Sofort stürzen sich alle Kinder auf jeden Touristen, der des Weges kommt. Unvermeidbar löst der Anblick weißer Haut reflexhaft den Ruf *gula! gula!* oder *uang!* aus, was bedeutet, daß die Kleinen entweder Süßigkeiten (gula heißt Zucker) oder Geld wollen. Am besten beides. Wohlmeinende Touristen geben dem Glauben, zwischen weißer Haut und Bonbons bestünde ein innerer Zusammenhang, immer wieder neue Nahrung, indem sie aus riesi-

## Torajaland

gen Tüten billige Bonbons verteilen – ohne sich viel Gedanken zu machen, ob diese Handlung in einer Gegend mit spärlichen Möglichkeiten der Zahnbehandlung wirklich edel ist. Davon, daß die Kinder zum Betteln erzogen werden, ganz zu schweigen.

Wir wollen mit unseren mitgebrachten Mountainbikes nach Batutomonga radeln. Die Strecke führt entlang dem Sadan nach Pallawa. Entlang der Straße sind überall Menschen mit der anstrengenden Arbeit in den Reisfeldern beschäftigt. Frauen setzen die zartgrünen Pflänzchen um. Auf anderen Feldern wird die Ernte eingebracht und dann in der sengenden Sonne gedroschen. Wasserbüffel dösen in Schlammlöchern inmitten von Reisfeldern. Nach einer guten halben Stunde gemächlichen Radelns sind wir in Pallawa. Vor einigen Jahren galt es noch als das vielleicht schönste aller Dörfer. Mittlerweile ist es in der Gunst der Besucher etwas zurückgefallen. Möglicherweise ist das Stückchen Strecke, das von der Hauptstraße hinaufführt, den Fahrern zu rauh. Dennoch hat praktisch jedes Haus seinen eigenen Souvenirverkauf. Erfreulich ruhig ist es in dem Ort. Lediglich ein Motorrad brummt die Steigung hinauf. Fisch frisch von der Küste liegt in den Seitenkörben. Ein Aufkleber auf dem Helm des Fahrers preist den Islam.

Wir müssen ein kleines Stück zurück, bis rechter Hand die Straße nach Batutomonga abzweigt. Auch hier ist die Straße schon geteert. Mehr oder weniger steil und schweißtreibend schlängelt sie sich den Hang empor. Da wir in der Regenzeit unterwegs sind, verkriecht sich die Sonne wie gewöhnlich am frühen Nachmittag hinter Wolken – was uns nicht allzu traurig stimmt. Über dem Tal gehen dichte Regenschleier nieder. Hin und wieder geben die aufreißenden Wolken einen märchenhaften Ausblick auf die Kuppen und Berge der Umgebung frei. Tief unten, hinter verwitterten Karstfelsen verborgen, liegt Rante-

Trotz Totenfeier ist Kurzweil angesagt. Kein Wunder, da zwischen Tod und Beerdigung häufig Jahre vergehen.

**Torajaland**

Ein Wasserbüffel suhlt sich in einem Pfuhl im Reisfeld. Die Wasserbüffel sind für die schwere Arbeit auf den Reisfeldern immer noch unersetzlich.

pao. Wir strampeln weiter bergauf. Nach zwei Stunden erreichen wir schweißdurchtränkt Batutumonga. Nur die letzten zwei Kilometer der Straße sind noch nicht geteert. Dafür können unsere Mountainbikes hier ihre ganze Qualität unter Beweis stellen. Unregelmäßige, scharfkantige Steine ragen aus dem schlammigen Weg. Schön! Endlich eine Gelegenheit, ein wenig im Dreck zu wühlen. Kaum erreichern wir „Mama Siskas Homestay", brechen auch schon wahre Fluten vom Himmel herab. Dennoch, wenn man sich auf die nachmittäglichen Güsse einstellt, stellt die Regenzeit auch für Radfahrer keinen Hinderungsgrund dar. Zumal, wenn man im Tal bleibt, wo alle Straßen geteert sind.

Auf Mama Siskas Bambusterrasse genießen wir den Willkommenstrunk mit Blick in Bambus und ziehende Nebel, die dem Fleckchen eine Atmosphäre verleihen, als wären wir irgendwo tief im Dschungel, völlig abgeschnitten von der Welt. Der Nachmittagsregen prasselt auf das Bambus-

# Torajaland

## Verbindungen

**Bus:** Es lohnt sich, mindestens einmal den landschaftlich schönen Weg von Ujung Pandang nach Rantepao mit dem Bus zurückzulegen. Mehrere Busunternehmen bedienen die Strecke sowohl tags als auch mit Nachtbussen. Der Nachtbus von Rantepao trifft allerdings gegen 3 oder 4 Uhr morgens in UP ein. Die Fahrt dauert ungefähr 10 Std.
Da die Straße durch Zentralsulawesi mittlerweile ausgebaut ist, ist auch eine Fahrt nach Norden nicht mehr das ganz große Abenteuer. Bustickets in alle Richtungen bekommt man bei verschiedenen Agenturen im Zentrum der Stadt.

**Flug:** Von Makale aus gibt es regelmäßige Flugverbindungen nach Ujung Pandang, von wo aus praktisch jeder wichtige Flughafen Indonesiens täglich zu erreichen ist.

## Unterkünfte

In **Rantepao** und seiner Umgebung gibt es mittlerweile eine große Auswahl an Hotels praktisch jeder Preisklasse. Im Ort gibt es einige billige und beliebte Hotels im Zentrum. Etwas anspruchsvoller und mit schönen Gärten versehen sind das **Hotel Indra** und das **Wisma Maria**.
Mein persönliches Lieblingshotel in Indonesien ist das **Pia´s Poppies**, das am Stadtrand liegt, mit phantasievollen – wenn auch unpraktischen – Badewannen, Blick auf Reisfelder und dem besten Essen weit und breit – unbedingt probieren! (Kommt man mit dem Bus nach Rantepao, dort absetzen lassen.)
Die **Toraja Cottages** 3 km außerhalb und das **Misiliana** an der Straße nach Makale bieten die luxuriösesten Unterkünfte ab ca. 50 DM.

**Batutumonga:** Mehrere schöne Homestays mit wunderschöner Aussicht auf das Tal. Gelegenheit zu Wanderungen in die Umgebung und zur Besteigung des Sesean. **Mama Siska** bietet ein gemütliches Homestay mit liebevoller Vollverpflegung und einfachen Zimmern. Mittelklassehotels stehen vor der Eröffnung.

**Makale:** Ebenfalls ein guter Ausgangspunkt für die Erkundung des Tales von Rantepao. Einige billige Unterkünfte in der Stadt, Mittelklassehotels am Stadtrand.

## Reisezeit

Das Torajaland läßt sich ganzjährig besuchen. Zwar ziehen in der Regenzeit fast jeden Nachmittag dunkle Wolken auf, und es gießt heftig, aber verregnete Tage sind selten, Regenbögen um so häufiger. Da die Straßen im Tal durchweg geteert sind, gibt es auch keine Schwierigkeiten mit der Fortbewegung. Dafür sind die Hotelpreise in unserem Winter günstiger und relativ wenig Touristen unterwegs. Totenfeiern finden mittlerweile fast das ganze Jahr über statt. Im Hotel oder im Touristenbüro fragen.

---

dach und näßt die Kaffeesträucher mit ihren Beeren, die rot im Regen glänzen.
Siska ist die jüngste der Frauen, die das Hotel betreiben. Mama Siska – Siskas Mutter, die nach Torajasitte nicht mit ihrem eigenen Namen angeredet wird, sondern nur als „Siskas Mutter" – ist verwitwet und ernährt sich mit ihrem „homestay", einer Pension mit Familienanschluß. Gegessen wird gemeinsam mit der Familie auf dem Bambusboden. Die Kochstelle, an der den ganzen Tag Betrieb herrscht, befindet sich in einer Ecke des Raumes, der erfreulicherweise so luftig konstruiert ist, daß der Rauch durch die Ritzen abzieht. Geschlafen wird auch dicht beieinander – mitunter mit Familienmitgliedern, die man nicht dort erwartet. So wie vier Jahre zuvor, als ich das erstemal hier oben war. Lisa, eine Kanadierin, war im Schlafzimmer der Familie mit einquartiert. Nach einigen Tagen fiel ihr auf, daß jeder Besucher im Haus als erstes in ein Eck des Schlafzimmers ging, dort eine Kleinigkeit vor einem länglichen Gegenstand abstellte und einige Worte sprach. Tatsächlich lag dort in Tücher eingewickelt die tote Urgroßmutter. Es wurde

noch Geld gespart für die teure Feier und auf eine günstige Gelegenheit für das Fest gewartet. Bis die Finanzierung gesichert ist, können Jahre vergehen. Zudem muß ein Termin gefunden werden, zu dem sich alle Familienmitglieder, die oftmals über ganz Indonesien verstreut leben, treffen können. Bis dahin wird der Verstorbene im Haus der Familie aufbewahrt. Gegen den Verwesungsgeruch wurden die Leichen früher aufwendig einbalsamiert oder in einem Sarg aufbewahrt, der über ein Bambusrohr nach draußen entlüftet wurde. Heute erledigt Formalin viel einfacher den gleichen Dienst. Solange der Verstorbene nicht beerdigt ist, wird er allerdings nicht als tot, sondern nur als kopfkrank angesehen. Daher besucht jeder, der das Haus betritt, zuerst den „Kranken" und hinterläßt ein symbolisches Geschenk: etwas Tabak oder Betelnuß.

Am frühen Morgen liegt unser Quartier zwischen zwei Wolkenschichten. Wir brechen früh am Morgen auf. Die Reisterrassen blinken im Nebel unter uns. Die Straße ist extrem uneben – um es höflich auszudrücken. Ich kann mir nicht so recht vorstellen, daß hier gelegentlich auch Bemos über die Steine klettern. Wir passieren noch einige Homestays, die teilweise schon Hotelcharakter haben. Lange kann es nicht mehr dauern, bis auch hierher die klimatisierten Minibusse fahren. In vielen Kurven schlängelt sich der Weg um den Sesean, hält erfreulich konstant die gleiche Höhe, so daß wir nur mit dem Zustand der Straße zu kämpfen haben. Immer wieder ziehen Wolken aus dem Tal den Hang hinauf, hüllen den Weg in Geheimnisse. Ganz besonders kurz vor Lokomata, wo sich ein Granitklotz wie ein überdimensionierter Findling aus dem Nebel schält. In die dunkle Masse des Riesenkiesels sind Türen eingelassen. Dahinter befinden sich seit Jahrhunderten Felsgräber, nur jetzt mit Porträt des Verstorbenen und Kreuz geschmückt. Männer hämmern an einem kleineren Klotz an einer Familiengruft, so groß wie ein kleines Zimmer. Unser Erscheinen nutzen sie gleich für eine Pause und die Bitte um „Kretek"-Zigaretten. Zwischen Bambusrohr stehen auch noch zwei neue Gräber im Nebel, aus Beton und traditionellen Toraja-Häusern nachgebildet.

In Lokomata kehren wir in einer kleinen Teestube ein. Ein Holzhäuschen mit einem Tisch. Schlichter geht es nicht. Wir fragen nach dem Weg nach Panggala. 18 Kilometer sind es jetzt, nachdem es zwei Stunden zuvor in Batutomonga noch zehn geheißen hatte. Weitere Fragen bringen stets die gleiche Antwort: „jauh!" (weit). Je länger wir unterwegs sind, desto weiter scheint unser Ziel davonzurücken. Von Lokomata folgt uns eine schreiende Horde Schulkinder. Aber nur, solange wir radeln. Sobald wir stoppen, um ein Bild zu machen, stürzen sie davon, um uns anschließend sofort wieder johlend zu verfolgen. Bis wir schließlich die Schule erreichen, bei der sie geschlossen zurückbleiben.

Je näher das Ende des Tales rückt, in das wir mittlerweile hineinradeln, desto mehr versinkt der Weg im Schlamm. Ständig haben wir bei der Fahrt eine wunderschöne Sicht auf tiefer gelegene Felsformationen und das Tal von Rantepao. Ein System aus Wasserrädern, Schnüren und Bambusstangen dient als Vogelscheuche in den herrangereiften Reisfeldern. Gegen zwölf erreichen wir einen kleinen Ort und erhalten glücklich eine Nudelsuppe aus der Tüte, die allgegenwärtige „mie sop". Und immer noch heißt es, wenn wir nach dem Ziel fragen, „noch weit". Bittuang, unser eigentliches Tagesziel, soll sogar zweihundert Kilometer weit sein, was schlichtweg unmöglich ist. Aber statt der angegebenen drei Stunden sind wir nach kaum einer Stunde in Pangala. Die Antworten auf unsere Frage nach Bittuang jedoch fallen alle gleichermaßen negativ aus. Das heißt, alle sind sich einig, daß es weit ist – was immer das bedeuten mag – und daß der Weg schlecht ist. Angesichts des normalerweise schon bescheidenen Zustandes der Wege nicht sehr ermutigend! Zum Überfluß habe ich mir schon am Morgen beim Anschnallen der Satteltaschen einen Hexenschuß geholt und kann nur im Stehen radeln. So fällt die Wahl des Weges nicht schwer. Von Pangala führt eine Straße steil abwärts nach Rantepao. Da seit dem Vortag noch einige Höhenmeter dazugekommen sind, befinden wir

Begegnung in einem Dorf. Je weiter man sich von den Hauptrouten entfernt, desto seltener trifft man auf bettelnde Kinder.

uns jetzt ziemlich hoch über dem Tal. Wie hoch, wird uns erst bewußt, als unsere Handgelenke und Finger unter der ständigen Belastung des Bremsens und Abstützens auf dem steinig-holprigen Terrain schmerzen. Stundenlang geht es über spitz aus der Straße ragende Steine so steil abwärts, daß wir uns kaum vorstellen können, wie ein vollbeladener Kleinbus hier heraufkommen soll. Wir müssen sogar immer wieder absteigen und schieben. An ein schnelles Fortkommen ist nicht zu denken.

Dafür scheint die ganze Zeit die Sonne von einem strahlend blauen Firmament. Der Nachmittagsregen will sich heute nicht so recht einstellen. In der Ferne liegt ein Regenbogen flach über dem Tal, von „Bogen" kann eigentlich nicht die Rede sein. Dafür ist er ungeheuer breit, beinahe so breit wie lang. Und immer wieder ist die Aussicht entzückend, bezaubernd ... Verspielte Felsen, Bambus, Pinien geben ihr ein unverwechselbares Gepräge, dazwischen sattgrüne oder silbern spiegelnde Reisterrassen. Ohne Zweifel eine der schönsten Landschaften Indonesiens. Erst um halb fünf erreichen wir den Talgrund. Die Sonne schickt ihre Strahlen schräg unter finster dräuenden Wolken hindurch, taucht das Tal in ein verzaubertes Licht – bis uns auf den letzten zwei Kilometern doch noch die Dusche aus den sich plötzlich ungehemmt öffnenden Wolken ereilt.

**Zu Fuß nach Mamasa**

Abschied von „Poppie´s". Zum Schluß muß ich noch die Rechnung korrigieren, da einiges auf ihr fehlt. Andarias, ein Neffe des Hotelbesitzers, wird uns als Führer nach Mamasa begleiten. Den größten Teil des Gepäcks lassen wir im Hotel zurück. Somit haben wir nicht viel mehr als unsere Fotoausrüstung und ein paar Snacks für unterwegs zu tragen. Unterkunft und Verpflegung, so die optimistische Voraussage von Anda, bekämen wir unterwegs.

Einen Tag brauchen wir, um mit dem Bemo von Rantepao nach Bittuang, unserem Ausgangspunkt, zu gelangen. Zeit ist hier noch nicht gleich Geld. Was bestens daran zu beobachten ist, daß das Bemo in Makale längere Zeit auf einen Passagier wartet, der noch beim Arzt ist. Auch auf dem Weg gibt es immer wieder Verzögerungen, weil niemand aussteigt, bevor er nicht genau den Punkt erreicht hat, von dem aus er den kürzesten Weg nach Hause hat. Niemand wird auch nur zwanzig Meter zu früh aussteigen. Schließlich zahlt er auch für den ganzen Weg. Oft genug hält das Bemo, um jemanden, der sich mühsam in das volle Bemo stopft, zusteigen zu lassen, nur um wenige Meter später wieder zu halten, damit sich ein Passagier unter Aufbietung aller Leibeskräfte herauswinden kann. Das sind Momente, bei denen man dem Erfinder der Haltestelle zutiefst dankbar ist. Ist der Fahrgast ausgestiegen, beginnt unter Umständen ein langwieriges Feilschen über die Höhe des Fahrpreises. Das Gefährt, ein überdachter Pickup mit zwei sich gegenüberstehenden Sitzbänken, quält sich im ersten Gang den Berg hinauf, immer nur hinauf. Die letzten Kilometer sind auch bei wohlmeinender Betrachtungsweise nicht mehr als Straße zu betrachten. Ständig müssen alle Passagiere mit anpacken. Es erscheint nach und nach ungerecht, daß die Passagiere für die Fahrt bezahlen, anstatt Lohn vom Bemofahrer für ihre Mühen zu erhalten, zumal die Fahrt über die üble Piste auch noch ungewöhnlich teuer ist. Verständlich allerdings, wenn man den Verschleiß am Fahrzeug bedenkt.

Die Landschaft ändert sich auf den wenigen Kilometern ganz erheblich. Der letzte Eindruck der Tropen ist zurückgeblieben. Wären nicht immer wieder Bambus, Bananenstauden und Kaffeesträucher zwischen die Pinien gestreut, ich hätte eher das Gefühl, im Schwarzwald zu sein als in der Nähe des Äquators.

Als Entschädigung für die Anstrengung werden wir unmittelbar vor dem Hotel abgesetzt. Hotel? Vielleicht eine zu hoch gegriffene Bezeichnung für die Unterkunft. Zwei Zimmer mit moskitonetzbehangenen Himmelbetten gibt es. Aber die Gefahr, kein Zimmer zu bekommen, ist gering. Das Gästebuch weist nur spärliche Eintragungen auf. Die letzten Trekker waren einen Monat vor uns hier. Und auch im Sommer, d.h. in der Trockenzeit, treten sich die Trekker hier nicht gerade auf die Füße.

Den Abend verbringen wir im schwachen Lichtkreis einer rußigen Kerosinlampe im Wirtsraum gemeinsam mit der Familie, die das Zimmer, solange keine Gäste da sind, also fast immer, als Wohnzimmer verwendet. Angesichts der spärlichen Einrichtung überfallen mich die schlimmsten Befürchtungen in bezug auf das Abendessen. Doch völlig zu Unrecht. Wir bekommen ein schmackhaftes Essen vorgesetzt, das durch ein zähes Huhn abgerundet wird. Während wir essen, läßt es sich auch die Wirtsfamilie schmecken. Berge von Reis werden von den Tellern in die Mägen verlagert, dazu ein bißchen Chili – für unsereinen tödliche Mengen. Ein paar salzige Tapiokablätter ergänzen das Menü. Kein Anblick, der in mir den geringsten Neid keimen läßt.

Der Trek beginnt gemächlich. Lediglich Bambus und Bananen irritieren zwischen den Nadelbäumen. Sanfte, pinienbestandene Hügel rollen vor uns aus. Zwei Stunden steigen wir gemütlich durch eine Landschaft auf, deren Reiz im Gegensatz zwischen Vertrautem und Unvertrautem besteht. Nach dem Paß dann wieder dichterer Wald, der doch zeigt, daß wir in den Tropen sind. Kaffeesträucher stehen an steilen Hängen am Wegrand. Selbst wenn man sie nicht sähe, wäre ihr süßer Duft, der von den weißen Blüten ausgeht, doch nicht zu „überriechen". Exzellenter Kaffee Arabica wächst hier. Nur die Vermarktung ist schwierig ohne Straßenanschluß. Drei Stunden folgen wir dem Tal bis Ponding. Kurz vor dem Ziel gibt es an einem Bach eine Baderast. Das Wasser ist ausgezeichnet: zu kalt für Bilharziose, aber nicht zu kalt zum Baden. Eine Hängebrücke führt genau über unseren Badeplatz. Eine halbe Schulklasse sammelt sich kichernd auf der

Die Gräber der Toraja werden nach wie vor nach traditionellem Muster errichtet, auch wenn heute die meisten Toraja Christen sind.

**Torajaland**

Rast an einem kleinen Teestand.

schwankenden Bambuskonstruktion. Zumindest die Knaben schauen uns unverhohlen zu, während die Mädchen aus der Deckung des Gebüschs weniger offen, aber genauso neugierig auf meine weiße Haut herabstarren.

Eine besondere Überraschung hält der Weg noch bereit. Es regnet Mangos aus dichten, dunkelgrün belaubten Bäumen, obwohl überall sonst in Indonesien die Mangosaison seit zwei Monaten vorüber ist. Es sind Mangos, wie ich sie leckerer nirgendwo gegessen habe.

In Ponding fragen wir beim Kepala Desa, dem Dorfoberhaupt, wörtlich: dem „Kopf des Dorfes", nach einer Unterkunft. Wir bekommen ein Himmelbett auf einer weitläufigen Veranda, umlagert von neugierigen Kindern, die aber schon lange nicht mehr betteln, sondern nur neugierig staunend und fröhlich jede unserer Regungen beobachten.

Einziges Problem ist die Toilette. Auf meine Frage danach werde ich nur vage auf den Bach in einiger Entfernung vom Haus hingewiesen. Tatsächlich finde ich auch zwei Tritte im Bachbett – und entdecke noch rechtzeitig die Blutegel, die sich meine Schuhe emporarbeiten (trotz aller Berichte über allgegenwärtige Blutegel habe ich noch nie einem dieser „Sauger" als Spender gedient).

Der Weg führt weiter über eine Hügellandschaft, die teilweise beinahe Almcharakter hat. Gelegentlich treffen wir auch auf traditionelle Häuser, die Rumah Adang, die hier weit gedrungener wirken als um Rantepao. Kräftige Stützbalken tragen die weit vorspringenden Giebel. Diese Veränderung macht sie Schiffen noch ähnlicher. Steil zieht sich ein lehmiger Hang nach Timbaan hoch. Ich hatte schon gelegentlich darüber nachgedacht, ob ein Mountainbike hier nicht auch ein brauchbares Fortbewegungsmittel wäre. Doch zumindest hier wäre es eine Last.

Timbaan, ein paar einsam am Rand des Dschungels gelegene Häuschen, ist unser Tagesziel. Ich kehre noch einmal ein kurzes Stück zurück, zu einem Dörfchen, das nur eine Viertelstunde entfernt etwas abseits vom Weg liegt. Alles versteckt sich bei meinem Anblick. Nur die Schweine grunzen ängstlich in ihren Bambusverschlägen. Ab und zu ist für einen kurzen Moment ein neugieriges Auge an einem Fenster zu entdecken.

## Torajaland

Schließlich kommt ein Mann ins Dorf zurück. Er kann sich nicht vor mir verstecken, denn vor den Frauen, die das Geschehen unauffällig beobachten, darf er keine Angst zeigen. So sitzt er neben mir auf einer Veranda und lächelt mir verkrampft, aber tapfer zu.

Timbaan liegt auf tausend Metern Höhe. Hoch genug, um für eine kalte Nacht zu garantieren. Dem Haus gegenüber befindet sich das Badezimmer, ein Holzverschlag, durch dessen Ritzen der Wind pfeift und der ohnehin kaum mehr als brusthoch ist. Der Wind wirft ständig die Blechtür um. Dafür läuft das Wasser reichlich aus einem halbierten und ausgehöhlten Baumstamm.

Nach einer kalten Nacht führt der Weg allmählich aufwärts durch ein schönes Dschungelgebiet. Arbeiter sind damit beschäftigt, eine Straße in die steilen Hänge zu graben. Doch der Sandboden kann den Fluten heftiger Regengüsse nicht widerstehen. Ob dies wirklich eine Straße ergibt, muß sich erst noch zeigen. Aber es ist immer wieder erschreckend zu sehen, wie bedenkenlos und ohne Planung durch Straßenbau Wunden in die steilen Hänge geschlagen werden, an denen der Erosionsprozeß mühelos weitergräbt, bis er ganze Hänge ins Rutschen bringt.
Der Weg führt vom Paß stundenlang bergab, erst steil durch Urwald mit mächtigen Bäumen, dann in wieder bewohnte, offene Täler. Das Tal von Mamasa ist weitläufig und weniger aufregend als die Gegend um Rantepao. Große Schmetterlinge flattern den Weg entlang, schwarz mit weißen Punkten, oder türkis mit schwarzem Trauerrand. In Parkassat öffne ich zur Mittagsrast noch die letzte unserer Thunfischdosen. Zehn neugierige Augenpaare verfolgen unsere Mahlzeit. Aber anders als im touristisch erschlossenen Teil des Torajalandes kommt keines der Kinder auf die Idee zu betteln. Hinter dem Haus strömt ein Fluß zwischen Felsbrocken hindurch. Der ideale Fleck für eine Abkühlung.

Kurz vor Mamasa stoßen wir in Rantebunda auf ein großes traditionelles Haus, dessen hoher Giebel von einem ungewöhnlich mächtigen Baumstamm getragen wird. Ein Symbol der ehemaligen Macht der Familie, die dieses Haus bewohnt. Mamasa selber ist nicht besonders reizvoll. Das Hotel erinnert mit seiner Bar etwas an einen heruntergekommenen Saloon. Abgesägte Baumstämme dienen als Hocker. Ein reisender Geschäftsmann, der die Bar mißbilligt, erklärt uns, die Tatsache, daß in den islamischen Ländern soviel Öl sprudelt, sei ein hinreichender Beweis dafür, daß Gott mit den Moslems sei. Ich bin zu verblüfft, um zu fragen, warum Gott in seiner Gnade dann nicht auch noch ein bißchen Wasser für die arabische Halbinsel bewilligt habe.

Um ins Torajaland zurück zu gelangen, müssen wir an die Küste hinunterfahren und von Pare Pare aus wieder hinauf. Das dauert mit dem Bus beinahe so lange wie die Rückkehr zu Fuß. Erst kurz vor der Küste bricht das gebirgige Hochland unvermittelt ab. In unendlich vielen Kurven windet sich die Straße durch den Wald hinab und bietet immer wieder eine atemberaubende Aussicht auf die steilen bewaldeten Hänge und das Meer, während wir allmählich erneut eintauchen in die zähe, feuchte Hitze der tropischen Küste.

# BALI UND LOMBOK

Bali und Lombok, die zwei ungleichen Schwestern, sind keine Ziele für Reisende, die das Abenteuer suchen. Aber trotz all des Tourismus hat Bali viele seiner liebenswerten Seiten bewahren können. Kaum irgendwo sonst findet sich eine ähnliche Zahl schöner Unterkünfte aller Preisklassen, fast durchweg geschmackvoll und mit viel Liebe zum Detail angelegt. Merkmale, auf die man bei Fahrten durch die Insel immer wieder trifft – die Häuser mit ihren Gärten, die Tempelchen oder die Reisterrassen –, verleihen Bali den Charakter eines Landschaftskunstwerkes.

Bali – ein Ziel zum Träumen. Allerdings nicht in erster Linie wegen seiner Strände.

# Bali

Bali ist eines der Traumziele unserer Tage, ein kleines paradiesisches Inselchen am Rande der Welt. So ungefähr ist jedenfalls die Vorstellung, die in den Köpfen allgemein vorherrscht. Aber wenn Millionen das Gleiche denken und Hunderttausende jährlich auf Bali nach ihrem Paradies suchen, dann können Veränderungen nicht ausbleiben. Ohne Zweifel ist Bali immer noch eine sehr schöne Insel, und sie verfügt über Hotels, wie sie in ihrer oftmals geschmackvollen Einrichtung kaum irgendwo sonst – und schon gar nicht zu den Preisen – zu finden sind. Aber der eigentliche Reiz Balis lag in den vielen stimmungsvollen Details, in einer oftmals kaum greifbaren Melancholie, die über der Insel lag. Bananenpflanzungen im Nebel, zwischen den Stauden Hortensien, hübsche Gärtchen und Häuschen, alles liebevoll gepflegt und geschmückt, Kraterseen und Reisterrassen, diese Mischung war es, die Bali seinen paradiesischen Anstrich

verlieh. Doch die Ruhe, die dazugehört, ist kaum noch zu finden, wenn überall Busladungen von Touristen durch die Insel gekarrt werden und Tausende von Touristen mit PKWs und Motorrädern auch den letzten Winkel erkunden.
Je nachdem, was man sucht, kann Bali immer noch ein wunderschönes Ziel sein. Wer sich entspannen will, schöne Landschaft und angenehme Hotels sucht, ist auf Bali richtig. Außerdem ist Bali mit seinem internationalen Flughafen ein idealer, ziemlich genau im Zentrum Indonesiens gelegener Ausgangspunkt für Reisen im Lande. Und wenn man schon in Bali ist, dann lohnt es sich auf alle Fälle, sich auch etwas umzusehen und die Touristenhochburg im Süden der Insel zu verlassen.

**Mit dem Motorrad auf Bali und Lombok**

Wäre nicht der unvermeidliche Lärm und die Abgase, die man mit dem Motorrad um sich verbreitet, ein Motorrad wäre geradezu ideal, um Bali zu erkunden. Die Distanzen sind nicht allzu groß, und kurvige Bergsträßchen verlocken regelrecht dazu, Bali entspannt auf dem Motorrad zu erkunden. Zwei Dinge sind allerdings weniger zum Entspannen geeignet: zum einen das hochtourige Kreischen der 125er Maschinchen, die hier allgemein als Leihmaschinen angeboten werden, zum anderen der chaotische Verkehr im Süden Balis und auf der Magistrale von der Fähranlegestelle nach Sumatra über Denpasar bis hin nach Padangbai. Auf dieser Strecke ist Bali ganz unübersehbar kein Paradies. In Balis „wildem Süden" vergeht einem leicht Hören und Sehen. Denpasar umgeht man ohnehin am besten weiträumig. Aber auch auf den sonstigen Hauptstraßen herrscht das Recht des Stärkeren. Als Motorradfahrer muß man sich darüber im klaren sein, daß entgegenkommende Busse oder LKWs ihren Überholvorgang in der Regel nicht wegen eines Motorrades abbrechen.
Kleine Motorräder sind in Kuta oder Sanur problemlos für wenig Geld zu mieten. Wer keine Erfahrung mit dem Motorradfahren hat, sollte allerdings nicht auf die Idee kommen, die ausgerechnet auf Bali zu sammeln. Üble Verletzungen sind regelmäßig die Folge solchen Leichtsinns.

Hat man Balis Süden verlassen, kann man aufatmen. Die Sträßchen nördlich von Denpasar und der Hauptroute entlang der Südküste sind meistens mehr oder weniger verwaist. In Nord-Süd-Richtung ziehen sich die Straßen zur Vulkankette hoch, die die Nordhälfte bestimmt. Reisterrassen und tief eingeschnittene Flußläufe begleiten den Weg. Querverbindungen zwischen diesen Straßen sind selten und führen stets in Serpentinen schlängelnd die Täler hinab. Auf diesen Strecken lassen sich die Reisterrassen, wahre Landschaftskunstwerke, die die Balinesen hier geschaffen haben, am schönsten betrachten. Unterkünfte sind mit dem Motorrad auf Bali jederzeit erreichbar. Viel unerkundetes Terrain gibt es auf Bali allerdings nicht mehr. Der Zauber Balis liegt im Detail, in kleinen Tempelchen abseits des Weges, moosbewachsenen Statuen und Fahrten im Nebel entlang der Kraterseen. Ubud war lange Zeit ein Ziel für alle, die dem Rummel des balinesischen Südens entgehen wollten. Inmitten der Reisterrassen lagen kleine Unterkünfte, die Raum ließen zum Träumen. Mittlerweile ist Ubud touristisch kaum weniger erschlossen als Kuta, nur daß sich hier eher kulturell interessierte Reisende treffen und nicht an jeder Ecke eine Disco dröhnt. In der Nähe Ubuds liegt eine der Hauptattraktionen Balis, die Goa Gajah: eine Höhle, in die man durch das weit aufgerissene Maul eines Monsters eintreten kann. Ein Besuch dort kann einen tatsächlich das Gruseln lehren. Busseweise Touristen, ein gigantischer Busparkplatz, Souvenirstände ohne Ende. Ähnlich ergeht es den anderen Attraktionen. Die Atmosphäre ist gleich Null. Dagegen lohnt es sich immer, kleine Tempelchen abseits der Trampelpfade aufzusuchen und dort die Ruhe zu erfahren, die von diesen Plätzen ausgeht. So wie in Yeh Puluh, kaum zwei Kilometer von Goa Gajah entfernt. Keine Straße, kein Busparkplatz locken die Massen hierher.
Wer weniger erkundetes Terrain bevorzugt, muß sein Motorrad in Richtung Padangbai lenken und

Überall in Bali trifft man auf kleine, liebevoll gepflegte Tempelchen, deren ständige Präsenz einen guten Teil des Reizes der Insel ausmacht.

dort die Fähre nach Westen nehmen. Padangbai ist ohnehin einer der schönsten Orte Balis, einer der wenigen, die sich noch ein wenig Atmosphäre bewahrt haben, obwohl auch hier in den letzten Jahren wie überall auf Bali zahlreiche neue Unterkünfte entstanden sind. Am schönen Sandstrand des Ortes liegen die bunten Auslegerboote der Fischer. Früh morgens kann man noch beobachten, wie der Fang der letzten Nacht eingebracht wird. Kleine Restaurants servieren frischen Fisch direkt am Strand – perfektes Südseefeeling. Nur entsteht leider zwischen Padangbai und Candi Dasa der neue Ölhafen Balis, was für beide Orte das touristische Ende bedeuten wird, sobald hier die Öltanker vor der Küste auf Reede liegen.

Wer nach Lombok oder gar noch weiter östlich übersetzen möchte, muß sich gleich bei der Anmietung des Motorrades versichern, daß die Zulassung und Versicherung nicht nur für Bali gelten. Die meisten Motorräder dürfen nämlich nur auf Bali fahren. Die Autofähre verkehrt inzwischen rund um die Uhr zwischen Lombok und Bali. Alle zwei Stunden ist ihr Abfahrtssignal in Padangbai zu vernehmen. Wer keinen tiefen Schlaf hat, kann sich nach dem Tuten der Schiffe richten wie nach der Kirchturmuhr.

Jenseits der Meerenge mit oft rauhem Seegang ist vieles anders, als man angesichts der geringen Distanz erwartet hätte. Zwischen Bali und Lombok verläuft die Wallace-Linie. Hinter dieser Linie finden sich die Großsäuger Asiens nicht mehr. Dafür trifft man, je weiter man nach Osten vordringt, immer mehr auf Vertreter der australischen Flora und Fauna. In den Eiszeiten, als der Meeresspiegel weit niedriger lag als heute, war es möglich, über die malaiische Halbinsel trockenen Fußes bis Bali vorzudringen. Doch der Graben zwischen Lombok und Bali ist so tief, daß er

nie trockenfiel. Auch die Niederschläge in Lombok fallen schon wesentlich spärlicher aus als in Bali. Je weiter östlich man kommt, desto trockener wirken die Inseln der Kette der Kleinen Sundainseln.

Auch touristisch ändert sich hier das Landschaftsbild. Zwar ist Lombok mittlerweile ebenfalls ein bedeutendes Ziel auf der Reisekarte. Doch neben Bali nehmen sich die Besucherzahlen noch bescheiden aus. So werden Besucher in abgelegenen Dörfern immer noch von einer Kinderschar umringt und ausgiebig bestaunt, wo auf der Nachbarinsel schon längst kein Kind mehr angesichts eines Ausländers mit der Wimper zuckt. Bei der in weiten Teilen dünnen Struktur des öffentlichen Nahverkehrs sind die Vorzüge eines eigenen Fahrzeugs unübersehbar. Eine Rundfahrt kann einen in wunderschöne einsame Meeresbuchten mit endlosen weißen Stränden führen. Ganz im Süden liegt eine Kette solcher Buchten, die nicht nur wegen ihres Namens – Kuta – prädestiniert ist, dem balinesischen Vorbild nachzueifern. Weitere Buchten sind an der Südküste noch zu entdecken – von Spekulanten auf den Boom in Lombok allerdings schon alle in Besitz genommen. Tatsächlich bietet Lombok im Vergleich zu Bali die weit schöneren Strände. Die vielen Buchten gewähren außerdem Schutz vor den heftigen Strömungen, die das Baden in Bali an vielen einsamen Stränden zum russischen Roulette werden lassen.

Wer es nicht ganz so einsam liebt, findet in Senggigi oder den etwas weiter nördlich gelegenen Gilis, was er sucht. Besonders die drei kleinen Inselchen Gili Air, Gili Trawangan und Gili Meno locken mit ihren kleinen Strandhütten und Korallenriffs viele Besucher an.

Im Zentrum Lomboks lockt der Gunung Rinjani, der höchste Berg Indonesiens außerhalb Neuguineas, zum Aufstieg. Zwei Ausgangspunkte kommen für die mehrtägige Wanderung in Frage: Der eine ist Senaru südlich von Bayan an der Nordseite des Berges, der andere Sembalun Lawang im Nordosten. Spektakulärer als die Besteigung des Gipfels ist der Besuch im weiten Krater am Segara Anak, dem Kratersee, der Teile der Kaldera füllt. In Vollmondnächten werden an seinem Ufer immer noch Opfer dargebracht. In der Caldera steht der Gunung Baru, der seit 1942 aus dem See gewachsen ist. Der Vulkan war das letzte Mal erst 1994 aktiv, als er eine Ascheschicht über Lombok pustete. Die Besteigung des Berges in der Regenzeit ist nicht zu empfehlen. Besonders der Abstieg in den Krater wird dann schlammig und gefährlich.

Nicht nur der hektische Verkehr Balis hat seine Tücken, wie ich an meinem letzten Tag auf Lombok feststellen kann. Früh morgens verlasse ich meine Unterkunft in Mangsit, um nach Lembar zu fahren und nach Bali überzusetzen. Die Straße zieht sich durch Kokosnußhaine, rechts öffnet sich der Blick auf das Meer. Ein Radfahrer genießt ebenfalls morgentrunken die Stimmung des frühen Tages, in der die Hitze sich noch nicht eingestellt hat. Sinnierend radelt er auf der rechten Seite und blickt aufs Meer. Als ich kurz hinter ihm bin, fällt ihm auf, daß er auf der falschen Straßenseite fährt. Er reißt kurz entschlossen den Lenker herum, um auf die richtige Straßenseite zu gelangen, ohne vorher auch nur einmal über seine Schulter zu schauen. Mir bleibt angesichts dieses überraschenden Manövers keine Ausweichmöglichkeit. Der Weg nach links ist von Felsbrocken versperrt – also Vollbremsung. Mit viel Glück rutsche ich nur noch leicht in das Fahrrad. Der Schaden ist gering. Aber der Fahrradfahrer ist weit davon entfernt, sich bei mir zu entschuldigen. Ganz im Gegenteil, er weist mich darauf hin, daß er doch wohl offensichtlich auf diese Seite mußte.

# Bali und Lombok

### Anreise/Verbindungen

**Flug:** Bali besitzt einen internationalen Flughafen in unmittelbarer Nähe der Touristenhochburgen in Balis Süden. Viele Fluggesellschaften bieten Direktflüge von Europa nach Bali an. Außerdem sind viele Teile der Welt von Bali aus zu erreichen. Verbindungen in alle Teile des indonesischen Archipels sind kein Problem, sollten zumindest in der Hauptsaison im Juli/August aber nach Möglichkeit im voraus gebucht werden.

**Schiff:** Bali ist nur schlecht in das Fährnetz der PELNI eingebunden, Lombok kaum besser. Wer mit dem Fährschiff reisen möchte, wird kaum darum herumkommen, nach Surabaya zu fahren (Nachtbusse, 16 Std ca. DM 20).

**Fähre:** Zwischen Java und Bali verkehrt die Fähre alle halbe Stunde, ca. 15 min. Von Padangbai nach Lombok verkehren die Autofähren alle zwei Stunden rund um die Uhr. Die Überfahrt dauert ungefähr 3,5 Std, kann aber bei schlechtem Wetter in der oftmals rauhen See zwischen den Inseln auch erheblich länger dauern. Von Benoa (bei Sanur bzw. Kuta) flitzen auch wesentlich teurere Schnellboote nach Lombok (sobald die Anlegestelle in Senggigi in Betrieb geht, direkt nach dorthin; ca. DM 30; 2 Std). **Bus:** Es ist möglich – aber bestimmt nicht angenehm –, von Bali aus Direktbusse bis Jakarta zu besteigen. Eine Reihe von Zielen wird von Bali direkt angesteuert, wie Surabaya, Yogyakarta oder Probolingo (Ausgangspunkt für die Besteigung des Bromo). Verbindungen nach Osten bis Bima gibt es, werden aber seltener befahren.

Auf Bali verkehren überall Bemos oder Busse, so daß das Reisen auch ohne eigenes Fahrzeug kein Problem ist.

### Fortbewegung

**Motorrad/Leihwagen:** Wer keine Erfahrung mit chaotischem Verkehrsgewühl hat, sollte sich überlegen, ob er hier ein Fahrzeug mieten will.

In Kuta oder Sanur sind Leihfahrzeuge problemlos zu finden, aber auch in Ubud, Lovina und Candi Dasa. Die Preise schwanken je nach Verhandlungsgeschick, Mietdauer, Saison und Versicherung. Vollkasko ist natürlich erheblich teurer, aber überlegenswert.

Ein Suzuki-Jeep ist ab ca. DM 30/Tag zu haben (ohne Vollkasko), Motorräder (90 – 125 ccm) ab ca. DM 10, für längere Zeiträume auch günstiger. Wer Bali mit dem Fahrzeug verlassen möchte, muß sich unbedingt erkundigen, ob das Fahrzeug und die Versicherung dafür zugelassen sind. Oft gilt die Zulassung ausschließlich für Bali!

Tanken ist auf Bali kein Problem. Da die Entfernungen kurz sind und sowohl die Jeeps als auch die Motorräder sparsam im Verbrauch sind, muß man ohnehin nicht oft an eine Tankstelle. Beim Tanken unbedingt darauf achten, daß die Tankuhr auf Null gestellt wird! Auf Lombok ist sorgfältiger auf den Tankstand zu achten, da außerhalb des Zentrums um die Hauptstadt Mataram kaum Tankstellen zu finden sind. Für etwas mehr Geld wird Benzin oft am Straßenrand in Flaschen literweise angeboten.

**Fahrrad:** Bali ist, was die Entfernungen von Unterkunft zu Unterkunft betrifft, ideal für Radler. Allerdings führen alle Straßen außer der Küstenstraße steil bergauf und bergab. Wer die steilen Anstiege vermeiden will, kann das Fahrrad auch mit dem Bus hinaufbefördern lassen und dann glücklich bergab rollen (was ein echter Biker natürlich nicht machen wird). Da das Land gebirgig ist, sollte man schon auf ein gutes Fahrrad steigen, am besten ein Mountainbike mit Untersetzung. Lombok ist im allgemeinen weniger bergig. Da mittlerweile Mountainbikes auf Bali problemlos zu finden sind (wenn vielleicht auch nicht mit der letzten hypermodernen Gangschaltung), ist es nicht nötig, ein eigenes Fahrrad mitzubringen, außer man plant, für Monate im Sattel zu sitzen. Zumal ein Fahrrad im Gepäck nicht gerade die Beweglichkeit zwischen den Inseln fördert.

## Unterkünfte

Hotels sprießen in **Bali** wie die Pilze. Das Angebot reicht von einfachen Unterkünften bis zu absolutem Luxus. Die Aman-Resorts bieten Spitzenunterkünfte zu Spitzenpreisen (ab ca. DM 500/Tag). Andere Fünf-Sterne-Hotels sind schon für weniger als den halben Preis zu haben. Aber auch für weit weniger Geld sind sehr schöne Hotels mit Bungalows unter Palmen zu finden. Die meisten dieser Hotels sind geschmackvoll in Gartenanlagen integriert. Wer nicht in Luxus schwelgen will, wird Bali konkurrenzlos günstig finden. Für 10 – 20 DM gibt es schöne Unterkünfte, in Ubud, Lovina, Candi Dasa und anderen Orten Zimmer ab DM 5. Ein Problem für den Geldbeutel stellen eher die vielen Möglichkeiten, Geld auszugeben, dar, von leckeren Restaurants über Cocktailbars und Discos bis hin zu den vielen Angeboten an Souvenirs, Kleidung, Lederwaren, Schmuck ...

In **Lombok** ist das Hotelangebot nicht so dicht gestreut. Luxus findet sich bislang nur in Senggigi und dem nördlich davon gelegenen Krandangan, wo eine ganze Reihe Luxusunterkünfte im Entstehen ist. Bei Travellern äußerst beliebt sind die drei Gilis mit ihren zahlreichen Strandhütten. Auch im Süden Lomboks gibt es ein Kuta, allerdings nicht zu vergleichen mit dem balinesischen. Bislang finden sich dort nur einige einfache Unterkünfte, aber es kann nicht lange dauern, bis die herrlichen Buchten der Gegend erschlossen sind.

In Tetebatu liegt in schöner Umgebung inmitten von Reisterrassen am Fuß des Rinjani die Wisma Soedjono mit Bungalows (ca. DM 20).

# INSELN, DRACHEN UND VULKANE VON FLORES NACH LOMBOK

Jenseits von Bali und Lombok lockt Indonesiens weiter, großer Osten. Ein Archipel aus Tausenden von Inseln für sich. Hier ist das Reisen noch oftmals von Zufällen abhängig, von Wind und Wetter, von unregelmäßig verkehrenden Schiffen, und es gibt abseits der ausgetretenen Routen noch viel zu entdecken, das in keinem Reiseführer beschrieben wird.

# Flores

Reisen im weiten Osten Indonesiens trägt noch den Hauch Abenteuer in sich, der vielerorts schon moderner Infrastruktur mit regelmäßig und pünktlich verkehrenden Bussen gewichen ist.
Je weiter man nach Osten vordringt, desto abenteuerlicher wird die Fortbewegung über die Kette der kleinen Sundainseln. Wenn in der Regenzeit die Straßen unter Schlammlawinen versinken, ist der Fahrplan der Busse vom Zufall abhängig. Eine Straße, die gerade noch bestens befahrbar war, kann fünf Minuten nach dem Beginn eines heftigen Regengusses schon nicht mehr passierbar sein. Zwar wird auch hier heftig daran gearbeitet, die Straßen ganzjährig gegen die Launen der Natur zu schützen. Aber noch wehrt sich das wild und ungezähmt wirkende Flores dagegen. Wer von Flores weiter nach Osten will, ist vollends von den Zufälligkeiten gelegentlich verkehrender Schiffe abhängig, alter Frachter, die dann und wann die Inseln anlaufen. Zwischen dem Alor-Archipel und Neuguinea liegt das am schwersten zu erreichende Gebiet Indonesiens. Selbst dort, wo staatliche Fährschiffe anlegen, muß man den Fahrplan gut studieren, bevor man auf einer lockenden Insel aussteigt. An manchem dieser Häfen legt die Fähre erst einen Monat später wieder an.

Flores ist mit seiner zerklüfteten Küste eine der landschaftlich reizvollsten Inseln Indonesiens. Vulkane mit zerrissenen Hängen dominieren immer wieder weithin das Landschaftsbild. Aber es sind weniger Urwälder, die das Bild prägen, als die verbrannten Alang Alang-Savannen, die in der langen Trockenzeit braun die Hänge bedecken.
Dieses Gebiet Indonesiens erhält weit weniger Niederschläge als die westlichen Landesteile. Und nur seinen hohen Gebirgsketten, an denen sich Wolken fangen und abregnen, hat es Flores zu verdanken, daß es nicht wie die kleinen Inselchen weiter östlich unter Wassermangel leidet – ein Phänomen, das man in Indonesien sicher nirgends vermutet.
Der Name Flores jedenfalls, der vom portugiesischen *Cabo das Flores*, Kap der Blumen, herrührt, scheint in der Trockenzeit wenig angebracht zu sein. Die Portugiesen versuchten sich seinerzeit Flores wegen seiner strategisch günstigen Lage im Sandelholzhandel zu sichern. Sie steckten viel Energie in die Christianisierung der Bevölkerung. Als sie den Holländern 1859 ihre Ansprüche auf Flores verkauften, machten sie zur Bedingung, daß die Insel katholisch bliebe. So sind bis heute die Osterprozessionen in Larantuka im Osten der Insel ein besonderes Ereignis.

**Durch Flores**

Maumere ist die ideale Ausgangsstation für eine drei- bis vierwöchige Reise in Richtung Bali. Nur einen Kilometer vom Flughafen entfernt liegt das erste Strandhotel vor den Toren der Stadt. Noch zehn Kilometer weiter östlich liegen zwei schöne Strand-Resorts am endlosen, aber eher grauen als weißen Sandstrand. Kokospalmen wiegen sich über den Hütten, die Stimmung ist wie geschaffen zum Entspannen. Nichts deutet hier darauf hin, daß im Dezember 1992 ein Erdbeben und die darauf folgende Flutwelle schlimmste Zerstörungen in der Bucht von Maumere hinterließen. Allerdings haben sich die Korallenriffs, die zu den schönsten Tauch- und Schnorchelplätzen Indonesiens zählten, noch nicht ganz von der Flutwelle erholt. Fünf Jahre wird es wohl dauern, bis das Leben in den Riffs wieder so bunt ist wie zuvor.
Wir sind in der Regenzeit in Maumere angekommen. Das Wetter ist wechselhaft, das Meer aufgewühlt, an Schnorcheln ist im trüben Wasser der Bucht gar nicht zu denken. Gewitter ziehen über die Insel und haben die ansonsten kargen Hänge in saftiges Grün getaucht. Maumere hat, wie die meisten Städte Indonesiens, wenig zu bieten. Hauptaktivität bleibt die intensive Entspannung am Strand.

Rinjani
Mataram
Tambora
Bima
FLORES
Labuhanbajo
Maumere
Bajawa
LOMBOK
SUMBABWE
KOMODO
Waingapu
SUMBA
Maßstab 1 : 4 500 000
1 cm auf der Karte entspricht 45 km in der Natur
0 50 100 150 200 km

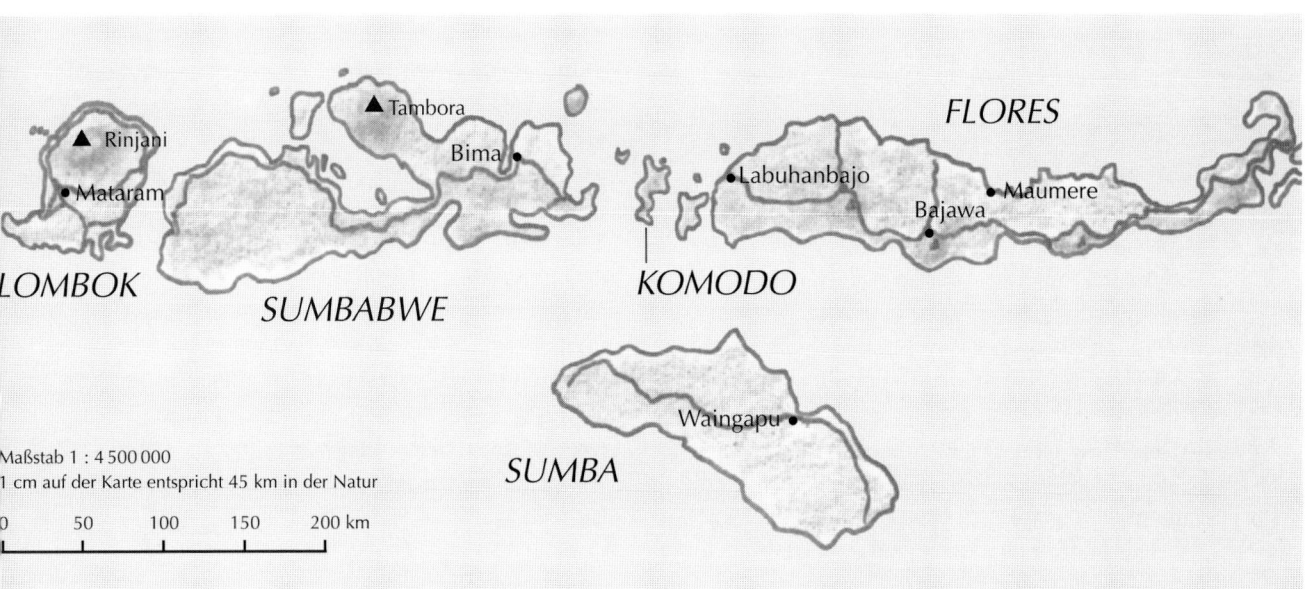

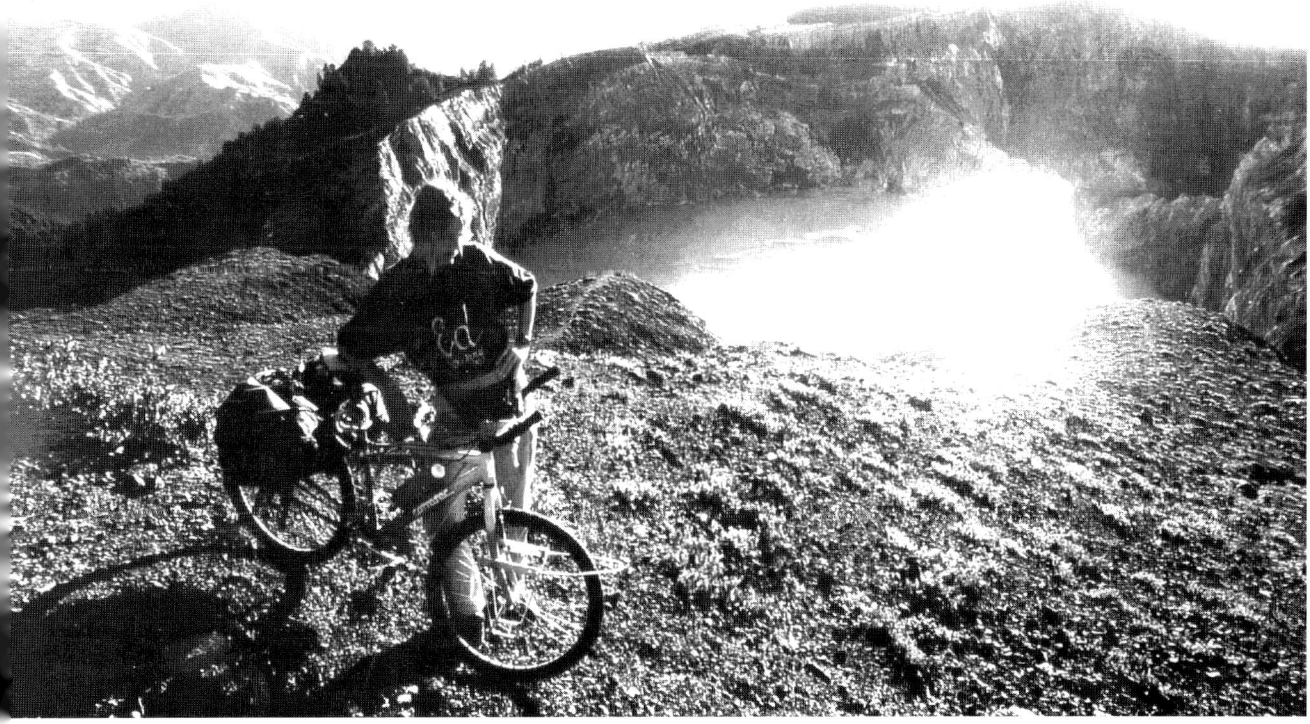

# Flores

## Der Kelimutu

Die größte Attraktion von Flores ist der Kelimutu mit seinen farbigen Kraterseen. An seinem Fuß liegt in einem schönen, sich dem Meer zuneigenden Tal Moni, ein kleines Örtchen mit zahlreichen billigen Unterkünften. Die Straße dorthin windet sich von Maumere in endlosen Kurven durch das bergige Terrain. Nur ein Teil der Strecke ist befestigt. Der Bus schaukelt und holpert Stunde um Stunde vor sich hin. Neunzig Kilometer, nur neunzig Kilometer! Und dennoch will das Geholpere kein Ende nehmen. Nach gut drei Stunden erreichen wir Woluwaru, kurz unterhalb von Moni. Und hier macht der Bus auch noch Pause. Dann endlich, nach vier Stunden, steigen wir erschöpft und angeschlagen vom Schaukeln in Moni aus. Sofort sind Jungen um uns herum, die uns ihre Hotels anpreisen. Wir lassen uns ins Hotel „Friendly" führen, das tatsächlich ganz freundlich wirkt. Wir haben unser Zimmer noch nicht ganz belegt, da kommt schon die Frage, ob wir ein Ticket für die Fahrt auf den Kelimutu am nächsten Morgen bräuchten.

Um vier Uhr morgens steht der LKW der Katholischen Mission bereit zur Abfahrt. Wir können auch unsere Fahrräder auf dem LKW verstauen. Sie kommen ohnehin viel zu selten zum Zug. Unser Visum neigt sich dem Ende zu, und wir müssen relativ schnell nach Bali kommen. Aber glücklicherweise haben die Busse in Flores alle Dachgepäckträger. Noch vor zehn Jahren waren Schweine in einem Bus und Berge von Gepäck auf dem Dach der Normalzustand in Indonesien. Doch mittlerweile sind die Busse moderner geworden und die Dachgepäckträger fast überall verschwunden. Um halb fünf setzt sich der Truck in Bewegung. Steil zieht sich der Weg in Serpentinen den Berg hinauf. Wie nicht anders zu erwarten, ist der Weg nicht überall im Bestzustand. Die großen Räder des LKWs arbeiten sich spielend durch den Morast, bis wir auf einen Minibus treffen, der im Schlamm festsitzt und die Straße blockiert. Es dauert seine Zeit, bis er wieder frei ist. Langsam setzt die Dämmerung ein. Dann kommt auch noch der Kontrollposten, an dem sich jeder eintragen muß und ein Ticket bekommt. Die Zeit verrinnt. Von den so üppig

Fischer fahren im frühen Morgengrauen in der Bucht von Ende zum Fang hinaus.

## Flores

bemessenen zwei Stunden bis zum Sonnenaufgang ist nicht mehr viel übrig. Dann ist Endstation an einer Lichtung unterhalb des Gipfels. Von hier aus liegt nur noch ein Kilometer Fußmarsch vor den Besuchern. Ungeduldig hasten wir hinauf, um rechtzeitig zum entscheidenden Augenblick oben zu sein. Und schon erhebt sich die Sonne über den Bergen im Osten und gießt ihre roten Strahlen über das Meer, das sich im Süden bis zum Horizont in Richtung Australien hinzieht. Uns zu Füßen liegen zwei der drei farbigen Kraterseen. Der dritte, fast pechschwarze, liegt in unserem Rücken. Alle drei gleichzeitig bekommen nur die Vögel zu sehen. Bis zum letzten großen Erdbeben 1992, das viele Ortschaften auf Flores stark in Mitleidenschaft zog, war der Kontrast in der Farbe der Seen noch atemberaubender, da der heute dunkelgrün gefärbte See kastanienrot glänzte. Warum die Seen die Farbe gewechselt haben, ist noch ungeklärt.

Dieser geheimnisvolle Ort war lange eine heilige Stätte. Hier wurden Opfer gebracht und Schweine und Büffel getötet, um die Geister zu beruhigen. Und die Seelen der Verstorbenen finden auch heute noch hier ihre letzte Heimstatt. Im schwarzen, tief in einem engen Kraterschlot liegenden See müssen die Seelen der Diebe und Mörder ausharren.

Wir haben Glück! Der Blick auf die tief unten liegende Savu- See und die Kraterseen ist nicht von ziehenden Nebeln verdeckt. Und nach einer Stunde sind wir fast alleine hier oben. Die meisten wollen mit dem LKW zum Frühstück zurückfahren. Wir genießen die ungewöhnliche Stimmung an den Kraterseen. Allmählich ziehen Wolken aus dem Tal über den Kraterrand und lassen die Geister des Berges lebendig werden.

Bevor uns der Regen hier oben erwischt, setzen wir uns auf unsere Räder und lassen uns zu Tal tragen. Schwerelos wie die Adler umkurven wir den Berg (wenn man sich nicht anstrengen muß, fällt es um so leichter, pathetisch zu werden).

Kaum mehr als vierzig Kilometer weiter liegt das nächste Ziel: Ende. Tropfnaß rollen wir durch das Wasser, das nach einem heftigen Nachmittagsguß in den Straßen der Stadt steht. Wir schieben unsere Räder in das Losmen Ikhlas. Offensicht-

lich scheinen alle Besucher hier abzusteigen. Mit Glück bekommen wir gerade noch ein Zimmer, in dem wir unsere nassen Sachen ausbreiten können.

Am nächsten Morgen hat sich das Wetter wieder entscheidend geändert. Die Sonne strahlt über Ende und einer wunderschönen langgestreckten Bucht. Kokospalmen und kleine Fischerdörfer säumen das kristallklare Wasser. Ende ist mit ca. 60 000 Einwohnern die größte Stadt auf Flores. Die Stadt liegt malerisch in einer weiten Bucht, hinter ihr ragen die Hausvulkane empor, die der Stadt ihr besonderes Panorama geben, davor ein tiefschwarzer Sandstrand. Gedrungen erheben sich die beiden Kegel des Gunung Meja und Gunung Ipi über der Stadt.

**Bajawa**

Bajawa ist eine kleine, angenehme Stadt auf einer Hochebene, die von Vulkanen bestimmt wird. Der Gunung Inerie mit seinen 2245 Metern überragt die auf 1100 Meter Höhe liegende Ortschaft eindrucksvoll mit seiner streng konischen Figur. Trotz Katholizismus finden sich in dieser Gegend mehr als anderweitig auf Flores die Reste des alten Glaubens. Viele der Dörfer der *Ngada*, die um Bajawa herum leben, weisen noch Megalithen und Kultbauten auf.
Holprige Sträßchen führen an den Hang des Inerie, dessen Falten den Eindruck eines zerknautschten, günen Flanellmantels erwecken. Kaffeesträucher, Nelken- und Orangenbäume, Bananenstauden, tropischste Vegetation. Auch

Traditionelle Häuser in Bena. In dem Dorf in der Nähe von Bajawa stehen auch noch Megalithen.

ziehende Wolkenfetzen, die sich am Inerie einhängen, können der heiteren Landschaft nur einen leicht melancholischen Touch geben. Wir holpern mit unseren diesmal unbeladenen Bikes über brüchigen Teer, immer bergab, auf den Vulkankegel zu. Langa ist ein Örtchen mit einigen traditionellen Bauten, nicht allzu aufregend. Als wir schon weiterwollen, erzählt uns jemand von einem weiteren Dorf, schöner als Langa, nur dreihundert Meter durch den Wald, jenseits einer kleinen Schlucht. Wir schleifen unsere Räder hinüber, unter hohem Bambus hindurch. Tatsächlich endet der Pfad an einem weiteren Dorfplatz, einem geschlossenen Ensemble traditioneller Häuser, in deren Mitte einige „Ngadhu" und „Bhaga" stehen. Dahinter erhebt sich in steilen Falten ein grüner Bergzug, dessen Gipfelgrat immer wieder im Nebel verschwindet. Ein „Ngadhu" steht für die männlichen Ahnen und sieht aus wie ein rund drei Meter hoher Sonnenschirm. Es ist ein mit Schnitzereien verzierter Baumstamm, auf dem eine Art Hut ruht. Auf dem Schrein befindet sich oft eine menschliche Figur, außen herum sind in einem Kreis Steine angeordnet. Der für den „Ngadhu" verwendete Stamm kommt von einem besonderen Baum, der mitsamt seiner Wurzeln ausgegraben werden muß. Das weibliche Gegenstück dazu ist die „Bhaga", eine kleine Hütte mit geschnitzten Verzierungen und Planken drum herum auf dem Boden.

Von Langa führt der Weg immer weiter abwärts nach Bena, das neunzehn Kilometer in Richtung Meer liegt, direkt dem Inerie gegnüber. Allmählich geht das gemächliche Gefälle in enge Kurven über, die steil abwärts führen. Dichter Wald begleitet plötzlich den Weg. Am Hang eines ansteigenden Hügels, der sich nach einer letzten geraden Gefällstrecke, dem „Zielschuß" sozusagen, erhebt, liegt Bena. Zwei lange Reihen Häuser mit hohen, steilen Giebeln stehen sich gegenüber. Dazwischen finden sich seltsam anmutende Bauten und Megalithen. Am Eingang zum Dorf erwarten uns schon wieder das Gästebuch und der Ticketverkauf – Schicksal der Besucher aller touristisch interessanten Orte. Aber noch ist die Atmosphäre hier entspannt. Flores liegt bislang zu weit abseits der touristischen Rennstrecke durch Indonesien und ist zu schwer in den geordneten Ablauf von Pauschaltouren zu integrieren.

# Inseln und Riesenechsen

Die Auslegerboote liegen auf dem Kiel. Das Wasser ist ihnen am flachen Hafen von Labuhanbajo unter dem Kiel weggelaufen. Die Fänge der letzten Nacht werden an Land gebracht und auf dem Markt am Ufer angeboten. Noch ist Labuhanbajo ein ruhiges Fischerdorf, trotz seiner wundervollen Strände und einsamer Inselchen direkt vor der Tür. Aber davon gibt es in Indonesien unendlich viele. Was Labuhanbajo bekannt gemacht hat, ist die Fähre, die von hier nach Sumbawa pendelt und unterwegs Komodo anläuft, die Insel der so gerne fälschlich als letzte Drachen bezeichneten Komodowarane. Die Hotels schießen wie die Pilze aus dem Sand der Strände. Aber für die Masse der Reisenden ist Komodo zu schwer zu erreichen. Nur ein kleiner Airstrip liegt in leicht erreichbarer Nähe, in Labuhanbajo. Und auch der Flugplan der kleinen Maschinen, die Bima auf Sumbawa oder Ruteng auf Flores anfliegen, ist alles andere als sicher. Und von diesen beiden Flugplätzen muß dann auch noch mit dem Bus in jeweils einer halben Tagesreise der jeweilige Fährhaten erreicht werden, wo die Suche nach einer Überfahrtgelegenheit beginnt. So bietet Komodo zu viele Unsicherheiten, um problemlos in den Ablauf eines Urlaubs zu passen. Und so hat sich diese Ecke Indonesiens noch das Flair der Weite und Einsamkeit bewahren können. Wir haben uns durch einen Zufall schon in Bajawa einer Bootstour von Labuhanbajo bis Lombok anschließen können. Außer uns sind noch sieben

Folgende Seite: Morgengrauen an der Küste von Flores.

# Inseln und Riesenechsen

**Flores Info**

# Flores

Reisen auf Flores bringt immer noch einige Ungewißheiten und lange, anstrengende Busfahrten mit sich. Der Trans-Flores-Highway, der sich über ca. 700 km durch die 360 km lange Insel zieht, ist noch nicht durchgehend befestigt. Die Reisezeiten können mithin je nach Straßenzustand stark variieren.

### Anreise / Unterkünfte

**Flug: Maumere** hat den einzigen auf größere Flugzeuge ausgelegten Flughafen auf Flores und die besten Verbindungen. Tägliche Flüge nach Sulawesi, Timor, Sumbawa und Bali mit Anschluß nach Java. **Ende** ist der zweitwichtigste Flugplatz. Tägliche Verbindung nach Timor und Bali mit wechselnden Zwischenstops in Kupang, Labuhanbajo, Bima und Mataram. Von **Ruteng** tägliche, aber unsichere Verbindung nach Bali und Bima. Ähnlich unsicher sind die oft ausgebuchten Flüge von **Labuhanbajo** nach Bali fünf mal in der Woche. Das Flugfeld wird im Moment verlängert, was die Situation in absehbarer Zeit verbessern wird.

**Schiff:** Die Kelimutu legt zweimal im Monat in Maumere und Ende an. Sie kommt von Ujung Padang/Sulawesi, fährt dann von Maumere nach Timor, von dort nach Ende, weiter nach Sumba, Sumbawa und Ujung Padang. Außerdem verkehren unregelmäßig Frachtschiffe entlang der Küste und zu anderen Inseln.

**Maumere:** In der Nähe des Flugplatzes, direkt am Meer, liegt das angenehme **Permata Sari** (Tel.249; ab DM 10 ohne AC, DM 25 mit AC); der Strand ist allerdings wenig einladend. Wer Erholung am Strand sucht, ist im **Sao Wisata** (Tel.342, ab DM 50) oder im etwas günstigeren, direkt benachbarten **Sea World Club** (Tel. 570, Hütten ab DM 30; Tagesgäste sind im Restaurant und am Strand auch willkommen) besser aufgehoben. Beide bieten auch Tauchlehrgänge an (siehe Kapitel „Tauchen in Indonesien"). Beide Hotels liegen ca. 12 Kilometer östlich von Maumere. Im Zentrum der Stadt gibt es eine ganze Reihe günstiger Unterkünfte. Das **Gardena** (Tel.489; 10–35 DM) hat Zimmer mit und ohne AC. Das **Wisma Flora Jaya** (Tel.333) ist klein, aber freundlich. Das **Maiwali** hat Bar und Tennisplatz (Tel. 220; ca. DM 10 – 30 in AC Bungalows). Beliebte, günstige Unterkünfte sind das **Bogor I** und **Bogor II** (ab ca. DM 5).

**Moni/Kelimutu:** Einfache Unterkünfte in Moni; außerhalb von Moni, an der Abzweigung zum Kelimutu, liegt das einzige etwas komfortablere Hotel, das **Moni Bungalow Sao Ria** (ab ca. DM 10); in der Ortschaft mehrere einfache, aber angenehme Losmen und Homestays (ca. 5–10 DM). **Busverbindungen** gibt es nach Moni von Maumere (95 km, ca. 4 Std) oder von Ende (50km, 2–3 Std).

**Auf den Kelimutu** fährt jeden Morgen zwischen 4 und 4.30 Uhr ein als Bus ausgerüsteter LKW der katholischen Mission, ev. auch Minibusse.

**Ende:** Das von Travellern meistfrequentierte Hotel ist das **Losmen Ikhlas** in der Nähe des Flughafens mit gutem, preiswertem Essen. Nebenan ist das ein wenig komfortablere **Safari**. Außerdem eine Reihe billiger Unterkünfte im Zentrum. Das **Wisata** und das **Dwi Putri** haben AC Räume (ab ca. DM 25).

**Bajawa:** Ein kleines Städtchen mit zahlreichen einfachen, aber angenehmen Unterkünften, von dem aus Ausflüge zu den traditionellen Dörfern der Ngada in der Umgebung unternommen werden können. Traveller-Treffpunkt ist das Losmen **Kambera**. Ebenfalls angenehm und beliebt das **Sunflower** in ruhiger Lage.
Der Bus von Ende braucht ungefähr 5 Std, von Ruteng ca. 7 Std, jeweils durch schöne Landschaft. Es gibt außerdem ein Flugfeld mit Verbindungen nach Denpasar (2/Wo), Bima, Ende und Kupang (4/Wo).

**Labuhanbajo:** Kleiner Fischerort in wunderschöner Umgebung; Ausgangspunkt, um nach

> **Flores Info**
>
> Komodo zu gelangen. Da der Ort immer beliebter wird, entstehen weitere Unterkünfte. Im Moment die besten Zimmer hat das **Losmen Bajo Beach** (ca. DM 15); direkt am Wasser steht das **Mutiara** mit sehr einfachen Zimmern (ca. DM 10); ein bißchen außerhalb des Ortes liegt das nette **Sony**. 15 Minuten mit dem Boot vom Ort entfernt liegt in einer Bucht mit Strand und Schnorchelgelegenheit das beliebte **Waecicu Beach** mit einfachen Strandhütten in schöner Lage. In der Hauptsaison im Juli/August kann die Unterkunftssituation angespannt sein.
>
> Fast alle Unterkünfte organisieren auch **Bootstouren nach Komodo**. Drei, vier Tage zwischen den Inseln auf einem Boot zu verbringen kann zu den schönsten Erlebnissen in Indonesien zählen. Außerdem verbindet die **Fähre** Labuhanbajo mittlerweile täglich mit Komodo und Sumbawa.
>
> **Tauchen** siehe Kap. Indonesien Unterwasser, S. 202.

Touristen an Bord, zwei Deutsche und fünf Schweden.

Die Reise in der Regenzeit ist nicht ganz ohne Risiko. Das Wetter kann reichlich schlecht werden, heftige Gewitter toben sich täglich über den Bergen aus. Ein Österreicher hatte uns von seinem Horrortrip aus der anderen Richtung erzählt. Nach zwei Tagen Sturm und rauher See hatte er sich auf Sumbawa absetzen lassen.

Dennoch, wir wollen es versuchen. Das Wetter ist so gut, wie man es sich nur wünschen kann. Wir besteigen morgens das Fischerbötchen. Das Gepäck verschwindet unter Deck im Maschinenraum, und wir machen es uns auf dem Vorderdeck bequem. Überflüssiger Luxus wie Tische oder Bänke existiert nicht. Platz wäre dafür ohnehin nicht vorhanden. Fünf knackbraune Schweden knallen sich sofort in die Sonne, vier mehr oder weniger blasse Deutsche bringen sich unter dem Sonnensegel vor den heftigen Strahlen der Sonne in Sicherheit.

## Komodo

Das Boot tuckert über eine spiegelglatte See zwischen kleinen Inselchen hindurch, die mit unberührten Sandstränden und türkisfarbenem Wasser nur auf uns zu warten scheinen. Die Crew läßt uns auch nicht lange warten. Kaum eine Stunde von Labuhanbajo entfernt, werfen wir das erstemal den Anker aus. Mit Taucherbrille und Schnorchel stürzen wir uns ins Wasser. Leider gibt es keine *sepatu bebek*, „Entenschuhe" bzw. Flossen an Bord. Aber auch so genießen wir es, uns im flachen Wasser über den Korallen treiben zu lassen. Hunderte unentdeckter Schnorchel- und Tauchplätze warten im Gewirr der kleinen Inselchen und Felsen, die gerade noch über die Oberfläche des Meeres schauen. Das Schiffchen tuckert weiter nach Rinca, der Schwesterinsel von Komodo, auch sie Teil des Komodo-Nationalparks.

Auf Rinca, wie im äußersten Westen von Flores, lebt ebenfalls der Komodo-Waran. Wir ankern in einer kleinen, von Mangroven gesäumten Bucht. Darüber erheben sich die kargen Hügel der Insel, in der Regenzeit zumindest grün statt graubraun. Stünden nicht allenthalben zerzauste Palmen herum, man könnte das Gefühl bekommen, sich nach Schottland verirrt zu haben. Wir melden uns im Quartier der Nationalparkbehörde an. Brühwarme Cola ist die einzige Delikatesse, die hier serviert wird. Freundlich lächelnd verabschiedet uns der Beamte zu unserer Wanderung. Wir schlagen uns in der brütenden Hitze in Shorts durch das niedere Gestrüpp, das im Tal an einem trockenen Bachbett steht. Weit und breit ist nicht die Schwanzspitze eines Ora, wie die Warane hier heißen, zu sehen. Dafür stürzen sich Hunderte von Pferdebremsen auf unseren kleinen Zug. Extrem widerstandsfähige Biester, die selbst mit einem gezielten Schlag nicht umzubringen sind. Nur mit Mühe gelingt es mir, sie zwischen Daumen und Zeigefinger zum Schweigen zu bringen. Selbst wenn wir jetzt über den Schwanz eines Ora stolpern würden, wir würden es vermutlich kaum bemerken, so beschäftigt sind wir damit, uns die Pferdefliegen vom Leib

**Inseln und Riesenechsen**

Bei Komodo vor Anker.

zu halten. Hopsend und um uns schlagend, folgen wir unserem Führer, mehr vom Wunsch beseelt, so schnell wie möglich die Insel zu verlassen, als einen Waran zu sehen. Bei unserer Rückkehr ins Camp fragt einer der Ranger grinsend, wie es gewesen sei, und fügt hinzu: „Horseflies only like foreigners!" Dabei lacht er sich halbtot über seinen gelungenen Witz.
Keiner aus unserer Gruppe trauert, als wir Rinca verlassen. Unser Boot nimmt Kurs auf unseren Schlafplatz bei einer kleinen Insel vor Rinca, auf der Tausende Fliegender Hunde leben. Rechtzeitig zum Sonnenuntergang werfen wir vor der mit Dickicht überwucherten Insel den Anker aus. Wie auf Kommando erheben sich bei den letzten Strahlen der Sonne unzählige Tiere von der Insel, um in einer langen Kette auf Flores zuzusteuern. Wie Überbleibsel aus der Urzeit wirken sie, mit ihren durchscheinenden Schwingen, die gut einen halben Meter Spannweite haben. Ein Bild, das gut zu dem Gedanken paßt, vor einer von Drachen bewohnten Insel zu ankern. Dabei sind die Fliegenden Hunde große Cousins der Fledermäuse und mithin eine „hochmoderne" Species.

Zwischen Flores und Komodo liegen unzählige kleine Inseln in der spiegelglatten See, ein Paradies zum Schnorcheln und Baden.

Nach dem Abendessen – aus dem hintersten Winkel der Küche gackert jetzt ein Huhn weniger – wird der größte Nachteil unseres Bootes das erste Mal deutlich: Der Raum zum Schlafen auf dem Vorderdeck ist alles andere als großzügig bemessen. Es dauert eine ganze Weile, bis wir den Platz so aufgeteilt haben, daß sich jeder von uns notdürftig und mit Tuchfühlung der zwei Nachbarn ausstrecken kann.

Früh am nächsten Morgen, lange vor Sonnenaufgang, wird der Anker eingeholt und der Dieselmotor angeworfen. Während sich die meisten nicht im Schlaf stören lassen, gleitet das Boot über eine spiegelglatte See auf den untergehenden Vollmond zu, während sich hinter uns ein Muster kleiner Wellen über die orange, von der langsam über Flores aufgehenden Sonne verfärbte See zieht.

### Besuch auf der *Drachen*-Insel

Wir steuern geradewegs auf Komodo zu. Erst 1910 wurde die Existenz der Komodo-Warane der Wissenschaft durch eine niederländische Expedition bekannt, die den Gerüchten um riesenhafte Echsen auf den Grund gehen wollte. Es ist vor allem die Gier nach Sensationen, die aus den Echsen „Drachen" macht. Der Komodo-Waran ist lediglich der größte und schwerste aus der Gattung der Warane, die auch anderweitig zwischen Nordafrika und Neuguinea verbreitet sind. Warane sind allesamt Fleischfresser. Ihre Kost reicht je nach Größe der Spezies von Insekten bis zu Wildschweinen und Hirschen. Die kleinsten Tiere der Gattung, die kaum zwanzig Zentimeter lang werden, müssen sich mit Insektenkost zufriedengeben. Auch der Komodo-Waran kann sich in schlechten Zeiten mit dem Verzehr von Heu-

schrecken eine Weile über Wasser halten. Seine Hauptspeise ist dennoch Fleisch. Allerdings sind Warane keine ausdauernden Jäger. Daher steht Aas mit ganz oben auf ihrer Speisekarte. Als Jäger setzen sie eher auf Geduld als auf kraftzehrende Jagd, wozu sie als Echsen auch nicht in der Lage wären. Dafür kommt ihr Energiehaushalt aber auch mit wesentlich weniger Kalorien aus als der eines warmblütigen Jägers. In der Regel lauern sie geduldig im Gebüsch, vorzugsweise an Wildwechseln, bis ein unachtsames Opfer ihnen zu nahe kommt und sie es mit einem blitzschnellen Satz erreichen oder einem Schlag ihres kräftigen Schwanzes zu Boden strecken können. Die gefährlichsten Waffen des Komodo-Warans sind seine messerscharfen Klauen und Zähne. Hat er ein Tier bei einem Bein zu fassen bekommen, schlägt er es mit dem Schwanz nieder und reißt dem hilflosen Opfer blitzschnell die Bauchdecke auf, um die Därme herauszuzerren und sich selbst in der Bauchhöhle zu vergraben. Innerhalb kürzester Zeit kann ein Waran fast soviel Beute herabwürgen, wie er selber wiegt. Dabei kommt ihm zugute, daß sein Unterkiefer nicht fest mit dem Oberkiefer verbunden ist. Außerdem teilt er noch ein anderes Merkmal mit den Schlangen, das bei Echsen ansonsten nicht vorkommt: seine lange gespaltene Zunge, mit der er auch sehr feine Witterungen aufnimmt.

Auf die erste Begegnung mit einer der Echsen brauchten wir nicht lange zu warten. Schon erscholl ein Ruf von hinten: Waran voraus! Und tatsächlich überquerte ein Waran vor mir den Weg, um gleich wieder im Gebüsch zu verschwinden. Rund um das Hauptquartier des Nationalparks graste friedlich Wild auf einer malerischen Lichtung, beinahe auf Tuchfühlung

**Inseln und Riesenechsen**

Der Komodo-Waran ist mit bis zu drei Metern Länge der größte der Species. Die Warane wirken in der Regel eher schläfrig als gefährlich.

mit den Besuchern. Nach der Anmeldung begleitet ein Führer uns auf dem Weg ins Innere der Insel. Diesmal sind wir alle gut gegen den Angriff von räuberischen Fliegen geschützt – aber keine einzige läßt sich blicken. Auch wenn einem nicht gleich beim Landen ein Ora über den Weg läuft, muß man nicht lange auf die erste Begegnung warten. „Dangerous Area" warnt ein Schild. Tatsächlich liegt schon kurz hinter dem Schild einer der Drachen unter einem Baum. Aber unsere vorsichtige Annäherung auf wenige Meter veranlaßt ihn zu keinem Wimpernzucken.

Ein paar Meter weiter liegen weitere einundzwanzig Echsen in einem trockenen Flußbett. Früher durfte jeder Besucher den Waranen eine Ziege als Mahlzeit servieren. Dannach wurde die Fütterung auf den Samstagvormittag beschränkt. Und die Echsen warteten sehnsüchtig auf das nahende Wochenende. Mitte 1994 wurden diese Fütterungen jedoch als nicht artgerecht gänzlich eingestellt.

Zumeist liegen die bis zu drei Meter langen Tiere träge unter Büschen und scheinen wenig gewillt, sich zu bewegen. Bestenfalls schleppt sich eine der Echsen einmal ein paar Meter vorwärts, um sich einen neuen Ruheplatz zu suchen. Man hat nicht den Eindruck, hier einer räuberischen Bestie gegenüberzustehen. In ihrer kaum zu erschütternen Starre geben die „Bestien" auch keine mitreißenden Fotomotive ab. Und auch auf Lärm oder sonstige Signale reagieren sie kaum bis gar nicht. Das einzige Signal, das sie zum Leben erweckt, ist der Geruch von Nahrung – ob frisch oder faul, spielt dabei keine Rolle.

Nach dem anstrengenden Landgang fahren wir einige Minuten aus der Bucht hinaus, um vor einem Traumstrand zu ankern. Zwar sind die Warane auch gewandte Schwimmer, sollen aber im Meer nicht sonderlich gefährlich sein. Die farbige Unterwasserwelt der wunderschönen Korallenriffs mit ihren harmlosen kleinen Bewohnern nimmt mich so gefangen, daß ohnehin kein Gedanke an eine Unterwasserbegegnung mit einem Waran bleibt.

Wir tuckern weiter um die Insel herum. Über Komodo entlädt sich heftiger Regen aus dunklen Wolken, während das Meer noch im Sonnenschein liegt. Untiefen zeichnen sich als smaragd-

**Komodo Info**

# Komodo

### Anreise
Auf Bali werden organisierte Touren angeboten, die zwar teuer sind, für eilige Besucher aber beinahe die einzige Möglichkeit darstellen, Komodo innerhalb weniger Tage zu sehen.

**Flug:** Solange der Ausbau des Flughafens von Labuhanbajo nicht abgeschlossen ist, ist der Flug dorthin nur theoretisch möglich. Zweimal wöchentlich verkehrt ein Flugzeug von Bali nach Labuhanbajo. Aber ob der Flug planmäßig stattfindet, ist Glückssache. Zudem sind die zwanzig Plätze stets ausgebucht (und auch mal überbucht). Somit ist Bima der günstigste Anreiseflughafen, der täglich von Bali angeflogen wird. Aber auch diese Flüge werden häufig abgesagt, speziell in der Regenzeit. Von Bima fahren Busse nach Sape, oder ein Bemo kann für ca. 20 DM gechartert werden. Von Sape nach Komodo und Flores verkehrt die Fähre mittlerweile täglich (theoretisch jedenfalls).
Der Flug von Bali nach Bima führt weiter nach Ruteng auf Flores, von wo aus ein Bus in ca. 4 bis 5 Std nach Labuhanbajo verkehrt.

**Bus:** Es ist durchaus möglich, den Fährhafen Sape an der Ostseite von Sumbawa in zwei Tagen von Bali aus zu ereichen. Fähre von Bali nach Lombok ca. 4 Std.; durch Lombok 2–3 Std; Fähre nach Sumbawa 5 mal täglich ca. 1,5 Std; am nächsten Tag in 16 Std mit dem Bus nach Bima, dann noch 45 km nach Sape. Einige Busse fahren auch von Mattaram / Lombok bis Bima durch.

**Fähre/Bootscharter:** Die Fähre verbindet Labuhanbajo auf Flores und Sape auf Sumbawa mittlerweile täglich in beiden Richtungen und läuft dabei auch Komodo an. Von Flores aus ist die Überfahrt kaum halb so lang und weit weniger rauh. In Labuhanbajo besteht die Möglichkeit, Fischerboote für ca. 100–150 DM je Tag und Boot inkl. Verpflegung zu chartern und sich so eine mehrtägige Rundtour durch die Inseln zusammenzustellen. Boote können auch in Sape gechartert werden, sind dort aber wahrscheinlich schwerer zu finden und zudem teurer. Bootscharter ist auch in Bima möglich.

### Unterkünfte
**Komodo:** In Loh Liang gibt es bei der Parkverwaltung rund 80 Betten in Holzhütten mit jeweils fünf Räumen; in der Hauptsaison oft überfüllt. Zelten ist ebenfalls möglich.
**Sape:** nur kleine, billige Losmen.
**Bima:** Losmen und Mittelklasse-Hotels im Zentrum der Stadt; ca. 30 DM für AC-Räume in den Hotels **Sanghyang** und **Parewa,** die auch Bootstouren nach Komodo organisieren.

---

grün leuchtende Bänder ab. Auf manchen der kleinen Inseln, die am Horizont vorbeiziehen, stehen Pfahlhäuser am Strand. Fischer ziehen mit Auslegerbooten ihre Bahn über die See. An der Nordküste werfen wir in einer schützenden Bucht vor einem kleinen Inselchen den Anker aus. Endstation für heute. Die See zwischen Komodo und Sumbawa in der Straße von Sape ist zu rauh, um sie am Nachmittag mit unserem Bötchen zu überqueren. Kaum liegen wir an diesem vermeintlich einsamen Fleck, als ein zweites Boot kaum hundert Meter entfernt von uns Anker wirft. Allgemeine Verunsicherung läßt unsere Gespräche stocken. Mehr als zehn Mann Besatzung sehen wenig freundlich zu uns herüber. In den Gewässern von Indonesien gibt es hin und wieder noch Fälle von Piraterie. Aber würden Piraten nicht nachts herankommen, statt bei Tag neben uns zu ankern? Aber das Klima zwischen den Booten bleibt erstaunlich kühl, kein fröhliches Hallo schallt wie gewohnt herüber.
Gegen vier Uhr morgens – der volle Mond steht noch zwei Handbreit über dem Horizont – werfen die „Piraten" ihren Motor an. Unsere Crew folgt ihrem Beispiel, um die Straße von Sape zu überqueren, solange das Meer noch ruhig ist.

# IRIAN JAYA
# INDONESIENS NEUGUINEA

Neuguinea, das ist eine Welt, die mit Indonesien und Südostasien nicht mehr viel gemeinsam hat. Die Vegetation und die Einwohner der Insel, der zweitgrößten der Erde, erinnern eher an Afrika denn an Südostasien. Die in weiten Teilen noch unberührte Wildnis Neuguineas ist eines der letzten Terrains der Erde, die echtes Abenteuer bieten. Aber zugleich ist das Gebiet mit seinen „unberührten" Volksstämmen auch ein touristisch besonders sensibles Gebiet. Eine behutsame Entwicklung ist hier von besonderer Bedeutung, und vom Reisenden wird ein Bewußtsein für die gefährdeten Strukturen verlangt.

## Inseln und Riesenechsen

Menschen, Vieh, kurz alles, was er antraf, mit emporhob und wie Strohhalme in der Luft herumdrehte. Er wütete eine Stunde lang und ließ dann viele der emporgehobenen Gegenstände und Lebewesen ins benachbarte Meer fallen, in dem noch Monate, ja Jahre später ungeheure Mengen Baumstämme umhergetrieben wurden. Diese Erd- und Seebeben, Eruptionen und Wirbelwinde, Springfluten und Feuerbrände waren die schrecklichen Begleiter des Emporquellens von geschmolzenen und glühenden Auswurfstoffen, die vor allem aus bimshaltigen Lavaschlacken, wirklichem Bimsstein und einer sehr grauen, leicht zusammendrückbaren, aber schweren Asche bestanden. Die feurigen Massen bedeckten den Berg bis an seinen Fuß im Meer. Von den Menschen, die nicht schon im Stadium der ersten Eruption den Tod fanden, kamen die meisten durch Hitze und feurige Glut ums Leben. ... Die Zerstörung dieser blühenden Reiche hatte sich durch Jahrhunderte durch Erdbeben, Meeresfluten, Orkane und begrenzte Eruptionen angekündigt. Sie war nun vollendet. Die grüne, lebensvolle, fruchtbare Landschaft war in eine graue, einförmige, tote Wüste verwandelt."

Aber auch ohne tobenden Vulkan ist uns nicht wohl auf unserm Bötchen. Gegen fünf Uhr haben wir eine weite Bucht zu überqueren, die zwischen uns und dem Vulkan liegt. Schwarze Regenvorhänge gehen immer noch auf das Land und auch weiter draußen auf das Meer nieder. Unser Untersatz tanzt mit dem Bug auf und ab. Immer wieder bläst der Wind eine Ladung Gischt über das Deck. Die Stimmung schwankt – je nach Temperament – zwischen leichtem Unbehagen und wilder Panik. Aber vor dem Sonnenuntergang flaut der Wind wie jeden Tag ab, es gibt nur noch heftiges Wetterleuchten über dem Tambora, der sich allmählich durch die Wolken zeigt. Neben dem kilometerbreiten Massiv ist eine Reihe kleiner Kegel zu erkennen, hinter denen sich der Himmel rot färbt. Gleichzeitig zucken immer noch ständig Blitze auf den Berg herab. Pünktlich um sechs Uhr geht der Vollmond auf. Fasziniert liege ich auf dem Deck und beobachte zuerst nur seinen hellen Schein hinter einer Gewitterwolke, bis sich seine milchige Scheibe schließlich hinter einem Finger der Wolke hervorschiebt und das ganze Meer in eine Fläche funkelnder Scherben verwandelt. Die innere Anspannung ist mit dem Sturm gewichen, auch wenn das Boot immer noch tänzelt und jetzt allerdings eher einen Slow-Fox als einen Walzer aufs silbrige Parkett legt.

Entgegen dem gewohnten Bild hängen die Wolken auch am nächsten Morgen über dem Meer. Aber zwei Stunden später, als wir vor einem kleinen Inselchen anlegen, bricht die Sonne allmählich wieder durch, und das eben noch kalt und abweisend wirkende Meer lockt mit einer wunderbaren Unterwasserwelt. Im Inneren der Insel liegt, von See her nicht zu ahnen, ein mit Süßwasser gefüllter Kratersee, der fast so groß ist wie die ganze Insel. An seinem Ufer hängen mit bunten Fäden befestigte Steine in den Büschen. Aber das Wetter ist im Moment weniger stabil. Am Nachmittag geraten wir das erstemal in einen heftigen Regenguß. Wieder sacken die Herzen bis weit in die Badehosen hinab beim Blick auf das unruhige Meer. Beinahe als wollten sie uns beruhigen, taucht eine Gruppe Delphine auf, die ein paar Mal spielerisch neben dem Boot übers Wasser springen. Die Fahrt geht weiter, bis unser Kapitän bei völliger Finsternis ein Inselchen ansteuert, das kaum aus dem Wasser ragt. Die beiden Schiffsjungen stehen am Bug und halten angestrengt nach Untiefen Ausschau – bis sie sich schließlich eine Taschenlampe ausleihen. Dennoch scheint es uns zweifelhaft, ob sie ein Riff rechtzeitig entdecken könnten. Schließlich werfen wir im flachen Wasser mit gehörigem Abstand zur Insel den Anker aus und veranstalten zum Abschluß der Bootsreise eine Candel-Light-Party. Zwischen uns und unserem Ziel, dem Hafen Labuhan Lombok auf Lomboks Ostseite, liegt nur noch eine Meeresenge.

**Inseln und Riesenechsen**

Der Mond taucht das Meer und die Inseln in ein unwirkliches Licht. Langsam schiebt sich das Boot zwischen den Inseln hindurch, um endlich Komodo hinter sich zu lassen. Jenseits der Meerenge ist im Morgendunst der Doppelgipfel des Gunung Api, des „Feuerberges", einer Vulkaninsel vor Sumbawa, zu erkennen. Erst 1989 war er das letztemal aktiv. 3000 Einwohner mußten evakuiert werden.

## Unterhalb des Tambora

Die Nordküste von Sumbawa erweist sich als weniger attraktiv. Steinige graue Strände und wenig Korallen bieten kaum Abwechslung. Nur wenig Siedlungen liegen entlang der Küste, alle größeren Städte sind in tiefen Fjorden versteckt. Dafür baut sich am Horizont die mächtige Kulisse des Tambora auf. Als wir uns ihm nähern, ziehen dichte schwarze Wolken auf und verhüllen den Berg mit seinen vielen kleineren Schloten, die ihn wie ein Mandala umgeben. Heftige Blitze zucken in dichter Folge aus dem langsam nachtschwarzen Himmel. Wohl ist uns in unserem kleinen Fahrzeug angesichts des Unwetters nicht. Aber glücklicherweise tobt es sich vor allem über den Bergen aus. Hier spielte sich 1815 der größte Vulkanausbruch der Geschichte ab. Die Folgen dieser Katastrophe waren rund um den Erdball zu spüren. Es folgte das in die Geschichte eingegangene Jahr ohne Sommer.

Der neben dem Ausbruch des Vesuv wohl bekannteste Vulkanausbruch war der des Krakatau im Jahre 1883. Am Nachmittag des 26. August explodierte der Vulkan in einer Serie lauter Donnerschläge, die bis Australien und Burma zu hören waren. Asche wurde 26 Kilometer hoch in die Atmosphäre geschleudert. Schließlich brach der ausgehöhlte Vulkan in sich zusammen und verursachte eine Flutwelle, die „höher als eine Palme" alles an den gegenüberliegenden Ufern hinwegspülte. 35000 Menschen sollen dabei ihr Leben verloren haben.

Dennoch übertraf die Explosion, die 1815 den Tambora auf Sumbawa zerriß, die Gewalt des Krakatau um das fünf- bis sechsfache. Ganz Sumbawa wurde auf Jahre verwüstet, fast alle der ungefähr zwölftausend Einwohner Sumbawas kamen ums Leben, Zigtausende starben auf den benachbarten Inseln an den Folgen der Katastrophe. Allein auf Lombok sollen 40000 Menschen verhungert sein. Franz Wilhelm Junghuhn beschrieb den Ausbruch damals:

„Dieser Berg, der unter allen bekannten Vulkanen der Welt den größten und furchtbarsten Ausbruch erlitten hat, der im Jahre 1815 den ganzen indischen Archipel erzittern machte, viele Teile desselben in Finsternis hüllte und seinen schrecklichen Donner 260 geographische Meilen weit nach allen Seiten erdröhnen ließ, dieser erhebt sich ... ganz isoliert am nördlichen Gestade der Insel Sumbawa ...

1815, den 5. April, nahm die furchtbare Eruption ihren Anfang. Sie offenbarte sich durch Explosionen, welche alle Viertelstunde gehört wurden, und erreichte am 10. April ihre größte Tätigkeit. Enorme Rauchsäulen stiegen aus dem Krater, der ganze Berg wurde mit glühender Lava übergossen, hüllte sich jedoch bald wieder in die Finsternis der Rauch- und Aschewolken, die sich weit ausbreiteten, so daß ein vorübersegelndes Schiff nur den Fuß des Vulkans erleuchtet und glühend sah. Die Detonationen waren so heftig, daß auf Sumbawa selbst die Häuser sprangen, daß zu Makassar (heute Ujung Pandang, Sulawesi), in 210 Minuten Luftlinie, der englische Kreuzer Benares zum Rekognoszieren mit Truppen ausgesandt wurde, weil man die Schläge für schweres Kanonenfeuer hielt, daß sie selbst zu Jogjakarta (Java) 450 Minuten entfernt, für nahen Kanonendonner gehalten wurde, so daß auch dort die Garnison ausrückte, um dem vermeintlichen Feind zu begegnen...

Auch das Gleichgewicht des Luftozeans wurde durch die übermäßige Erhitzung großer Lufträume gestört. An dem Unglückstag, an dem die unterirdischen Explosionen ihr Maximum erreicht zu haben schienen, erhob sich vormittags um 9 Uhr im westlichen Teil des Reiches Sangar, das an Temboro grenzt, ein Wirbelwind, der ganze Dörfer und Wälder umblies, der auch die stärksten Bäume entwurzelte und Bäume, Häuser,

# Irian Jaya

Jayapura ist gut zweieinhalbtausend Kilometer von Bali entfernt, gar fünftausend von Sumatras Nordspitze. Da kann es nicht verwundern, daß man hier in eine völlig andere Welt vordringt, die mit Südostasien und dem eigentlichen Indonesien kaum mehr Gemeinsamkeiten aufweist. Einzig die Tatsache, daß Indonesien Neuguineas Westhälfte als 27. Provinz in sein Riesenreich integriert hat, verbindet Irian Jaya, das „Siegreiche", wie es nach der Eingliederung benannt wurde, mit Südostasien.

Schon der Anflug zeigt eine andere Welt, eine andere Vegetation, die eher an Afrika als an Indonesien denken läßt. Zwischenlandung in Sorong, auf dem langen Flug von Bali in Indonesiens fernen Osten. Mangrovenwälder werden an der Küste sichtbar, geradlinige Schneisen, die durch den Wald geschlagen wurden. Die Maschine senkt sich zur Landebahn direkt am Meer. Ein kleines Bötchen wird von einem Mann durchs flache Wasser gerudert. Kinder stehen neben dem Rollfeld. Kein Zaun trennt die Küste vom Flughafengelände. Kaum setzt das Flugzeug auf, stürzen die Kinder auf das Rollfeld, um in den Strahl der Düsentriebwerke zu gelangen. Weiter geht der Flug nach Biak. Es liegt wie ein Juwel in der tiefblauen See, eingerahmt von strahlendem, smaragdgrünem Wasser, kleine Atolle unter dem Flugzeug. Auch hier verläuft die Landepiste direkt am Meer. Beim Anflug kommt der Verdacht auf, der Kapitän bereite eine Notwasserung vor. Erst im letzten Moment werden Palmen und Land sichtbar. Dann noch einmal 400 Kilometer Dschungel und Küste unter dem Flugzeug bis Jayapura. Flüsse mäandern durch unendlich scheinende Wälder, kaum irgendwo sind Wunden zu entdecken, die diesem Gebiet zugefügt worden wären.

Erst kurz vor der Landung werden Ortschaften sichtbar, vom Wald gerodete Gebiete, in denen Siedler aus Java und Bali versuchen, sich eine neue Heimat aufzubauen. Es sind Niederlassungen, die infolge der Transmigrasi-Politik geschaffen wurden. Diese Politik versucht, durch Umsiedlung den Bevölkerungsdruck von den überbevölkerten Gebieten Javas und Balis zu nehmen. Sie hat natürlich wenig Anhänger bei den Papua, die ihre Insel seit 40000 Jahren weitgehend vor Eindringlingen verteidigen konnten und jetzt in die Minderheit zu geraten drohen. Von den 1,6 Millionen Einwohnern Irians sind bereits die Hälfte Zuwanderer. Die Papua fühlen sich dadurch nicht zu Unrecht kolonialisiert. Auch internationale Menschenrechtsgruppen üben heftige Kritik an dieser Politik.

Als Holland 1949 Indonesien auf Druck der USA, die mit der Sperrung der Gelder aus dem Marshall-Plan drohten, als unabhängigen Staat anerkannte, war Irian Barat der einzige Teil ihres ostindischen Kolonialreiches, den sie nicht in die Unabhängigkeit entließen. Tausende von Holländern übersiedelten aus anderen Teilen Indonesiens nach Irian. Die Bemühungen, Irian tatsächlich überall zu kontrollieren, wurden erheblich intensiviert. Bis dahin waren weite Teile des unerschlossenen Gebietes noch kaum mit der nominellen Regierungsmacht in Berührung gekommen. Indonesien wollte das nicht akzeptieren und reagierte mit verstärktem diplomatischen Druck auf Holland. Als die Vereinten Nationen die Ansprüche Indonesiens ablehnten, starteten die Indonesier Versuche, Irian zu infiltrieren und die Bevölkerung zum Aufstand zu bewegen. Sie hatten keinen Erfolg damit. Schließlich übten die Amerikaner aus Angst, daß Indonesien sich gänzlich an die Sowjetunion anlehnen könnte, Druck auf Holland aus, auch aus Irian abzuziehen. Ohne Rückendeckung aus Europa und durch die USA fühlte sich Holland einer militärischen Auseinandersetzung nicht gewachsen. Unter der Bedingung, die Bevölkerung Irians in einem „Akt der freien Wahl" frei entscheiden zu lassen, übergaben die UN 1963 Irian an Indonesien. Aber anstelle eines Referendums versammelte Indonesien 1969 1000 Repräsentanten Irians, die einheitlich für den Anschluß an Indonesien stimmten. Abgesehen davon, daß

## Irian Jaya

ein Referendum kaum hätte durchgeführt werden können in einem Gebiet, das in keiner Weise erschlossen war, ist dennoch sicher, daß das Ergebnis nicht der Meinung der Bevölkerung entsprach – und entspricht. Aufstände wurden durch die indonesische Armee gnadenlos niedergebombt. Die Bemühungen der Regierung, die Papua zur Aufgabe ihrer Kleidungssitten zu bringen und statt des „Koteka", des Peniskürbisses, „zivilisierte" Kleidung zu tragen, führten auch nicht zur Annäherung der Positionen. Bis heute sind starke Ressentiments in Irian gegen alles Indonesische deutlich spürbar.

### Die letzten weißen Flecken

Nur noch wenige Gegenden der Erde weisen weiße Flecken auf. Neuguinea ist eine davon, auch wenn selbst diese Insel ihre meisten Geheimnisse schon hat preisgeben müssen. Aber immer noch stoßen Abenteuerlustige und Forscher in entlegenen, unendlich scheinenden Urwaldgebieten auf Völker, die bislang jeden Kontakt nach außen vermieden haben. Wer das Abenteuer sucht und den Kitzel, bei wochenlangen, quälenden Märschen durch unwegsamen Regenwald ab und zu mit Giftpfeilen beschossen zu werden, für den ist die Wildnis Neuguineas wohl ziemlich der letzte Fleck der Erde, wo so etwas möglich ist.

Neuguinea ist mit seinen 792 000 qkm die zweitgrößte Insel der Erde. Die Insel wird auf 141 Grad östlicher Breite von einer Grenze durchzogen, wie sie nur der Kolonialismus schaffen konnte. Der östliche Teil bildet den Staat Papua-Neuguinea, während der westliche Teil die indonesische Provinz Irian Jaya bildet. Die ca. 420 000 qkm mit ihren kaum 1,6 Millionen Einwohnern bilden 22 Prozent der indonesischen Landfläche, bewohnt von weniger als einem Prozent der

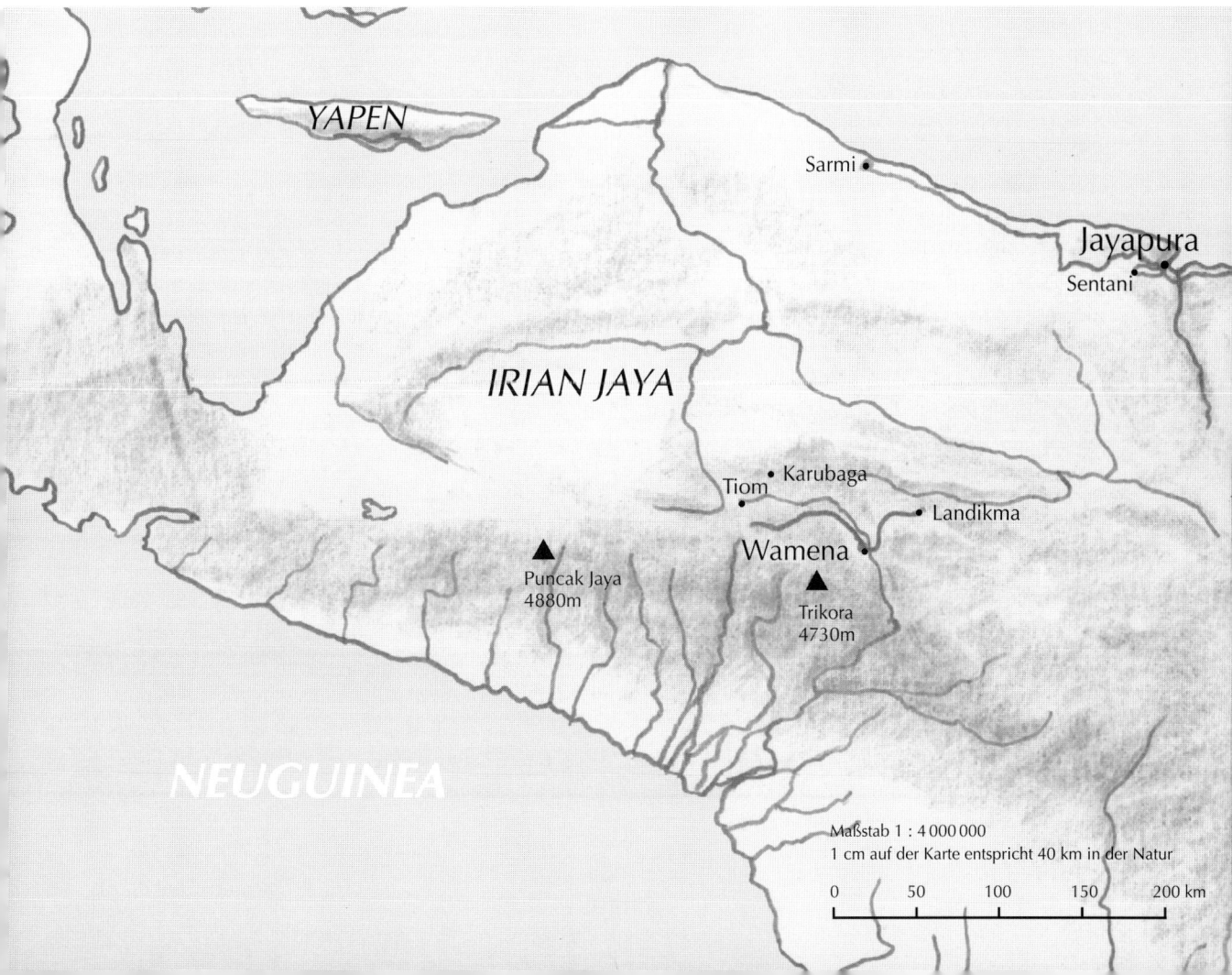

Bevölkerung! Vor allem auf der Südseite der Insel reichen ausgedehnte Küstensümpfe bis zu dreihundert Kilometer tief ins Inland. Das Innere der Insel durchzieht der Länge nach eine hohe, zerklüftete Gebirgskette, auf deren Gipfeln sich trotz der geringen Entfernung vom Äquator Gletscher befinden. Der höchste Gipfel Indonesiens ragt hier in den Himmel, der Puncak Jaya. Der früher als Carstensz-Pyramide bekannte Berg ist entgegen alten Messungen nicht 5030 m, sondern „nur" 4884m hoch.

In diesem schwer zugänglichem Land hat sich eine Unzahl eigenständiger Völker und Kulturen entwickelt. Durch die Abgeschiedenheit der von steilen Bergzügen begrenzten Täler und durch die ständigen rituellen Kriege zwischen Nachbardörfern haben sich in Irian ca. 250 Sprachen herausgebildet. Ein Paradies für Ethnologen und Linguisten. Die Bevölkerung Neuguineas stellt weit weniger als ein Tausendstel der Weltbevölkerung, trägt aber mit ihrem Sprachenwirrwarr satte 15 % der bekannten Sprachen bei.

Das erste Interesse an der Insel weckten die Berichte von ihrem angeblichen Goldreichtum, die der Chronist von Magellans historischer Weltumseglung nach Europa brachte. 1521 hörte er auf den Molukken von einer Insel im Osten, deren König, der „Raja Papuwah", außerordentlich reich an Gold sein sollte. Ohne Zweifel eine Falschmeldung, auch wenn Neuguinea einige Goldlager aufweist, die aber bis heute auf ihre Ausbeutung warten. 1526 landeten die ersten Portugiesen, von widrigen Winden vom Kurs abgebracht, auf der westlichen Halbinsel, dem Vogelkop. Sie benannten die Insel „Ilhas dos Papuas" nach dem malaiischen „orang papuwah", was „krausköpfiger Mensch" bedeutet.
Der Spanier Fernando Cortez, der in Peru zwar riesige Goldschätze erobert hatte, aber immer noch auf der Suche nach Eldorado war, hörte von einer Goldinsel, der *Isla del Oro*, die weiter im Westen liegen sollte. Daraufhin sandten die Spanier mehrere erfolglose Expeditionen von Südamerika nach Westen aus. 1545 beanspruchten sie die Insel für sich und gaben ihr den Namen *Nueva Guinea*. Doch ihr Interesse an der Insel schwand rasch, als sich ihre Erwartungen nicht erfüllten.

1884 proklamierten die Briten ein Protektorat im Osten der Insel bei Port Moresby, und im gleichen Jahr beanspruchte das Deutsche Reich die Inseln an der Nordostküste. Fünfzehn Jahre später gründeten die Niederländer die ersten dauerhaften Niederlassungen.

Im frühen 20.Jahrhundert setzte ein Wettrennen um die Erkundung des Inselinneren zwischen Engländern, Holländern und Amerikanern ein.

## Das Baliemtal

Die einzige Möglichkeit, ins Baliemtal zu gelangen, will man nicht wochenlange Wanderungen durch unerschlossenen Dschungel auf sich nehmen, ist der Flug von Jayapura nach Wamena. Aus dem Flugzeug ist zu beobachten, wie eine Straße aus beiden Richtungen durch den Dschungel vorangetrieben wird. Aber bis zu ihrer Fertigstellung dürfte bei dem schwierigen Terrain noch einige Zeit vergehen. Nach dem flachen Dschungel in der nördlichen Ebene steigt das Zentralgebirge unvermittelt und steil an. Auch hier unberührter Urwald. Erst kurz vor Wamena zeigen sich Siedlungen und das Band, das die projektierte Straße in die Hänge schlägt. Im Baliemtal dann ergeben sich ganz andere Eindrücke. Das gesamte Tal ist dicht bewohnt. Kleine strohgedeckte Hütten stehen in geometrisch angeordneten Feldern, die abwechslungsreiche abstrakte Muster ergeben.

Beim Landeanflug durch die niedrig hängenden Wolken hofft der Passagier inbrünstig, einen erfahrenen Kapitän im Cockpit zu haben, der genau weiß, in welcher der Wolken sich keine Bergspitze verbirgt. Sofort nach Verlassen des Flughafengebäudes wird klar, daß hier die unterschiedlichsten Kulturen und Zeitalter aufeinander-

Auf dem Markt von Wamena strömen die Bauern aus dem Baliemtal zusammen.

# Irian Jaya

In Wamena treffen sich moderne Einflüsse und die beinahe steinzeitliche Kultur der Dani ...

prallen. Ist keine Maschine im Anflug, überqueren traditionell mit Bastrock bzw. Peniskürbis bekleidete „Dani" das Rollfeld auf dem Weg in die Stadt. In der Stadt herrscht ungezwungenes Nebeneinander der Kleidungsbräuche. Während ein Teil der Dani sich auf Turnhose und T-Shirt eingestellt hat, hält ein anderer Teil an der hergebrachten Kleidung fest, die Besucher bizarr anmutet. Insbesondere auf dem im Zentrum des Ortes gelegenen Markt treffen sich Dani aus den Dörfern des Tales, um ihre Erzeugnisse anzubieten. Der Druck von seiten der Regierung und Mission auf die Dani, sich „zivilisiert" zu kleiden, hat heute nachgelassen, und die Dani beginnen sich des Wertes ihrer eigenen Kultur bewußt zu werden – was angesichts der übermächtigen Einflüsse nicht leicht ist.

**Besuchen oder in Ruhe lassen?**

Besuche bei „Naturvölkern" sind grundsätzlich nicht unproblematisch, nicht nur wegen der damit verbundenen Umweltbelastung. Touristen verändern durch ihre Anwesenheit die bereisten Gegenden. Bei Völkern, die unter einfachsten Umständen leben und kaum Verbindung mit der Außenwelt haben, kann das Auftauchen von Touristen verheerende Wirkungen auf das Sozialsystem haben. Angesichts der scheinbar weit überlegenen Kultur der Fremden erscheint den Menschen die eigene Kultur unter Umständen als minderwertig. Die ganze Gesellschaftsstruktur kann ins Wanken geraten, ohne daß zumindest gleichwertiger Ersatz vorhanden ist. Natürlich ist kein Volk der Erde auf Dauer von äußeren Einflüssen fernzuhalten – und niemand kann umgekehrt von diesen Völkern verlangen, daß sie an ihrer aus unserer Sicht oftmals idealisierten Lebensweise festhalten und sich notdürftig über Wasser halten, damit wir als Besucher für kurze Zeit das Schauspiel des einfachen Lebens genießen können. Die Frage ist nur, wie schnell die neuen Einflüsse vordringen und in welcher Weise die Betroffenen selbst sie steuern können. Die Situation schwankt von Fall zu Fall ganz erheblich. Viele Naturvölker leben am Rande von Staaten, die das Vorhandensein dieser Kulturen als Schande für ihr Land empfinden. In diesem Fall kann der Tourismus sogar positive Wirkungen haben. Denn zum ersten wird dem Volk gezeigt, daß seine Kultur anderweitig durchaus auf Interesse stößt, was das Bewußtsein für die Werte der eigenen Kultur steigern kann. Zum zweiten eröffnet der Tourismus, wenn er nicht ausschließlich über große Hotels und internationale Veranstalter läuft, eine Möglichkeit, Einkommen vor Ort zu schaffen. Auch die Regierungen schätzen fast immer Tourismus als Einkommensquelle und stellen von daher möglicherweise ihre Politik gegenüber den betroffenen Völkern um. Und nicht zuletzt wird unter den Augen der Öffentlichkeit die Regierung zu weniger drastischen Mitteln greifen.

Im Falle Neuguineas treffen durchaus einige dieser Aspekte, die für Tourismus sprechen, zu. Natürlich ist es schwierig vorauszusagen, was sich langfristig daraus ergibt. Glücklicherweise ist heute auch von seiten der Reisenden und Veranstalter die Einsicht in die Problematik ganz erheblich gewachsen, so daß ein guter Veranstalter seine Gäste behutsam einführen und Verständnis für die oft seltsam anmutenden Bräuche wecken wird. Andererseits kann man leider nicht erwarten, daß wirklich jeder Reisende sich dieser Lage bewußt ist und sich nicht wie der Elefant im Porzellanladen benimmt.

## In die Wälder

Auch wenn das Tal an sich schon genug Sehenswertes bietet, will ich doch hinaus in den Dschungel, um uneingeladen Dani-Dörfer zu besuchen. Als Tourist ist man bei den Dani gern gesehener Gast. Weniger beliebt sind die Indonesier, die im Baliemtal Geschäfte und Hotels betreiben sowie alle wichtigen Posten in der Verwaltung innehaben und hier unverändert als Besatzer empfunden werden. Die Erinnerung an die Bombardierung von Dörfern durch die indonesische Luftwaffe ist noch lebendig.

Bei Reisen in entlegene Gebiete ist die MAF (Missionary Aviation Fellowship) hilfreich, die freie Plätze in ihren „Cessnas" anbietet. Aber man kann auch direkt vom Rande des Tales starten. Man sollte dies jedoch nicht ohne einen Führer tun. Zum einen sind die Wege kaum zu finden, zum anderen gibt es ohne Führer keine Möglichkeit irgendeiner Verständigung in den Dörfern.

Ich brauche nicht lange zu suchen. Bevor ich das Flughafengelände auch nur verlassen habe, hängt sich Frankie an meine Fersen. Nach längeren Verhandlungen einigen wir uns auf 30000 Rupies für ihn am Tag, ein für indonesische Verhältnisse stolzer Betrag. Er versteht sich auch lediglich als Führer. Das heißt, wir brauchen noch einen Träger für die Verpflegung. Frankie sorgt dafür und engagiert Matthis, einen netten, kräftigen Neunzehnjährigen, der aber leider kaum mehr als ein paar Worte Indonesisch spricht, von Englisch ganz zu schweigen. Auch hier herrscht schon strenge Trennung von körperlicher Arbeit und intellektuellerArbeit: Matthis muß sich mit 10000 Rupies, etwas mehr als acht Mark am Tag, zufriedengeben. Auf dem Markt besorgen wir dann alles, was wir für die Wanderung benötigen. Am wichtigsten scheinen dabei die Kretek-Zigaretten zu sein. Auf

... die völlig unbeeindruckt in ihrer traditionellen Tracht durch den Ort laufen.

**Baliemtal**

Einzige Lichtquelle ist nachts das schwache Leuchten der Glut. Aber auch tagsüber dringt nur wenig Licht in die rußgeschwärzten Bauten.

zwei Stangen für eine knappe Woche einigen wir uns schließlich. Für mein Dafürhalten reichlich viel, nach Frankies Meinung zuwenig.

**„Aufzeichnungen aus einem rauchigen dunklen Bau"**, könnte ich meine Tagebuchnotizen überschreiben. Die Wanderung am ersten Tag stoppt früh einsetzender Regen. Ich habe zwar einen Regenschirm dabei, dennoch sind wir uns schnell einig, daß wir eigentlich schon genug gelaufen sind. Zielstrebig steuern meine Begleiter auf ein Anwesen am Wegesrand zu. Die Rund-

häuser mit ihren Grasdächern erinnern in ihrer Form und Struktur an die Dani-Kopfbedeckungen aus Kassowarfedern. Um die Häuser herum sind schöne Gärten angelegt mit Blumenbeeten und Bananenstauden. Nichts an diesen Dörfern wirkt bedrohlich. Die Hütten scheinen geräumig zu sein. Doch das Platzangebot im Inneren wird beschränkt durch eine zweite Wand, die ein Stückchen nach innen versetzt ist, um Wind und Kälte der frischen Nächte draußen zu halten. Außerdem ist in kaum mehr als einem Meter Höhe über dem ebenfalls erhöhten Boden eine

# Irian Jaya

### Surat Jalan/Reiseerlaubnis

Die meisten Gegenden Irian Jayas sind nur mit einer Reiseerlaubnis zugänglich, weite Teile sind ganz für Touristen gesperrt (nicht unbedingt, um die Einheimischen vor Touristen zu schützen; es besteht nur kein großes Interesse, Besucher in Gegenden reisen zu lassen, in denen sich noch Widerstand regt). Das Permit wird in Jayapura an der Polizeistation an der Jl Ahmad Yani (im Zentrum der Stadt) ausgestellt und ist für Wamena eine unproblematische Formsache. Zwei Paßfotos sind erforderlich (kann man einige Häuser weiter machen lassen). Während man auf die Paßfotos wartet, kann man im Merpatibüro nebenan gleich den Flug buchen. Alles ist recht schnell und einfach zu erledigen. Die Hotels in Sentani pflegen das alles für ihre Gäste zu übernehmen, nur gibt es in Sentani keine Möglichkeit, Paßfotos zu machen.

Das Surat Jalan muß unterwegs in größeren Ortschaften vorgezeigt werden. Wer keines hat, wird von Wamena kaum mehr als den Flughafen zu sehen bekommen.

### Verbindungen

**Flug:** Tägliche Flüge von und nach **Jayapura** über Biak, Ambon und Ujung Padang nach Jakarta; von Ujung Padang Anschlußflüge nach Bali. Von Jayapura täglich bis zu sechs Flüge in der relativ großen Fokker F-27 nach **Wamena.** Das bedeutet, daß es außerhalb der Hauptsaison im Juli/August keine Probleme gibt, kurzfristig Flüge nach Wamena zu buchen. Die Buchung ist bislang nur in Jayapura bzw. Sentani möglich. Vorsicht: Die Flüge sind gelegentlich überbucht, daher unbedingt rückbestätigen. Flüge ebenfalls mehrmals täglich nach **Biak.** Biak ist ein internationaler Flughafen, die Flugzeuge in die USA landen in Biak zwischen.

**Schiff:** Die große Pelni-Fähre „Umasini" pendelt in einer Woche zwischen Jakarta und Jayapura und legt jede zweite Woche in Jayapura an. Da sie in den Häfen immer nur kurz anlegt, sind Landgänge auf der siebentägigen Reise praktisch nicht möglich.

Die in Papenburg gebauten Fähren sind modern ausgerüstet, bieten in der I.–IV. Klasse gutes Essen und sogar Tanzveranstaltungen am Abend. Im Vergleich zu einer Kreuzfahrt ist die Fahrt auf den Fähren konkurrenzlos günstig (I.Klasse Jakarta–Jayapura ca. 350 DM, Deckspassage in großen Schlafsälen etwa 100 DM).

### Unterkünfte

**Jayapura/Sentani:** Der Flughafen liegt etwa 40 km außerhalb von Jayapura in Sentani in schöner Lage am Sentani-See. Dort gibt es Unterkünfte, die für das Gebotene recht teuer sind. In der Nähe des Flughafens liegt u.a. das **Mansapur Rani Guest House** (ab ca. 15 DM). Etwas weiter in Richtung Jayapura das schönere **Sentani** Inn (Zimmer mit und ohne AC, ab 25 bzw. 15 DM). Die Schlepper der Hotels warten am Flughafen. In Sentani kann im Prinzip alles erledigt werden. Die Lodges besorgen auch das Surat Jalan (Reiserlaubnis) für das Baliemtal. Allerdings muß man zwei Paßbilder bereit halten und genug Geld haben, um das Ticket zu bezahlen (Geldwechsel in Sentani problematisch; DM und Visareisechecks sind in Irian nur schwer zu tauschen). Zwischen Sentani und Jayapura verkehren Bemos. Unterwegs muß man zweimal umsteigen.

**Jayapura** liegt in einer wunderschönen Bucht, zwischen dem Meer und den unmittelbar hinter der Stadt aufsteigenden Bergen. Es gibt eine Reihe Mittelklassehotels (ab ca. DM 30) und Losmen (ab ca. DM 15).

### Geldwechsel

In Jayapura problemlos, mittlerweile auch in Wamena möglich. Je weiter man sich von Bali entfernt, desto schlechter wird der Kurs für DM.

### Ausflüge

Der Sentani-See kann mit Booten erkundet werden. Es gibt eine Reihe kleiner bewohnter Inseln im See und Restaurants am Ufer, die frischen Fisch aus dem See servieren.

Zwischendecke eingezogen, auf der nachts geschlafen wird.

Niemand ist in diesem Anwesen daheim, das Frauenhaus ist verschlossen, doch das Männerhaus steht wie üblich offen. Wir machen es uns gemütlich. Meine Begleiter gehen sofort daran, ein Feuer zu entzünden. Nach einigen Stunden finden sich auch Teile der Familie ein. Niemand nimmt Anstoß an unserem Eindringen. Auch meine Anwesenheit wird gelassen zur Kenntnis genommen. Neugierig setzt sich die Familie zu uns und beobachtet jede meiner Regungen. Einsamkeit braucht man hier nicht zu fürchten. Wir bieten den Leuten Zigaretten an, die sie gerne annehmen. Schon unterwegs hat fast jeder, dem wir begegnet sind, eine Zigarette angeboten bekommen. So langsam wird mir klar, warum wir soviele Zigaretten einkaufen mußten. Jede Begegnung unterwegs gestaltet sich zur freudigen Begrüßung mit ausführlichem Händeschütteln und Schulterklopfen. Auch kleine Kinder werden dabei nicht übergangen. Jeder Einzelne wird per Handschlag begrüßt, wobei die Hand bis zu den Ellbogen reicht. Ausführlich wird unter freudigem *Wah! Wah! Wah!* (ein praktisches Wort, das sowohl Hallo, als auch Tschüß und Danke heißt) der Arm rauf und runter gedrückt.

In den Dörfern außerhalb des Tales gibt es noch kaum moderne Einflüsse. Die zumeist einzigen Zeugen des Wandels sind importierte Textilien und Werkzeuge wie Hackmesser und Axt. Ansonsten hat sich am einfachen Leben der Menschen noch nicht viel geändert. Nach wie vor ist die Süßkartoffel das Hauptnahrungsmittel. Auf den steilen Hängen rund um die Dörfer wird sie, die auf noch ungeklärtem Weg vor ca. 9000 Jahren aus Südamerika nach Neuguinea gelangt ist, angebaut. Man röstet sie im Feuer, und sie deckt um die 90 Prozent des Nahrungsmittelbedarfs. Immer wieder bekomme ich sie mit einem überzeugten „enak"- lecker- angeboten. Aber für meinen verwöhnten Gaumen ist diese Kost selbst für wenige Tage zu eintönig. Dabei schmeckt das leicht süßliche Fleisch der Kartoffel gar nicht schlecht. Aber morgens, mittags, abends immer nur Süßkartoffeln, dazu höchstens einmal eine Banane ... Gemüse ist außerhalb des Baliemtales immer noch selten zu

Die „Wege" durch den Dschungel Neuguineas garantieren für ein Höchstmaß an Anstrengung.

finden. Das Schwein ist das einzige Nutztier der Dani, dessen Fleisch gelegentlich die Nahrung ergänzt. Liebevoll werden die Schweine gehätschelt und aufgezogen. Wird eines geschlachtet, was durch einen Pfeilschuß geschieht, wird es vorher um Vergebung gebeten, was eindrucksvoll das enge Verhältnis der Dani zu ihrem Lieblingstier belegt.

Nachdem Matthis gekocht hat, wird auch Frankie wieder wach und sichert sich eine große Portion, während Matthis erstmal abwarten muß, ob etwas für ihn übrigbleibt. Es bleibt noch genug, aber anders als Frankie geht er daran, das Essen mit zwei anderen zu teilen.

Die Dunkelheit wird nur notdürftig von zwei Kerzen erhellt, die die Gesichter dunkel glänzend aus der Finsternis holen. Wüßte ich nicht, wo ich bin, ich würde schwören, irgendwo in Afrika zu sein. Insbesondere die lachenden Kindergesichter könnten mir genausogut in Afrika entgegenstrahlen. Indonesien ist in diesem Moment unendlich weit entfernt. Nichts ist zu spüren in der freundlichen Atmosphäre, was den schrecklichen Ruf der Papua als blutrünstige Krieger rechtfertigen würde. Dieser Ruf ist vor allem auf die ständigen rituellen Kriege zwischen Nachbardörfern und -stämmen zurückzuführen. Sie hatten allerdings nicht viel mit dem zu tun, was man allgemein als Krieg bezeichnet.

In der Regel trafen sich die Kriegsparteien zu einer verabredeten Zeit und beschossen sich aus größerer Entfernung mit Pfeilen. Verletzungen waren dabei an der Tagesordnung, aber Todesfälle die Ausnahme. Die Kämpfe wurden von zahlreichen Zuschauern aus sicherer Entfernung verfolgt. In den Kampfpausen reichten die Frauen den Kämpfern Speisen zur Stärkung. Begann es zu regnen, wurde der Kampf vertagt, da die Krieger ihre wertvolle Kriegstracht nicht dem Regen aussetzen wollten. Der äußere Anlaß für die Kampfhandlungen waren in der Regel Streitigkeiten um Frauen oder Schweine. Dahinter stand jedoch das Ziel, Geister zu besänftigen, die Tod, menschliche Krankheit oder Schweineseuchen verursachen konnten. In extremem Kontrast zu dieser kämpferischen Vergangenheit steht die allgegenwärtige Herzlichkeit und Offenheit der Dani in der Gegenwart.

Der nächste Abend. Der Rauch und die Dunkelheit bleiben, die Hütte ist eine andere. Der Dorfchef hat uns eingeladen, in seinem Haus zu bleiben. Matthis entpuppt sich als unermüdlicher Musiker. Mit zwei anderen singt er unaufhörlich schöne, traurig klingende Weisen, begleitet von selbstgebauten Instrumenten, die entfernte Ähnlichkeit mit Gitarren aufweisen. Ich schalte meinen Recorder ein. Aber das hat ganz unerwartete Folgen. Es spricht sich blitzschnell herum, und am Abend versammelt sich das gesamte Dorf in der Hütte, um zu feiern und zu singen. Ich erwarte, daß das Fest vielleicht zwei Stunden dauert. Aber auch nach fünf Stunden stellt sich noch nicht die geringste Ermüdungserscheinung ein. Gesungen wird immer das gleiche Lied. Jedenfalls klingt es für mich so. Eine Liebeswerbung, bei der die Hände in tänzerischer Bewegung in Richtung des oder der Angebeteten ausgestreckt werden – an diesem Abend unter sich stets wiederholendem Gelächter bevorzugt in meine Richtung. „Getanzt" wird dabei im Sitzen, was angesichts der niedrigen Decke die einzige Möglichkeit ist. Aus den hinteren Reihen blinken verstohlen die Augen der Frauen auf. Gegen ein Uhr werde ich langsam müde. Zudem wollen wir am nächsten Morgen schon um fünf aufstehen. Doch mein Schlafplatz ist restlos überbevölkert. So werde ich kurzerhand in das Frauenhaus verlegt. Die Frauen sind ohnedies geschlossen im Männerhaus versammelt. Meine beiden Begleiter wollen bald nachkommen, bleiben aber mit dem Rest des Dorfes bis zur Morgendämmerung auf.

Am nächsten Morgen begleitet uns das halbe Dorf bei unserem Aufbruch bis an den Waldrand. Sieben Stunden über einen Berg und durch Dschungel nach Karubaga waren angesetzt. Der Berg wirkt für mich erstmal nicht so hoch. Eine Stunde Aufstieg ist meine Schätzung. Frankie meint, drei Stunden. Auf dem schlammigen, glitschigen Weg kommen wir nicht sehr schnell voran. Auf Moos und Wurzeln muß ich ständig

aufpassen, nicht abzurutschen. Mein Stock stößt immerfort ins Leere. Denn unter dem Geflecht aus Wurzeln, das mit Moos überwuchert ist, sind oft Hohlräume. Hin und wieder versinkt mein Fuß knöcheltief im Morast. Doch der Wald ist so faszinierend in seiner Vielfalt und wilden Unberührtheit, daß das Wandern ausgesprochen Spaß macht. Stechpalmen und Baumfarne geben ihm zusätzlich ein ungewohntes Aussehen. Die Baumkronen ragen hoch hinauf über den Waldboden. Nach zwei Stunden sind wir auf dem ersten Kamm, aber nur, um gleich wieder in ein Flußtal abzusteigen. Vom Flußufer soll es noch einmal 2,5 Stunden das Flußbett in Richtung Paß hinaufgehen. Damit wären wir schon bei fünf Stunden für den Aufstieg. Wir müssen ständig die Flußseite wechseln, so daß ich es aufgebe, die Schuhe trocken zu halten. Im Laufe der Zeit verengt sich das Flußbett zum Bach, durch den der Weg hindurchführt. Gelegentlich müssen wir über umgestürzte Bäume klettern und Felsstufen erklimmen. Es ist ein Weg, der bei aller Anstrengung in seinem Abwechslungsreichtum wunderbar zu laufen ist. Schließlich wird der Bach zum Rinnsal. Wir verlassen sein Bett, um über Felsen und Geröll fast senkrecht emporzuklettern. Nichts für Leute mit Höhenangst. Loses Geröll über dem hundert Meter hohen Steilhang erfordert eine gewisse Vorsicht. Dann wieder durchqueren wir traumhaft bemoosten Wald, aber immer noch ist kein Gipfel in Sicht. Erst nach fünfeinhalb Stunden haben wir es fast geschafft. Der Wald lichtet sich. Auf dem flachen Gipfel wachsen nur noch Koniferen, dazwischen Sumpf. Das ist eine Premiere für mich. Sumpf auf einem Berggipfel ist mir zuvor noch nie begegnet. Wir stehen auf dem höchsten Gipfel der Umgebung. Theoretisch ist vor uns der Carstensz-Pik zu sehen. Praktisch blicken wir aber nur in dichte Wolken rundherum. Wir stehen auf dem einzigen Berg, der im Moment noch nicht in der Nebelküche versunken ist.

Nach der Mittagspause geht es abwärts. Wir sind schon etwas geschwächt, der Weg zieht sich stundenlang über glitschige Wurzeln und Morast hin, kaum weniger anstrengend als der Aufstieg. Der Untergrund zwingt zu extremer Vorsicht. Meine durchweichten Füße machen sich allmählich mit Blasen schmerzhaft bemerkbar. Nach einer Bachdurchquerung habe ich plötzlich das Gefühl, daß die Haut in Fetzen vom linken großen Zeh hängt und das kalte Wasser direkt an den Nerven nagt. Aus dem flotten Laufen wird ein Humpeln. Und immer noch kein Ende abzusehen! Statt nach sieben Stunden in Karubaga zu sein, erreichen wir nach zehn Stunden den ersten Ort – immer noch vier Stunden von Karubaga entfernt.

Die Qualität der Wegzeitvorhersagen ändert sich auch in den nächsten Tagen nicht. Frankie sagt regelmäßig Marschtage von fünf Stunden Dauer voraus. Fünf Stunden später, wenn ich zur Mittagspause an meiner Banane kaue und nachfrage, wie lange es wohl noch sei, die gleiche Antwort: „Five hours more". Erst im Lauf des Nachmittags gerät die Zahl ins Schwanken, und Sorge beginnt sich bei Frankie breitzumachen, ob wir unser Tagesziel wohl noch erreichen. Können wir in der Regel nicht. Aber was spielt das schon für eine Rolle! Wir erreichen jedesmal völlig ausgepumpt eine Ansammlung von Häusern. Und immer werden wir in einer der Hütten herzlich aufgenommen. Ich kann mich nicht erinnern, schon einmal freundlicher aufgenommen worden zu sein als bei den Menschen dieser Gegend, die doch einen konkurrenzlos schlechten Ruf genießen.

Neugierige Kinderaugen: keine Zeit für Einsamkeit bei einem Besuch bei den Dani.

Eine Schule bei Karubaga.

## Im Baliemtal

Bei der Ankunft im Tal wird das **Surat Jalan** (siehe Jayapura) kontrolliert. Es kann ganz nützlich sein, einige Kopien machen zu lassen und mitzubringen. Auch wenn man das Tal zu Wanderungen verläßt, muß es vorgewiesen werden.

### Unterkünfte
Es gibt zahlreiche Unterkünfte in verschiedenen Kategorien. Gleich gegenüber vom Flughafen liegt das komfortable **Hotel Nayak** (ab DM 30). Um die Ecke steht das ebenfalls angenehme **Hotel Anggarek** in der gleichen Preisklasse. Vom Flughafen links liegt das einfache, aber angenehme **Losmen Syarial Jaya** mit Zimmern ab 10 DM.

### Geldwechsel
Dem Markt gegenüber, wo früher das Losmen Lestari war, befindet sich heute eine Bankfiliale mit relativ schlechten Wechselkursen.

### Ausflüge
Im Tal und zu einigen Orten außerhalb verkehren Minibusse vom Busbahnhof gegenüber dem Flughafen. Es lassen sich einige interessante Orte erreichen. Südlich von Wamena liegt die spektakuläre Baliem-Schlucht.

### Wanderungen
Wer das Tal zu einem Trek verlassen will, sollte unbedingt einen Führer mitnehmen. Führer können von den Hotels empfohlen werden, bzw. sprechen einen auf der Straße an.
Vor Beginn der Wanderung auf dem Markt Proviant besorgen. Grundnahrungsmittel, Teller etc. sind problemlos zu finden. Wenn es nicht in unbewohntes Gebiet gehen soll, reichlich Kretek-Zigaretten mitnehmen; eine knappe Stange je Tag sollte reichen.
Schuhe mit guter Sohle sind im rutschigen Gelände unverzichtbar. Regencape und wasserdichte Verpackung für das Gepäck sind nötig, da es regelmäßig gießt. Ein Regenschirm (!) ist nicht nur bei Regen angenehm. Wenn man

nicht durch schützenden Wald läuft, kann die Sonne extrem heftig scheinen. Sonnenschutzmittel mitbringen.

Treks sind aus dem Tal heraus möglich. Man kann, falls Plätze in den kleinen, 6-sitzigen Maschinen verfügbar sind, auch mit der MAF (Missionary Aviation Fellowship) zu etwas weiter entfernten Zielen, wie zu den Yali im Osten, fliegen und zurückwandern. Wanderungen durch das Gebirge sind jedoch extrem anstrengend, und man sollte genug Zeit einplanen.

**Lake Habbema:** Dieser 5–8-Tage-Trek führt längere Zeit durch unbewohntes Gebiet. Schöne Landschaft, Regenwald, Hochlandsumpf und der See mit Blick auf Mount Trikora sind die Höhepunkte der Wanderung, aber wenig Einblick in Dani-Dörfer und -Leben. Ein Zelt ist empfehlenswert, auch wenn es einige Schutzhütten unterwegs gibt. Warme Kleidung und ein Schlafsack sind am 3300 m hoch gelegenen See für die kalten Nächte ebenfalls nötig.

**Karubaga:** Nördlich des Tales liegt Karubaga mit einer kleinen Landepiste. Wer will, kann hinfliegen und in drei Tagen zur Straße zurücklaufen oder einen 5–8tägigen Rundtrek dorthin unternehmen. Es gibt eine Reihe verschiedener Wege. Über welchen man läuft, wird vom jeweiligen Führer abhängen. Übernachten kann man in den Dörfern. Die Führer finden mit Sicherheit eine Unterkunft, in der man willkommen ist. Verpflegung sollte man dennoch mitbringen – vorausgesetzt, man will keine Süßkartoffeldiät machen. Wenn man reichlich einplant, kann man mit den Gastgebern gemeinsam essen. Für die Übernachtung 3–5 DM je Person einrechnen. Unter Umständen wird nicht danach gefragt, dennoch bezahlen! Andererseits auch nicht unverhältnismäßig viel bezahlen. Der Aufenthalt in den Dörfern zählt zu meinen beeindruckendsten Erlebnissen. Außerdem finden sich hier auch ausgedehnte Waldgebiete und anstrengende Aufstiege. Nur in Karubaga gibt es eine Unterkunft in einem ehemaligen Missionarshaus.

# INDONESIEN UNTERWASSER

13 677 Inseln entlang des Äquators – kein Wunder, daß die indonesischen Tauchreviere zu den schönsten der Welt zählen. Dennoch sind sie bislang kaum über den Status des Geheimtips hinausgekommen, da die jenseits von Java und Bali gelegenen Gebiete immer noch schwer zu erreichen sind. Und dort, wo auch die schönsten Tauchreviere liegen, ist die Zahl der Tauchbasen bislang sehr beschränkt. Es lohnt sich hier auf jeden Fall immer, Schnorchel und Taucherbrille dabei zu haben.

Indonesien Unterwasser

# Tauchen und Schnorcheln in Indonesien

Unterwasser öffnet sich eine neue Welt, ob für Taucher oder Schnorchler. Indonesien bietet einige der schönsten Tauchplätze der Welt. Immerhin finden sich auf den rund 5000 Kilometern, die sich Indonesien entlang dem Äquator erstreckt, rund 15% der Korallenriffe der Erde, in denen sich eine Vielzahl von Fischarten tummelt, wie sie in dieser Farbigkeit und Vielfalt nirgendwo sonst vorkommt. Seit rund 100 Millionen Jahren liegen diese Gewässer in tropischen Breiten. Dadurch konnte sich eine unvergleichliche Bandbreite an verschiedensten Formen von Unterwasserleben entwickeln.

Nur wenige der Tauchgebiete Indonesiens sind vollständig erschlossen. Für den Entdecker finden sich viele Plätze, an denen noch nie jemand getaucht ist; selbst wissenschaftlich noch nicht erfaßte Species können hier von geübten Augen entdeckt werden. Es gibt nur wenige Stellen in Indonesiens Gewässern, an denen sich größere Mengen von Tauchern tummeln. Der Nachteil des ungestörten Genusses liegt auf der Hand: Es gibt auch nur wenige Orte, an denen Tauchbasen mit Kompressoren zur Verfügung stehen. Schon die Anreise gerät in indonesischen Gewässern oftmals zum Abenteuer. Die entlegenen Inseln im großen Osten Indonesiens sind nur schwer zugänglich. Aber die besten Tauchgebiete des Inselreiches liegen östlich von Java, wo allein Bali und Lombok völlig unproblematisch zu erreichen sind. Wer die Inselwelt mit ihren abertausend Inseln und Inselchen besuchen will, ist immer gut beraten, zumindest eine Taucherbrille im Gepäck zu haben. Im allgemeinen sind die Tauchbedingungen am besten zwischen Mai und Anfang September. Dann ist das Meer relativ ruhig und die Sicht am besten. In der Regenzeit zwischen Dezember und März wird das Wasser nach heftigen Regenfällen vielerorts sehr trüb. Allerdings können die Bedingungen sehr stark örtlich variieren. Während das Wasser bei einem Besuch im Januar vor Maumere/Flores undurchdringlich trüb war, war es nur eine Woche später zwischen Komodo und Flores kristallklar. Für die Molukken und Irian gelten ohnehin andere Wetterbedingungen.

## Java

### Pulau Pulau Seribu

Die Tauchgebiete Javas zählen nicht zu den besten Indonesiens. Aber dafür ist die Inselwelt der Pulau Pulau Seribu (Tausend Inseln) von Jakarta aus ein leicht zu erreichendes Ziel. Vor allem am Wochenende füllen sich die rund 100 Inseln mit wohlhabenden Einwohnern Jakartas. Die Unterkünfte rangieren von einfach bis zur Luxusklasse auf einigen der Inseln.

**Tauchausflüge** können in Jakarta bei zahlreichen Agenturen gebucht werden. Besonders am Wochenende empfiehlt sich eine Vorausbuchung. Die zuverlässigste Agentur mit ausgezeichnetem Equipment findet sich mit den **Dive Masters Indonesia** (Tel. 21/5703600; Fax 21/4204842) im Hilton International Hotel Jakarta. Ebenfalls als zuverlässig gelten: **Dive Indonesia** (Tel. 21/3805555; Fax 3809595); **Jakarta Dive School und Pro Shop** (ebenfalls im Hilton, Tel. 21/5703600); **Stingray Dive Center** (Tel. 21/5700272). Darüber hinaus findet sich noch eine große Zahl anderer Tauchbasen in Jakarta.

### Die Inseln

Die Inseln bieten zahllose Tauchmöglichkeiten mit exzellenten Korallen und beeindruckendem Fischreichtum, aber – das ist das Manko – vergleichsweise schlechter Sicht, die in der Regel zwischen 10 und 20 Metern liegt. Die Bootsreise von Jakarta zu den Inseln beträgt je nach Bootstyp und Entfernung ca. ein bis zwei Stunden, wobei die nächstgelegenen Inseln sogar fast unmittelbar vor Jakarta liegen. Auf Pulau Papa Theo, die nach einem vor ihrer Küste gesunkenen

Indonesien Unterwasser Info

Schiff umbenannt wurde, gibt es einfache Hütten. Auf Pulau Pantara Timur und Barat finden sich Luxusherbergen, während die Inseln Putri und Pelangi nicht ganz so luxuriöse Unterkünfte bieten. Gute Tauch- und die besten Schnorchelmöglichkeiten der Inselgruppe bietet Pulau Kotok auf der Westseite der Gruppe. Gute Tauchgelegenheiten an schönen Korallenriffen finden sich u.a. bei Pulau Malinjo und Pulau Gosonglaga.

### Krakatau und Ujung Kulon Nationalpark

Die Hauptattraktion bei Tauchgängen im Westen Javas bieten die bizarre Unterwasserlandschaft aus Lava um den Krakatau und die Höhlen und Unterwassertunnel bei Ujung Kulon. Die Tauchplätze sind abgelegen und schwer zu erreichen, so daß es sich empfiehlt, die ganze Tour bei einer Tauchagentur in Jakarta zu buchen, von wo aus Wochenendausflüge angeboten werden.

# Bali und Lombok

Für Taucher und solche, die es werden wollen, ist Bali eine der ersten Adressen in Indonesien. Zahlreiche Tauchbasen bieten PADI-Kurse und Tauchgänge für erfahrene Taucher an. Viele der Tauchplätze, wie Menjangan, Tulamben, Candi Dasa, Padang Bai und die Gilis, sind auch für Schnorchler interessant, die an den flachen Riffs vor der Küste leicht buntes Fischleben beobachten können.

Tauchschulen und Agenturen operieren vor allem vom Süden Balis aus. Außer in Kuta, Sanur und Nusa Dua finden sich aber auch noch einige in Candi Dasa, Tulamben und Lovina. Anfänger wenden sich am besten an eine der Tauchschulen in Südbali, wie die in vielen Hotels vertretenen **Baruna Water Sports** (Tel. 0361 /53809, 53820, 753820; Fax 52779, 753809).

Begegnung mit einer Meeresschildkröte.

Indonesien Unterwasser Info

Die besten Tauchplätze für erfahrene Taucher befinden sich allerdings an der Nord- und Westküste, werden aber von allen Tauchbasen angefahren. Zu den besten Tauchplätzen überhaupt zählt Nusa Penida. Die Insel liegt östlich von Bali, ist wegen ihrer oftmals starken Strömungen aber nur für geübte Taucher zu empfehlen.

### Lombok – Die Gilis

Die drei Inseln Gili Air, Gili Meno und Gili Trawangangan – allgemein als die Gilis bezeichnet – im Nordwesten Lomboks sind ein kleines Paradies nicht nur für Taucher. Auf den Inseln stehen zahlreiche kleine Hütten und Restaurants, ein höchst beliebter Treffpunkt für Sonnenhungrige, die eine Zeitlang auf einer Insel abhängen wollen. Auch mit Schnorchel und Taucherbrille läßt sich entlang den Riffs um die Inseln schon einiges entdecken. Das meist ruhige Wasser um die Inseln und die geringe Tiefe sind besonders für ungeübte Taucher und Anfänger geeignet, für die auch Einstiegskurse angeboten werden.

## Nordsulawesi

Vor Manado im Norden Sulawesis liegt weitab von den üblichen Routen durch Indonesien eines der schönsten Tauchgebiete der Welt mit steil abfallenden Korallenwänden und einer atemberaubenden Vielfalt an Korallen. Die Sicht ist wegen des Planktons nicht ganz so umwerfend, aber dafür erhält das Plankton ein reiches Unterwasserleben.

Dank der Abgelegenheit ist das Gebiet noch nicht von Tauchern überlaufen. Wegen der steilen Wände konnte das Bomben-Fischen den Korallen hier auch nicht soviel Schaden zufügen wie in manchem anderen Teil Indonesiens. Dank der gewöhnlich ruhigen See ist das Gebiet auch für Anfänger geeignet, für die wenigstens zwei der Tauchcenter Kurse anbieten. Der Nachteil dieses Gebietes ist die große Entfernung von den üblichen Einreisepunkten nach Indonesien. Vom Süden Sulawesis ist Bali weniger weit entfernt als seine Nordspitze. Immerhin sind die Verbindungen von Manado in die anderen Teile des Archipels sehr gut. Im Prinzip existiert auch eine Flugverbindung zu den Philippinen. Wer über Manado ein- oder ausreisen möchte, sollte sich allerdings nach der aktuellen Situation erkundigen.

## Die Molukken

Die Molukken sind heute weitgehend in Vergessenheit geraten. Dabei waren es ihre Gewürze, die seinerzeit den begehrlichen Blick der Europäer auf Indonesien fallen ließen. Weitab der üblichen Touristenpfade warten hier 999 Eilande auf ihre touristische Erschließung. Aber ein Land, das ein derartiges Potential an Trauminseln hat wie Indonesien, kann sich mit der Entwicklung solcher Kleinode Zeit lassen. Überdies waren Touristen lange Zeit aus politischen Gründen auf den Molukken nicht gern gesehen. Noch lange nach der Eingliederung in die Republik Indonesien war auf den Südmolukken der Traum von einem unabhängigen Staat lebendig. Dieser Traum gehört heute der Vergangenheit an, und so steht auch aus Sicht der Zentralregierung der touristischen Entwicklung nichts mehr im Wege.

Für Taucher sind die weit verstreuten Molukken-Inseln schon länger ein Begriff, speziell die Inselgruppe um Ambon und vor allem auch die winzigen Inseln der einsam im Ozean verlorenen Bandas, die das am besten erschlossene Tauchgebiet auf den Molukken sind. Wie in anderen Teilen des Archipels warten auch hier noch viele Tauchplätze auf ihre Erkundung.

Wer hier tauchen will, muß beachten, daß auf den Molukken andere Wetterbedingungen als auf den Sunda-Inseln herrschen. Die besten

*Bild rechts:*
*Ein Weißspitzen-Riffhai*
*zieht seine Bahn.*

Begegnungen mit Haien gehören immer zu den spektakulärsten Unterwassereindrücken.
Bild rechts: Barracudas

Bedingungen findet man von März bis Mai und von September bis November. Der Hauptniederschlag kommt auf den Molukken mit dem Südostmonsun von Juni bis August. Aber auch während des weniger wetterbestimmenden Nordwestmonsuns ist das Meer im Dezember und Januar unruhig.

Tauchbasen sind bislang auf den Molukken Mangelware. Auf der Inselgruppe von Ambon ist außerhalb der Hauptstadt Ambon bislang lediglich auf Saparua ein Tauchresort entstanden. Die Bucht, an der das **Mahu Village Resort** liegt, bietet auch für Schnorchler ein schönes Korallenriff. Die einzige Tauchbase in Ambon ist **P.T. Daya Patal Tour und Travel** (Tel. 0911/ 53529, 52498; Fax 44709), über die auch das Mahu Village Resort zu erreichen ist.

Das Hauptproblem beim Erreichen der Bandas ist die sehr begrenzte Kapazität der Flüge von Ambon auf die Bandas, die oft genug ausgeschöpft ist. Flüge können bislang nur in Ambon gebucht werden. Die Schiffsverbindungen sind nur etwas für Reisende, die in ihren Planungen ein paar Wochen Luft haben. Wie auf Ambon gibt es auch auf den Bandas keine Tauchlehrer. Was sonst benötigt wird, ist über das **Hotel Maulana** (Tel. 0910/21022, Fax 21042) zu buchen.

# Flores

Auf den Kleinen Sunda-Inseln gibt es außer auf Lombok bislang nur drei mehr oder weniger erschlossene Tauchgebiete, zwei davon vor der Küste von Flores. Seit längerer Zeit erschlossen ist die Bucht von **Maumere** mit zwei Tauchbasen, dem **Sao Wisata** (Buchungen über Jakarta, Fax 021/ 359740) und dem **Sea World Club**, die beide ca. 12 km außerhalb der Stadt liegen. Ein starkes Erdbeben vor der Bucht zerstörte Ende 1992 mit seiner Flutwelle nicht nur Teile der Stadt, sondern zog auch die Korallenriffe sehr stark in Mitleidenschaft. Es wird wohl ca. 5 Jahre dauern, bis sich die Korallenriffe wieder weitgehend erholt haben.

Das zweite Tauchgebiet vor Flores, zwischen **Labuhanbajo** im Westen der Insel und **Komodo** gelegen, wird gerade erst erschlossen. Es ist eine der schönsten Insellandschaften Indonesiens überhaupt. Unzählige kleine Inseln und Riffe sprenkeln das Meer, kristallklares Wasser und unendlich viele unerschlossene Korallenbänke locken zum Schnorcheln und Tauchen. Es gibt bislang nur eine Tauchbasis, den **Bajo Beach Diving Club**. Außerdem bietet u.a. **Grand Komodo Tours** Tauchtrips von Bali aus an. Der kleine Ort wird in der Hauptsaison im Juli und August in jüngster Zeit von Besuchern überrannt, so daß es zu einem Mangel an Unterkünften kommen kann. (Zu Flores siehe auch S.169.)

# Indonesien Unterwasser Info

## A

Äquator 68
Agama Java 71
Akha 42ff.
Ambarita 79
Ayutthaya 34f.; 39

## B

Bahasa Indonesia 75
Bali 152ff.
Baliemtal 184ff.
Balikpapan 122; 126; 127; 128; 130
Balimbing 67
Bangkok 14 ff.
Banglampoo 16f.
Batak 71ff.
Batam 58; 61
Batusankar 67
Batutumonga 142ff.
Bintan 58; 60; 61
Borneo 106ff.
Brastagi 81; 82
Brunei 106f.
Bukit Lawang 82; 84
Bukittinggi 62ff.; 67

## C

Chao Praya 36
Cherating 93f.
Chiang Mai 42
Conrad, Joseph 106; 125

## D

Dani 186ff.
Dayak 105; 125

## E

Endau Rompin 95

## F

Flores 160ff.

## G

Georgetown 86
Gilis 157; 159; 200
Gunung Api 178
Gunung Kinabalu 108; 110; 112ff.; 113f.
Gunung Leuser-Nationalpark 83f.
Gunung Sibayak 81f.
Gunung Tambora 178

## H

Harau-Canyon 134
Harranggaol 74; 82

## I

Irian Barat 182
Irian Jaya 182ff.
Islam 70f.

## J

Java 198
Jayapura 182; 184; 189
Johor 58; 94; 95; 98; 103
Johor Bahru 56; 58
Junghuhn, Franz Wilhelm 81; 178

## K

Kalimantan 104; 122
Kanchanaburi 28f.; 30
Kapas 102
Karo Batak 80ff.
Karubaga 193; 195
Kayan 123f.; 127
Kelimutu 164f.; 169
Kinabalu 110; 112; 116
Kinabalu-Park 112
Komodo 167; 170ff.
Komodowaran 167ff.
Kota Kinabalu 108; 112
Krakatau 199
Kuala Besut 91; 93; 102
Kuala Kangsar 89
Kupang 169
Kuta 154; 156; 158; 159; 197

## L

Labuhanbajo 167ff.; 202
Larantuka 162
Lingga 80; 82
Lombok 152ff.
Long Bagun 128; 130
Long Bia 125; 127
Lows Peak 116

## M

Macong 130
Mahakam 128ff.
Makassar 134; 178
Malakka 54; 56; 58; 94
Malaysia 52; 54; 56f.; 86ff.
Mamasa 147f.
Maninjau 67
Medan 60; 77; 82; 84; 85f.

Merapi 67
Minangkabau 62ff.; 66
Molukken 200f.
Muara Muntai 128; 130

N

Nakom Pathon 26
Neuguinea 106; 180ff.

O

Opium 50
Orang Utan 68; 83f.; 118

P

Padangbai 155f.
Pahang 93f.; 102
Papua 182ff.
Payar 98
Pare Pare 136; 151
Pekanbaru 60; 67
Penang 86ff.
Penyangat 58
Perhentian 90; 98f.; 102
Prapat 78; 82
Pulau Seribu 198
Puncak Jaya 184

R

Rantepao 136; 137; 145ff.
Redang 102
Riau 58f.; 61
Rinca 171f.

S

Sabah 108ff.

Samarinda 122; 123; 128f,; 130
Samosir 72; 77
Sandakan 115; 118
Sarawak 106; 109; 112
Sengiggi 157
Sepilok 115; 118; 119
Sesean 142
Siberut 67
Singapur 54ff.
Sipadan 115; 118
Sulawesi 132ff.
Sumatra 52; 58ff.
Sumbawa 169; 170; 178f.

T

Taman Negara 95
Tambora 178
Tanjung Pinang 58
Tanjung Issuy 129f.
Tanah Lot 134
Tarakan 122ff.
Tauchen 96ff.; 115; 118; 196ff.
Tau Tau 136; 138
Tawau 119
Terangganu 93f.; 98
Thailand 12ff.
Thonburi 20f.
Timor 169
Tioman 56; 102f.
Toba-See 71ff.; 78
Toraja 132; 134ff.
Transmigrasi 182
Trans-Sumatra-Highway 68f.
Tuk Tuk 18; 22; 39
Tuk Tuk (Toba-See) 78

U

Ujung Pandang 134; 137

W

Wallace, Russel 106
Wallace-Linie 156
Wamena 184; 186
Wat Chai Wattanaram 35
Wat Phra Keo 18
Wat Po 20

# LUST ZU REISEN

## REISERATGEBER

**Dieter Kreutzkamp**
**Durch West-Kanada und Alaska**

Die schönsten Nordlandrouten mit Auto, Bahn, Boot und zu Fuß.
176 Seiten, 30 Farb-, 70 s/w-Fotos, 15 Karten

**Dieter Kreutzkamp**
**Im Westen der USA**

Zwischen Pazifik und Arizona. Die schönsten Routen mit Auto, Motorrad, Kanu und zu Fuß.
198 Seiten, 30 Farb-, 99 s/w-Fotos, 21 Karten

**Ilja Trojanow/Michael Martin**
**Naturwunder Ostafrika**

Durch Kenia, Tansania und Uganda.
184 Seiten, 37 Farb-, 68 s/w-Fotos

**Werner Kirsten**
**West-Himalaya**

Das Dach der Welt zwischen Nanga Parbat und Ladakh.
176 Seiten, 50 Farb-, 43 s/w-Fotos, 3 Karten

ISBN 3-89405-309-7

ISBN 3-89405-303-8

ISBN 3-89405-340-2

ISBN 3-89405-319-4

*Intensives Naturerleben, historische Rückblicke und spannende Erlebnisberichte sind die Mischung dieser reich bebilderten Reiseratgeber. Eine Auswahl der schönsten Routen, viele Farb- und Schwarzweißfotos, Karten und nützliche Informationen verlocken dazu, selbst auf die Reise zu gehen. Die Autoren schildern aus eigener Erfahrung, auf welch vielfältige Weise dies möglich ist.*

*Jeder Band im Format 20x26,5 cm, geb. mit Schutzumschlag*

FREDERKING & THALER

# LUST ZU LESEN

*BILDBÄNDE UND REISEABENTEUER*

Indische Frauen malen kunstvolle Farbmuster auf Boden und Wände, Ausdruck ihrer Lebenswelt – Yakherden im Hochland, Klöster und Märkte, berührende Bilder von der Weite Tibets und seiner hingebungsvollen Menschen – Der abenteuerliche Erlebnisbericht über die vielleicht letzten unverfälschten Kulturen des Westhimalaya – Eindrucksvolle Schilderungen überwältigender Landschaften auf einer Radtour entlang dem legendären Highway 1 in den USA. Buchreisen führen zu Begegnungen vielfältiger Art, und immer sind es Abenteuer. Gehen Sie mit auf die spannende innere Reise.

ISBN 3-89405-333-X

ISBN 3-89405-332-1

ISBN 3-89405-335-6

ISBN 3-89405-314-3

**Kazuyoshi Nomachi**
**Tibet**

Mit Beiträgen des Dalai Lama.
198 Seiten, 179 Farbfotos,
Format 27 x 27 cm

**Stephen P. Huyler**
**Die Bilder Indiens**

Die Kunst der Frauen im Land der Götter.
204 Seiten mit 170 Farbfotos, Format 29 x 29 cm

**Peter van Ham**
**Auf Buddhas Pfaden**

2000 Kilometer durch den Westhimalya.
239 Seiten, 80 Farb-,
64 s/w-Fotos, 7 Karten

**Werner Kirsten**
**Westcoast-Story**

Auf dem Pazifik-Highway nach Süden.
208 Seiten, 33 Farb-,
44 s/w-Fotos

## FREDERKING & THALER

Maßstab 1 : 15 000 000
1 cm auf der Karte entspricht 150 km in der Natur

0  100  200  300  400  500  600 km